“一带一路”与中国外交丛书

Series on the "Belt and Road" Initiative and China's Foreign Relations

丝绸之路经济带建设中的新疆发展与开放

Development and Opening-up of Xinjiang in the Construction of Silk Road Economic Belt

王宏丽◎著

中国经济出版社
CHINA ECONOMIC PUBLISHING HOUSE
北 京

图书在版编目（CIP）数据

丝绸之路经济带建设中的新疆发展与开放 / 王宏丽著. --北京：中国经济出版社，2020.7
ISBN 978-7-5136-5904-8

Ⅰ.①丝… Ⅱ.①王… Ⅲ.①区域经济发展-研究-新疆②社会发展-研究-新疆 Ⅳ.①F127.45

中国版本图书馆 CIP 数据核字（2020）第 108500 号

责任编辑 姜 静 赵立颖
责任印制 马小宾
封面设计 久品轩装帧设计

出版发行 中国经济出版社
印 刷 者 北京九州迅驰传媒文化有限公司
经 销 者 各地新华书店
开 本 710mm×1000mm 1/16
印 张 19.5
字 数 290 千字
版 次 2020 年 7 月第 1 版
印 次 2020 年 7 月第 1 次
定 价 78.00 元
广告经营许可证 京西工商广字第 8179 号

中国经济出版社 网址 www.economyph.com **社址** 北京市东城区安定门外大街 58 号 **邮编** 100011

本版图书如存在印装质量问题，请与本社销售中心联系调换（联系电话：010-57512564）

本书获得以下资助

暨南大学高水平大学学科建设项目

“华侨华人与国际问题”学科建设经费

“一带一路”与中国外交丛书

编 委 会

总 序

2013年9月和10月，中国国家主席习近平在访问哈萨克斯坦和印度尼西亚时，先后提出共同建设“丝绸之路经济带”和“21世纪海上丝绸之路”的倡议，简称“一带一路”倡议。2017年5月，“一带一路”国际合作高峰论坛在北京举行，习近平主席提出的“和平合作、开放包容、互学互鉴、互利共赢”丝路精神凝聚了国际社会对倡议的共识。中国政府提出的“一带一路”倡议，旨在通过“政策沟通、设施联通、贸易畅通、资金融通、民心相通”，形成共同发展、包容发展、共享发展的利益共同体，为建设“人类命运共同体”创造有利条件。这是中国对全球治理和全球化的新贡献，为应对“逆全球化”等新挑战提供的植根于中华文明的“全球公共产品”。“一带一路”倡议经过各国几年的合作努力，受到国内外官、产、学各界的高度关注，成果累累，许多研究成果也顺应时势，呈现在世人面前。

暨南大学素有“华侨最高学府”的美誉，在华侨华人研究和东南亚研究方面具有鲜明特色，历史悠久。1927年暨南大学设立南洋文化教育事业部，聚集人才，系统研究东南亚问题和华侨问题，出版《南洋研究》《南洋情报》等刊物及多种专著，是中国现代史上规模大、成绩多、声名显赫的东南亚与华侨华人研究专门机构，在海内外产生了广泛而深远的社会和学术影响。1958年暨南大学在广州重建后，东南亚研究和华侨华人研究继续得到重视并取得了长足发展，成为彰显“侨校”特色的两大研究领域。2011年暨南大学为打造具有侨校特色的创新研究平台，再次整合全校国际关系和华侨华人及其他相关领域的研究力量，成立国际关系学院/华侨华人研究院。近年来，在国务院侨务办公室的支持下，暨南大学加大对华侨华人研究的支持力度，整合全校国际关系和华侨华人及其他相关领域研究力量，并联合国内外高校、机构、社团等力量，牵头成立了“华侨华人与中国和平发展协同创新中心”，推动多学科、多领域、多层次的协同创新，取得了阶段性成效。

为响应国家“一带一路”倡议，同时进一步强化特色研究，暨南大学依托国际关系学院/华侨华人研究院现有学科优势，于2014年成立“21世纪丝绸之路研究院”，与国际关系学院/华侨华人研究院实行“三块牌子、一套人马”的运行模式，并以华侨华人研究、东南亚研究、海外华文文学与传媒研究、华文教育研究、国际经济贸易研究等特色优势学科为支撑，凝聚国内外丝绸之路研究的专家学者，以务实求精、合作共赢、包容开放的学术精神，致力于打造“一带一路”研究的学术平台和服务国家发展战略与国际合作的重要智库。

近年来，暨南大学结合中国外交，在“一带一路”建设尤其是东南亚研究和华侨华人研究方面取得了明显成绩。2012年以来，发表论文近400篇，出版学术专著20多部，主持“构建‘21世纪海上丝绸之路’的社会与文化基础研究”“东南亚安全格局对我国实施‘21世纪海上丝绸之路’战略的影响研究”“海外华人社区中华文化传承研究”“海外中国公民保护机制研究”等国家社科基金重大、重点项目10项，国家社科基金一般项目9项，教育部重大攻关项目1项，教育部人文社科重大、重点研究基地项目10项，省部级科研项目40项，已完成的主要科研项目近40项，取得了一系列重要的标志性成果。在决策咨询和社会服务方面，积极提交研究报告，为党和国家建言献策；每年举办一场大型国际学术会议和2~3次国内学术会议，并通过发行220多期的CSSCI期刊《东南亚研究》发表专栏文章，推动南海主权、中国与印度尼西亚战略伙伴关系、中国与越南关系、东亚一体化、美国东南亚政策、华侨华人与“21 世纪海上丝绸之路”等问题的探讨和学术创新;每年出版《世界侨情报告》《南海地区形势报告》,介绍世界侨情和南海地区形势,形成了品牌,产生了良好的社会影响;围绕国际热点问题撰写大量媒体文章,接受媒体采访,起到了引导舆论的作用;培训大量地市处级以上侨务干部,获得学员广泛好评。暨南大学围绕华侨华人和国际问题的社会服务得到同行专家和教育部的肯定。2016 年教育部对 151 个人文社会科学重点基地进行评估,暨南大学华侨华人研究院的社会服务能力和决策支持能力分别位列第 26 和第 39。

“一带一路”与中国外交丛书正是暨南大学上述科学研究和社会服务成果及国内外学者相关研究成果的荟萃。首批丛书包括《从参与全球化到打造共同体》《广州与“21 世纪海上丝绸之路”建设》《暨南观天下:华侨华人与国际问题评论》《马来西亚与“21 世纪海上丝绸之路”建设》《中国外交史(从夏至清)》等,涉及中国外交理论和实践,中国和马来西亚与“一带一路”,华侨华人和国际关系热点问题的评论。希望这套丛书的出版能够推动“一带一路”倡议与中国外交的相关研究,尤其是从东南亚和华侨华人视角对“一带一路”的深入研究。

何亚非

2019 年 9 月

目　录

第一篇　核心区·建设篇

第三篇　贸易投资·开放篇

第一篇

核心区·建设篇

第一章
新疆丝绸之路经济带核心区建设的内涵

中国的“一带一路”愿景，倡导相关国家成为互利共赢的利益共同体、繁荣发展的命运共同体和包容合作的责任共同体，这一发展理念日益得到世界各国的认同，中国也因此成为世界交流合作的倡导者和引领者，国际影响力日益显著。

各省(区、市)在“一带一路”建设中的发展思路越发明确，发展路径及主要任务也更加清晰、更加具体。新疆、陕西、宁夏、青海、甘肃西北五省区及重庆、四川乃至连云港等地，纷纷欲在“丝绸之路经济带”建设中拔得头筹，以赢得更好的发展机遇和政策资源优势。“新起点”“桥头堡”“黄金段”“战略支点”之争以及多地欲建的“自由贸易区”等举措，使新疆在“丝绸之路经济带”建设中找准发展定位、厘清发展思路、创新合作机制等战略问题的重要性和紧迫性日益凸显。

一、新疆丝绸之路经济带核心区的提出

2013 年 11 月，新疆积极响应国家“一带一路”倡议，迅速提出：努力将新疆建设成丝绸之路经济带上重要的交通枢纽中心、商贸物流中心、金融中心、文化科技中心、医疗服务中心；建设成国家大型油气加工和储备基地、大型煤炭煤电煤化工基地、大型风电基地和国家能源资源陆上大通道；建设成丝绸之路经济带上的核心区，切实当好建设丝绸之路经济带的主力军和排

头兵。[①] 这是新疆积极主动、紧跟国家战略，明确提出建设丝绸之路经济带核心区，并且明确了"五中心、三基地、一通道"[②]的建设内容。

2014 年 5 月，在第二次中央新疆工作座谈会上，中央提出"加强铁路等基础设施建设，发展现代物流，立足区位优势，建设好丝绸之路经济带核心区。"这使新疆成为国内首个被国家明确丝绸之路经济带发展定位的省区，在全国产生了较大影响，为新疆的未来发展，既指明了方向，也提出了战略新要求。构建丝绸之路经济带核心区，是新疆对在参与国家战略构建中找准自我定位、谋求快速发展、分享政策红利的积极响应。"核心区"定位的提出，既是新疆对自身发展优势的客观认识，也是新疆对未来发展充满信心的判断。

2015 年 3 月，国家发展改革委、外交部、商务部三部委联合发布《推动共建丝绸之路经济带和 21 世纪海上丝绸之路的愿景与行动》(以下简称《愿景与行动》)，明确提出"发挥新疆独特的区位优势和向西开放的重要窗口作用，形成丝绸之路经济带上可以在交通枢纽、商贸物流和文化科教中心，打造丝绸之路经济带核心区。"在这份《愿景与行动》中，新疆和福建分别被赋予"一带一路"的核心区，成为"稳定西北、经略东南"的重大举措。由这份《愿景与行动》也可以看出，国家认同新疆在建设丝绸之路经济带上可以在交通枢纽、商贸物流和文化科教中心方面发挥重要作用，但新疆提出"五中心"建设中的金融中心和医疗服务中心，并没有被国家采纳。这说明，新疆建设丝绸之路经济带核心区，既要充分肯定自身优势，也要清醒认识所面临的巨大挑战。

二、新疆丝绸之路经济带核心区的内涵

新疆定位于丝绸之路经济带核心区，是源于新疆独有的历史传承、地缘优势、人文优势、资源优势和政策优势，是源于新疆经济社会的快速发展现

---

① 张春贤在自治区党委八届六次全委(扩大)会议上的讲话[EB/OL].天山网，http://news.ts.cn/content/2013-11/18/content_8953485.htm.

② 指交通枢纽中心、商贸物流中心、金融中心、文化科技中心和医疗服务中心五中心；国家大型油气加工和储备基地、大型煤炭煤电煤化工基地和大型风电基地三基地；国家能源资源陆上大通道的一通道。

状及未来的发展潜力。但是,何谓丝绸之路经济带核心区？各种优势的叠加与国家战略重要支点的汇集,能否使新疆从地理区位的核心建设成丝绸之路经济带的核心？有优势、有地位、有潜力就能成为核心区吗？新疆建设丝绸之路经济带核心区还要走多远？这些问题都需要寻找理论答案,并在实践中寻求突破路径。

核心,即中心、主要部分,主要指事物或事情最重要、赖以支持其存在的那一部分。"核心区"这一概念,来源自空间维度下的"核心—边缘"理论。美国著名区域经济学家弗里德曼(J. Fridmann)的"核心—边缘"(center-periphery)理论认为:核心区被定义为地域上有组织的一级社会系统,并能产生和吸收创新变化;而边缘区域是由核心区机构决定其发展途径的次级系统,并与核心区处于一种坚实的依存关系。① 核心区与边缘区共同构成了一个完整的空间系统。在经济增长过程中,核心区是创新变革发源地,资本、技术和政策都有明显优势,并且政治机构集中,处于稳定发展和支配地位。核心区的繁荣发展大大促进了相邻地区的发展,使其投资、资源和人口迁移增多,经济增长趋势明显,这样核心区与边缘区的边界将发生改变,空间关系重新组合。如果这样的发展能按照一定的秩序进行,将会实现完全的空间经济一体化。当然,随着核心区的逐步发展,边缘区也有可能受各种因素影响,其人口、资源、资金等被核心区吸引而出现迁出效应,使边缘区面临更加不利的发展局面。

"核心—边缘理论"指出区域经济增长要追求经济要素,要增强空间结构关联中的流动性,要加大空间结构聚集形态的变动,并提出空间结构优化演变促进区域经济增长的规律。

丝绸之路经济带核心区,就是在丝绸之路经济带这一区域空间体系中具有重要作用及中心影响的区域。

中国倡导的丝绸之路经济带,是基于区域合作发展的目标。因此,在丝绸之路经济带沿线国家的基础上,中国倡议更大范围、更多沿线国家的加入,以寻求亚洲、欧洲、非洲及全世界各国的互利合作。因此,丝绸之路经济

① 曾菊新．空间经济:系统与结构[M].武汉:武汉出版社,1996:163-165.

带的空间体系较难准确界定为某一区域或某些国家，空间体是以丝绸之路经济带沿线国家为基础的空间延伸。

基于以上空间体系的论述，中国倡导的丝绸之路经济带建设的现实推动路径和步骤，基本是从中国西、西北、北、东北地区向外扩散、渗透式推进，有目标、有重点、阶段性地逐步实现与中亚经济带、环中亚经济带和欧亚经济带①上国家和地区的合作发展。

因此，现阶段新疆建设丝绸之路经济带核心区，主要是指空间体系自中国东部沿海向西北内陆、通过新疆走出国门的"中国内地省（区、市）—中国新疆—中国新疆周边国家"。在这一空间范畴下，新疆提出建设丝绸之路经济带核心区。

（一）空间体系的核心

在自东向西的区域空间"中国内地省（区、市）—中国新疆—中国新疆周边国家"中，新疆无疑是这一空间体系的中心。

空间差异性推动中国区域经济空间格局的发展演化，经济发展要素在空间地域配置的差异性以及由此差异性累积循环进一步形成的空间区域的差异性，推动着区域经济发展格局的演变。中国"十三五"规划提出"以一带一路建设、京津冀协同发展、长江经济带发展"推动东、中、西、东北四大区域板块协调发展。东、中、西、东北四大区域板块，空间区域范围广、行政区划分布不均，基于各种影响因素判断下又可划分成空间体系更小、空间经济联系更为紧密的不同经济区，当前，讨论较多的是八大经济区②。

在以交通网络为支撑的空间经济区域中，新疆成为中国内陆八大经济

---

① 中亚经济带、环中亚经济带和欧亚经济带的提法和范围引自：胡鞍钢，马伟，鄢一龙．"丝绸之路经济带"：战略内涵、定位和实现路径［J］．新疆师范大学学报（哲学社会科学版），2014（2）：3．中亚经济带包括：哈萨克斯坦、吉尔吉斯斯坦、塔吉克斯坦、乌兹别克斯坦、土库曼斯坦中亚五国；环中亚经济带包括：中亚、俄罗斯、巴基斯坦、印度及土耳其、伊朗等西亚国家；欧亚经济带包括：环中亚地区、欧洲和北非。

② 八大经济区：东北地区包括黑龙江、吉林和辽宁三省；北部沿海地区包括北京、天津、河北和山东两市两省；东部沿海地区包括上海、江苏和浙江一市二省；南部沿海地区包括福建、广东和海南三省；黄河中下游地区包括陕西、山西、河南、内蒙古三省一区；长江中游地区包括湖北、湖南、江西、安徽四省；西南地区包括云南、贵州、四川、重庆、广西三省一市一区；西北地区包括甘肃、青海、宁夏、西藏、新疆两省三区。引自：中国（大陆）区域社会经济发展特征分析，国研网数据库。

区向西延伸,走进中亚和西亚、跨入欧洲的必经之路,成为扼守亚欧两大洲陆路通道的咽喉。所以,新疆成为现阶段丝绸之路经济带空间体系的核心。

中国新疆与8个国家接壤①,拥有17个一类口岸,12个二类口岸,在航空、铁路、公路、管道运输等多种类型的空间交通网络的支持下,新疆意在打造北、中、南三大通道,贯通东、中、西地区与新疆周边国家的互联互通。北通道自交通网络"京津唐"经山西、内蒙古,进入新疆伊吾,沿巴里坤、富蕴、北屯、阿勒泰,向北可至俄罗斯,向西可到哈萨克斯坦,向东辐射蒙古。中通道沿第二亚欧大陆桥陇海线、兰新线经新疆哈密、吐鲁番、乌鲁木齐和博州(阿拉山口)或转至伊犁州(霍尔果斯、都拉塔、木扎尔特等口岸)均可进入哈萨克斯坦。北通道和中通道通过连接中国东部发达的环渤海经济圈和长三角经济圈,形成东北、北部沿海、东部沿海、黄河中下游地区与西北地区间的陆路畅通。南通道自广东经湖南、重庆、四川、青海,进入新疆若羌,经且末、和田、莎车、喀什,从红其拉甫口岸和卡拉苏口岸分别至巴基斯坦和塔吉克斯坦。南通道通过连接中国最早的改革试验区珠三角经济圈,形成南部沿海地区、长江中游地区、西南地区与西北地区间的陆路畅通。新疆成为中国三大经济圈和八大经济区向西北进发最终的汇集地和走出国门的必经核心。

"一带一路"建设,成为协调中国东、中、西、东北"四大板块",优化区域发展格局,拓展发展空间的"三大战略"之一。丝绸之路经济带作为"一带一路"陆路通道上重要的一翼,新疆在其中的核心区地位,毋庸置疑。

(二)政策创新的核心

"历史经验和经济理论都表明……政府干预——通过提高信息、协调软硬件基础设施的改善,以及补偿外部性——对于帮助经济体从一个发展阶段过渡到另一个发展阶段同样是不可或缺的。"②这里的软件基础设施,包括制度、法规、社会资本、价值体系和其他社会经济安排。政府在经济增长过

---

① 8个国家分别是:蒙古、俄罗斯、哈萨克斯坦、吉尔吉斯斯坦、塔吉克斯坦、阿富汗、巴基斯坦和印度。

② 林毅夫.新结构经济学:反思经济发展与政策的理论框架[M].苏剑,译.北京:北京大学出版社,2014:202.

程中提供的各种干预措施所产生的积极作用,是有目共睹的,并且是有理论依据的。特别是在空间视角下处于经济要素集中度低、发展增长极作用乏力,甚至是经济要素处于“溢出”效应的经济空间,政府“因势利导”的重要作用和政策“积极有效”的促进作用,就尤为重要。

“创新是引领发展的第一动力”,基于政府行为结果的“规则、政策、制度体系”的创新,是增强经济发展新动力、推动空间经济由“洼地”向“高地”转变的重要路径。要寻找和启动经济社会发展的新动力,必须谋求要素资源的优化配置、制度体系的深化改革,必须根源于创新,必须谋求于创新发展。

新疆构建丝绸之路经济带核心区,必须体现空间区域范围内政策创新的核心。这个政策创新的核心,包含两个层面。

第一,在国家层面应以更大力度支持新疆的发展,要打破新疆属于落后发展地区的固有思维,在政策创新上有所作为。例如,金融结构对经济发展的重要影响毋庸置疑,“国际金融中心成长的动力主要有两种拉力(科学技术和经济发展),三种推力(供给因素、历史因素和城市因素),以及地方政府公关政策的作用力”①。“银行业的发展对低收入国家的经济有非常强劲的影响,尤其在外部融资依赖性强的产业表现得特别明显”②。目前,国家在建设“中国西部金融中心”成都、“长江上游区域金融中心”重庆、“中国西部区域性金融中心”西安,但是对乌鲁木齐却没有相应的金融发展定位。成都和重庆双头领衔西部区域金融中心发展,分别排在全国第6位和第8位,西安排在全国第13位,乌鲁木齐综合竞争力位居全国区域金融中心排名第25位(总排名共31位),与成都、重庆和西安有着十分明显的差距。③ 基于以上金融发展的理论,以及乌鲁木齐所处的发展窘境与其战略地位不匹配的发展现实,推动新疆经济快速提高的发展思路、创新路径,而且是国家层面的政策创新对新疆的发展具有重大意义。

第二,在新疆维吾尔自治区层面,政策创新是引领当前形势下新疆和谐

---

① 冯德连,葛文静.国际金融中心成长的理论分析[J].中国软科学,2004(06):43~47.

② 林毅夫,苏剑,译.新结构经济学:反思经济发展与政策的理论框架[M].北京:北京大学出版社,2014:321.

③ 金融中心信息网.第七期“中国金融中心指数”(CDI·CFCI7)发布:19-20.

发展、推动治理能力现代化的重要路径,没有新疆自我发展理念的政策支持和创新推动,新疆打造丝绸之路经济带核心区,缺乏最为关键、最为重要的核心内涵。

(三)交流交往的核心

交流交往,是空间视域下各种经济发展要素的集中、流动、交换等在空间范畴下的动态演示过程。劳动力、资本、土地、技术、管理等要素在空间体系内交流、交往、聚集,是经济发展的动力来源,是形成经济"增长极"及发展核心区的重要路径。其中,最基本的要素是人;最关键的行为,是人的交流交往。正是基于上述理论基础和发展实践,中国倡导的《愿景与行动》中,民心相通成为合作重点内容之一。民心相通的重要发展基础,就是重视人的交流交往。

新疆自古以来就是东西方多元文化的交汇点,独特的民族地域文化承载着多民族长期的共融发展,维吾尔族、哈萨克族、柯尔克孜族、塔吉克斯坦族、俄罗斯族等众多民族语言相通、习俗相近、互信互交,具备丝绸之路经济带人文认同与交流交往的重要基础。只有在这一重要的发展基础之上,落实发展并确实成为交流交往的核心,成为联通东西、接连内外、多国多地人员交往流动的中心,而不仅仅是交流交往的"通道",新疆丝绸之路经济带核心区才能"名副其实",才真正具有空间视域下的核心区内涵。

(四)和谐稳定的核心

能否顺利推动中国所倡议的丝绸之路经济带建设,实现愿景目标和行动方案,一个重要的风险因素及障碍是丝绸之路经济带空间范畴下的地区稳定问题。如果没有足够的空间地域内的和谐稳定,没有充分的国际间、地域间信任合作、联合反恐,没有确保稳定、防范风险在意识、政治、机制等方面的保障,丝绸之路经济带建设的根基就难以稳固。

新疆构建丝绸之路经济带核心区,其中一个重要的政治内涵,就是必须建立和谐稳定的核心,这不仅是空间视域下新疆内部经济社会稳定发展,更是和谐新疆、繁荣稳定话语体系的核心。新疆必须更加主动、积极地参与相关国家、地区的反恐合作,向世界展示新疆民族地区治理的成功经验和独特有效的治理方式,构筑丝绸之路经济带永不塌陷的稳定高地和全方位的安全核心,建成丝绸之路经济带和谐稳定的核心。

(五)空间结构的核心

丝绸之路经济带,首先是基于空间经济学视角的带状发展空间区域,新疆构建丝绸之路经济带核心区,也可以说是基于空间视域下点轴发展理论中,追求建立以新疆为经济增长极进而发展为经济核心区的经济带,是基于禀赋差异或竞争优势所造成的发展程度悬殊有异的空间结构。因而,丝绸之路经济带核心区最终的发展内涵及发展目标,仍是空间视域下经济带发展的经济核心。追求新疆成为丝绸之路经济带空间结构的核心,包含经济发展要素有效发挥功能,进而建立可持续的空间视域下经济结构、产业结构、技术创新、制度结构乃至经济绩效的核心。

新疆推动丝绸之路经济带核心区建设,既是新疆开放型经济发展的重要内容和最终目标,也是中国丝绸之路经济带建设进程中重要的组成部分。在上述五大核心区内涵中,空间体系的核心,是最具备建成条件的核心;政策创新的核心,是关系新疆核心区建设成败的重要核心;交流交往的核心,是经济发展要素汇集的基础核心;和谐稳定的核心,是政治保障和国家安全的核心,事关丝绸之路经济带成功与否;空间结构的核心,是新疆丝绸之路经济带核心区建设的最高表现形式和最终建成标准,完全实现空间结构的核心则标志新疆丝绸之路经济带核心区建设的完成。当前,新疆距离丝绸之路经济带核心区建设仍有较长的道路,其所面临的风险挑战和现实困境应在新疆核心区建设内涵的指引下逐步改善。

三、新疆丝绸之路经济带核心区建设的任务

2014 年 9 月,新疆出台《关于推进新疆丝绸之路经济带核心区建设的实施意见》(以下简称《实施意见》),明确了新疆丝绸之路经济带核心区建设

的总体思路、发展目标和重点任务，布局了一批标志性、示范性重大项目。①

（一）新疆丝绸之路经济带核心区建设总体思路

按照“五通”（政策沟通、设施联通、贸易畅通、资金融通、民心相通）要求，以“三通道”（能源、交通、信息综合大通道）为主线，以“三基地”（国家大型油气生产加工和储备基地、大型煤炭煤电煤化工基地、大型风电和光伏发电基地）为支撑，以“五大中心”（交通枢纽、商贸物流、金融、文化科教、医疗服务中心）为重点，以“十大进出口产业集聚区”（机械装备出口、轻工产品出口加工、纺织服装产品出口加工、建材产品出口加工、化工产品出口加工、金属制品出口加工、信息服务业出口、进口油气资源加工、进口矿产品加工和进口农林牧产品加工产业集聚区）为载体，推进改革创新，加快开放步伐，充分发挥新疆独特的区位优势和向西开放的重要窗口作用，构建全方位对外开放新格局。

（二）新疆丝绸之路经济带核心区建设发展目标

近期目标是用3~5年的时间，夯实基础，打开局面。包括编制完成“五大中心”专项规划，明确新疆丝绸之路经济带核心区建设思路和重点任务；优先启动医疗服务中心、交通枢纽中心、商贸物流中心和文化科教中心建设，并取得阶段性成果；中通道功能得到完善提升，南、北通道建设全面展开，新疆段综合交通运输体系基本形成；面向国内和周边国家的现代商贸物流网络初步形成；新疆能源资源战略地位得到巩固，能源通道建设和能源安全得到提升；与周边国家的交流与合作得到加强，国内外市场得到拓展；十大进出口产业集聚区初具规模。

中期目标是用5~10年的时间，重点突破，互联互通。包括以铁路建设为突破口，以中巴铁路建设为重点，建成中巴经济走廊，通往印度洋的大通道基本畅通，初步形成与周边国家高效便捷的运输体系；进一步拓展与南亚、西亚和东欧等国家的贸易合作，加快推进区域贸易投资自由化和便利

① “新疆丝绸之路经济带核心区建设总体思路、发展目标和重点任务”及其以下（一）（二）（三）部分的具体内容引自：国务院新闻办公室新闻发布会材料二：建设丝绸之路经济带核心区情况［EB/OL］. http://www.china.com.cn/zhibo/zhuanti/ch-xinwen/2016-06/22/content_38719195.htm.

化;基本建成丝绸之路经济带上重要的区域国际金融中心,使人民币结算规模、范围进一步扩大;基本完成国家重要能源资源基地、能源大通道和十大进出口产业集聚区建设。

远期目标是在21世纪中叶,深化合作,全面收获。包括"三通道""三基地""五大中心"和"十大进出口产业集聚区"全面建成;区域合作向纵深发展,安全高效的现代综合交通网络全面建成;贸易投资自由化和便利化得以实现,产业集群、城市群互动发展,经济融合进一步深化,区域经济一体化格局基本建立;与沿线国家形成利益共同体、命运共同体,新疆丝绸之路经济带核心区地位充分彰显。

(三)新疆丝绸之路经济带核心区五大中心建设任务

交通枢纽中心。推进关键通道和重点工程建设,优先打通缺失路段,畅通瓶颈路段,逐步形成连接亚洲各次区域及亚欧非之间的交通网路。对内重点打造"一个核心""两个环线":"一个核心"即打造以乌鲁木齐为核心的立体交通枢纽,"两个环线"即建设环塔里木盆地和环准噶尔盆地的综合交通环线。对外畅通蒙疆、藏疆、青新、兰新"四条出疆通道"和中巴、中塔阿、中哈、中吉乌、中俄蒙"五条国际通道",同时加强民航、口岸、管道基础设施建设。

商贸物流中心。以综合交通运输网络为依托,加快物流基础设施和信息平台建设,构建面向国内和中亚、西亚、南亚与欧洲国家的现代商贸物流服务体系。对内加快形成环乌鲁木齐商贸物流核心圈,培育形成喀什—克州、伊犁—博州、克拉玛依—奎屯—乌苏、阿勒泰—北屯、塔城、哈密、巴州、阿克苏、和田九个商贸物流产业集聚区。对外加快建设一个自贸区(中国·新疆自由贸易试验区)、两个经济开发区(喀什、霍尔果斯经济开发区)、四个边境合作区(伊宁、博乐、塔城和吉木乃边境合作区)、八个综合保税区(阿拉山口、喀什、伊宁、伊尔克什坦、乌鲁木齐、塔克什肯、吉木乃、巴克图综合保税区)等开放平台。

文化科教中心。发挥中国新疆与周边国家语言相通、文化相近的优势,密切人文交流,厚植民意基础。一是积极参与海外中国文化中心共建合作计划,建设中亚文化交流合作中心。二是推进中国—中亚科技合作中心建设,打造一个中心(乌鲁木齐)和两个分中心(喀什、塔城),加大科技交流和科技人才培养、引进力度,积极推进与周边国家共建一批科技创新平台和科研成果转化平台。三是积极与沿线国家开展留学互访和合作办学。四是建立与周边国家旅游信息交流共享机制,联合打造具有丝绸之路特色的国际精品旅游线路和旅游产品。

医疗服务中心。围绕周边国家实际需求,加强国际医疗技术、医疗人才、医药产业和公共卫生等领域交流合作,提升新疆医疗服务的影响力。重点以乌鲁木齐及周边城市(含昌吉、石河子)为主,依托现有重点医疗机构,建设一批集医疗、预防保健、养生康复为一体的国际医疗中心。以和田、喀什、阿勒泰、伊宁等城市为辅,开展以中医、维吾尔医、哈萨克医为特色的国际医疗服务。

区域性金融中心。完善金融基础设施,扩大金融对外开放,培育和发展金融市场,增强金融持续创新能力。一是扩大金融对外开放,加速推进丝绸之路经济带融资、清算、外汇交易等金融平台的建设。二是完善人民币跨境业务相关政策,将乌鲁木齐打造成中亚区域人民币交易和结算中心。三是加大以喀什、霍尔果斯经济开发区为重点的沿边区域金融创新力度,充分发挥中哈霍尔果斯国际边境合作中心示范功能,在合作区内实现金融创新政策先行先试。

第二章

新疆丝绸之路经济带核心区建设的行动方略

新疆在以“五中心、三基地、三通道和十大进出口产业集聚区”为重点内容的丝绸之路经济带核心区建设中，创新发展思路与合作模式，加快推进重点建设项目，为推动核心区建设迈出坚实步伐。

一、规划引领与方案推动

2013 年 9 月习近平主席首次倡议“共同建设‘丝绸之路经济带’”，新疆于同年 11 月迅速出台《关于新疆建设丝绸之路经济带核心区的研究报告》，提出新疆建设丝绸之路经济带核心区和“五大中心”的建设任务。

2014 年 9 月，新疆党委常委（扩大）会议审议通过《关于推进新疆丝绸之路经济带核心区建设的实施意见》和《关于印发推进新疆丝绸之路经济带核心区建设行动计划（2014—2020 年）的通知》，全面部署核心区建设。《推进新疆丝绸之路经济带核心区建设行动计划（2014—2020 年）》提出了 9 个方面 47 项行动计划，9 个方面分别是开展完成“五大中心”规划编制工作；加快推进交通通道基础设施建设；加快推进信息通道建设；加快推进商贸物流中心和基地建设；加快推进金融产品和金融服务的创新工作；加快推进新疆与周边国家在文化科教领域的交流合作；积极开展重点面向周边及沿线国家的医疗卫生服务及合作交流；积极推动十大进出口产业集聚区建设和加快推进能源“三基地一通道”建设。2014 年年底，新疆成立推进丝绸之路经济带核心区建设工作领导小组。

2015 年 2 月，领导小组召开第一次会议专题研究《新疆关于贯彻落实国家〈丝绸之路经济带和 21 世纪海上丝绸之路建设战略规划〉,加快推进新疆丝绸之路经济带核心区建设的实施方案》和《2015 年新疆丝绸之路经济带核心区建设工作要点》。2015 年 5 月,新疆抓紧时间完善《新疆关于贯彻落实国家〈丝绸之路经济带和 21 世纪海上丝绸之路建设战略规划〉,加快推进新疆丝绸之路经济带核心区建设的实施方案》《2015 年新疆丝绸之路经济带核心区建设工作要点》和《新疆丝绸之路经济带核心区建设优先推进项目清单》,进一步明确了新疆丝绸之路经济带核心区建设的总体思路、发展目标、重点任务及建设工作要点。2015 年 8 月,新疆出台《关于推进新疆丝绸之路经济带核心区医疗服务中心建设方案的通知》,提出抓住乌鲁木齐市这个突破口,着眼高端医疗服务,培育市场和拉动需求;抓好品牌战略突破口,加大对中医、民族医等特色医疗的宣传力度,快速提升医疗服务中心影响力;抓好信息通道互联互通突破口,创新国际医疗服务合作机制,力争与周边国家医疗市场形成跨境远程医疗服务网络及共同发展格局。同时,提出了近期(从 2015 年起用 1~2 年时间)和中期(用 2~5 年时间)阶段性的具体目标。这也是"五大中心"规划编制工作中首个完成的建设方案。

2016 年新疆编制完成了交通枢纽中心、商贸物流中心和文化科教中心等 3 个专项建设规划,加紧修改完善金融中心建设规划和十大进出口产业集聚区建设规划,争取早日全面完成"五大中心"规划编制工作,即 2016 年 4 月 8 日出台《关于加快推进丝绸之路经济带核心区文化科教中心(文化体育部分)建设的实施意见》①;2016 年 10 月 19 日出台《关于印发中国·新疆丝绸之路经济带核心区医疗服务中心—中医民族医药发展规划(2016—2020 年)的通知》②。这是新疆在 2015 年 8 月 25 日出台五大中心建设之一的《关于推进新疆丝绸之路经济带核心区医疗服务中心建设方案的通知》之后,根据新疆周边国家对新疆医疗服务的旺盛需求而专项制定的发展中医民族医药专项规划。

---

① 新疆维吾尔自治区人民政府网站.关于加快推进丝绸之路经济带核心区文化科教中心(文化体育部分)建设的实施意见[EB/OL].http://www. xinjiang. gov. cn/2016/04/29/64884. html.

② 新疆维吾尔自治区人民政府网站.关于印发中国·新疆丝绸之路经济带核心区医疗服务中心—中医民族医药发展规划(2016—2020 年)的通知[EB/O].http://www. xinjiang. gov. cn/2016/11/15/65070. html.

2016 年新疆还制定了《自治区建设丝绸之路经济带的指导意见》《中国新疆与巴基斯坦合作规划纲要（2016—2020 年）》《天山北坡经济带发展规划》和《天山北坡经济带引领跨越行动计划》，并且配合国家有关部委开展中蒙俄经济走廊、中巴经济走廊等国际经济合作走廊规划编制工作。截至 2016 年 7 月，新疆编制完成《新疆参与中方编制中蒙俄经济走廊合作规划纲要工作方案》和《新疆参与中蒙俄经济走廊建设重大项目清单》，并且完成中巴经济走廊建设的总体思路研究初稿。同时，新疆积极开展中欧班列集结中心等项目前期研究工作。

2017 年新疆丝绸之路经济带核心区建设进入第四年，围绕国家“五通”建设重点，以“五中心、三基地、三通道和十大进出口产业集聚区”为建设目标和建设内容，新疆继续扎实推进丝绸之路经济带核心区建设，完成全面部署丝绸之路经济带核心区建设的规划工作，核心区建设总体思路、发展目标、重点任务及工作要点逐一明确。新疆丝绸之路经济带核心区建设指导意见、实施意见、行动计划、实施方案、工作要点和优先推进项目清单等一系列文件的密集出台，彰显了新疆紧跟国家全球布局的决心和行动力，顶层设计走在前列。

2017 年 1 月 25 日，新疆出台《关于印发丝绸之路经济带核心区商贸物流中心建设规划（2016—2030 年）的通知》①；2017 年 6 月 28 日，新疆发布《关于印发丝绸之路经济带核心区文化科教中心（教育部分）建设规划（2016—2020 年）的通知》②；新疆五大中心建设之一的文化科教中心建设规划全部完成。2017 年 7 月 17 日，新疆出台《关于印发丝绸之路经济带核心区交通枢纽中心建设规划（2016—2030 年）的通知》③。至此，新疆五大中心建设，除金融中心建设规划尚未正式出台，其他四大中心顶层设计完备，建

① 新疆维吾尔自治区人民政府网站.关于印发丝绸之路经济带核心区商贸物流中心建设规划（2016—2030 年）的通知[EB/OL].http://www.xinjiang.gov.cn/2017/02/28/127845.html.

② 新疆维吾尔自治区人民政府网站.关于印发丝绸之路经济带核心区文化科教中心（教育部分）建设规划（2016—2020 年）的通知[EB/OL].http://www.xinjiang.gov.cn/2017/07/18/142198.html.

③ 新疆维吾尔自治区人民政府网站.关于印发丝绸之路经济带核心区交通枢纽中心建设规划（2016—2030 年）的通知[EB/OL].http://www.xinjiang.gov.cn/2017/08/09/143281.html.

设思路清晰。

除新疆维吾尔自治区政府出台相关文件大力支撑核心区建设外，相关厅局也纷纷筹谋核心区建设。自治区教育厅编制完成教育系统对外开放顶层设计，相继出台《丝绸之路经济带核心区教育中心建设规划（2016—2020年）》《关于做好新疆新时期教育对外开放工作的实施意见》和《新疆孔子学院发展行动计划（2016—2020年）》。自治区发展改革委、自治区通信管理局联合发布《自治区信息基础设施重大工程建设三年行动方案（2016—2018年）》，建设和完善中哈、中塔、中吉、中巴、中俄跨境光缆系统，建设乌鲁木齐数据中心和云计算平台，打造丝绸之路经济带核心区信息枢纽。[①]

国家各部委、援疆省（区、市）也大力支持新疆丝绸之路经济带核心区建设。国家能源局[②]、教育部[③]、海关总署[④]等部门及各援疆省（区、市），均出台新疆核心区建设及援疆省（区、市）对接地域参与核心区建设的措施、意见和举措等指导性文件，明确支持新疆核心区建设，为新疆发展开放型经济、开拓国内外市场奠定坚实基础。

二、建设行动与进程成效

新疆建设丝绸之路经济带核心区，既是国家战略的西北体现，也是新疆构建开放型经济、寻求更大发展空间的重大机遇。根据丝绸之路经济带核心区建设近期目标，新疆在一系列规划和方案推动下，以一批重大标志性、示范性工程和项目为抓手，全面落实丝绸之路经济带核心区建设。

重点项目为引领。新疆围绕“五中心、三基地、三通道和十大进出口产

---

① 新疆维吾尔自治区人民政府网站.自治区信息基础设施重大工程建设三年行动方案（2016—2018年）发布[EB/OL].http://www.xinjiang.gov.cn/2017/09/28/144645.html.

② 国家能源局批复同意全国第一个区域性丝绸之路经济带能源专项规划《丝绸之路经济带核心区（新疆）能源规划》，引自：中华人民共和国国家发展和改革委员会西部开发司网站.国家能源局批复同意《丝绸之路经济带核心区（新疆）能源规划》[EB/OL].http://xbkfs.ndrc.gov.cn/ydyl/201708/t20170817_858023.html.

③ 教育部与新疆签订了《开展“一带一路”教育行动合作备忘录》。

④ 2017年9月，自治区和海关总署签署《关于进一步推进丝绸之路经济带核心区建设合作备忘录》。引自：新疆维吾尔自治区人民政府网站.自治区和海关总署携手推进丝绸之路经济带核心区建设[EB/OL].http://www.xinjiang.gov.cn/2017/09/22/144472.html.

业集聚区”的重点任务,认真筛选《新疆丝绸之路经济带核心区建设优先推进项目清单》,加快推进重点项目。2015 年完成重点项目投资 3759.6 亿元,190 个在建重点项目和 51 个新开工重点项目进展顺利。2016 年确定优先推进项目 352 项(类)、总投资超过 3.26 万亿元。“五大中心”和“十大进出口产业集聚区”的在建项目包括库尔勒至格尔木铁路(疆内段)、哈密至额济纳铁路、中巴公路(国内奥依塔克镇—布伦口段)、G7 明水(新甘界)至哈密高速公路、富蕴机场迁建、和田机场改扩建、霍尔果斯国际物流园、新疆喀什进出口贸易加工区(含保税仓库)、会展医院、高铁医院、喀什中央金融商贸区等;2016 年新开工项目有乌鲁木齐集装箱中心站、G3012 墨玉至和田段高速公路、库尔勒机场改扩建、哈密机场改扩建、乌鲁木齐长征空港国际商贸物流中心、吐鲁番空铁联运物流产业园、中亚文化交流中心、新疆科技信息服务中心等。“三基地、三通道”的在建项目有新汶矿业伊犁一号煤矿、天池能源准东煤田大井矿区南露天煤矿、国电哈密电厂、国网能源哈密电厂、庆华伊宁 55 亿立方米/年煤制天然气项目等;新开工项目有浙能阿克苏纺织工业城热电厂、新疆潞安准东电厂、哈密千万千瓦级风电基地等。[①]

平台建设为支撑。以乌鲁木齐市、霍尔果斯市和喀什市等三地的经济开发区及阿拉山口市的综合保税区为重点,积极构建丝绸之路经济带核心区的支撑平台,全力打造新疆区域经济发展的动力源。乌鲁木齐市加快推进陆路港建设,新疆电子口岸在乌鲁木齐市正式启动并上线运行;乌鲁木齐综合保税区正在组织申请国家正式验收;加快跨境电子商务发展,已上报自治区人民政府审定《新疆跨境贸易电子商务综合服务试点方案》,推进乌鲁木齐市申报国家跨境贸易电子商务试点城市。全力推进国际物流体系建设,开工建设乌鲁木齐海关多式联运监管中心;打造乌鲁木齐国际门户枢纽机场,推进“空中丝绸之路”建设。阿拉山口、霍尔果斯整车进口口岸通过国家验收,实现进口整车零突破。喀什、霍尔果斯经济开发区建设进展顺利。截至 2015 年年底,累计完成基础建设投资 115.78 亿元(不含兵团),其中喀

① 数据及信息来源于:新疆维吾尔自治区发展和改革委员会资料,本章以下引用的数据来源无特别说明者,均与此同。

什经济开发区 70.63 亿元，霍尔果斯经济开发区 45.15 亿元。注册企业达到 1643 家（不含兵团），其中喀什经济开发区 1246 家，霍尔果斯经济开发区 397 家。招商引资企业完成投资 229.74 亿元，其中喀什经济开发区 72.49 亿元，霍尔果斯经济开发区 157.25 亿元。加强新疆同欧洲国家直线铁路多式联运开发，首发中国新疆—德国（往返）西行国际货运班列，霍尔果斯铁路口岸签证办公室正式运营。

向西畅通有突破。新疆大力做好西行班列相关工作。新疆国际货运班列境内发运站由乌鲁木齐、库尔勒、奎屯等多个中心站组成，国际货运班列采用"五定班列"方式运输出口货物，即定点（固定始发站和终到站）、定线（固定运行线）、定车次、定时（固定始发、运行时间）、定价（一口价）。新疆国际货运班列采用"一次报关、一次查验，全线放行"的通关模式，运输出口的货物在始发站一次报关查验，沿线国家不再重复关检，全线放行。全程运输时间不到 3 天，比原有运行模式缩短了 12 天以上，大幅提高运输效率。新疆面向中亚主要城市的国际货运班列成功开通并实现常态化运行，2016 年上半年，新疆—中亚国际货运班列已开行 70 列①，每周稳定开行 1~2 列，主要运输的货物是建材（大理石、瓷砖）、机械设备、汽车配件、机电产品、特色轻工、服装百货、钢材等。新疆率先在全国打通中国—西亚、中东铁路直通大通道，成功组织开行了新疆—格鲁吉亚货运班列（奎屯—第比利斯）；成功组织开行了新疆—俄罗斯货运班列（石河子—车里雅宾斯克、乌鲁木齐—莫斯科）；成功完成了新疆—土耳其国际货运班列（库尔勒—梅尔辛）测试工作；成功组织开行了乌鲁木齐至阿拉木图（终点到达莫斯科）跨境电商邮政集装箱货运列车。

新疆丝绸之路经济带核心区建设经过近四年的筹备、酝酿、落实和发展，各类规划基本完成，建设理念、建设思路以及建设路径均已清晰。在顶层设计和项目带动中，新疆丝绸之路经济带核心区建设已经进入实践性推动阶段，建设进程如期推进，建设成效不断显现。创新发展成为引领新疆丝

① 新疆—中亚国际货运班列自 2014 年 3 月 8 日首列始发以来，截至 2015 年 12 月 31 日，已累计开行西行国际班列 135 列，贸易总值达 25.6 亿元。

绸之路经济带核心区建设的重中之重。

2017 年新疆继续以重大关键性、标志性工程为抓手，全面推进丝绸之路经济带核心区建设。

开放平台构筑外向型经济体系。新疆致力于打造开放型经济载体。2017 年，新疆有国家级开发区、海关特殊监管区 22 个，其中包括经济开发区 2 个、经济技术开发区 9 个、边境经济合作区 4 个、高新技术产业开发区 3 个、跨境经济合作区 1 个、综合保税区 3 个。[①] 截至 2017 年 9 月，新疆已与全球 192 个国家和地区开展经贸交往，有 54 个国家和地区的企业来新疆投资兴业，新疆企业“走出去”在 53 个国家和地区开展投资合作。新疆对外贸易额中 80%为过境贸易。自 2014 年新疆首列西行货运班列开行至 2016 年 12 月底，新疆已累计开行 358 列。新疆—中亚货运班列已实现市场化运行并达到每天 1 列的规模，新疆—俄罗斯货运班列步入常态化运行，新疆到德国、格鲁吉亚、土耳其货运班列成功运行，新疆到欧洲、西亚、高加索地区的铁路通道全部打通，中欧（中亚）班列乌鲁木齐集结中心初步形成。与此同时，渝新欧、郑新欧、义新欧等“中欧班列”纷纷借道新疆，扩大与沿线国家的经贸交往。乌鲁木齐陆路港、综合保税区建设加快推进。

民营企业外向拓展初现成效。新疆继续深化在农业、能源、金融等领域的外向型发展之路，大力支持企业通过集群式发展、产业化经营“走出去”。截至 2017 年 6 月，新疆有境外投资企业 558 家，中方协议投资总额 88.93 亿美元，其中，产能合作项目 43 个，中方协议投资额 43.99 亿美元。项目分布在 50 多个国别方向，主要集中在哈萨克斯坦、吉尔吉斯斯坦、塔吉克斯坦、乌兹别克斯坦、土库曼斯坦等中亚五国和中国香港。特变电工股份有限公司为塔吉克斯坦能源项目以及其在全球多个国家和地区提供涵盖电网、电源建设的成套项目，使特高压输电成为继高铁、核电之后的第三张国家名片。2017 年 8 月，特变电工在安哥拉承建的超大型输变电项目正式竣工。新疆广汇石油有限公司在哈萨克斯坦斋桑、南依玛谢夫开展油气田项目。新疆

---

① 数据及信息来源于新疆维吾尔自治区发展和改革委员会资料，本文以下引用的数据来源无特别说明者，均与此同。

三宝实业集团在哈萨克斯坦东哈州开展畜禽养殖项目，新疆中泰新丝路农业投资有限公司在塔吉克斯坦开展棉纺产业一体化项目，新疆元坤金谷农业科技有限公司在哈萨克斯坦开展农产品流通项目，新疆金风科技股份有限公司控股金风国际（香港）有限公司增资德国金风风能有限公司项目，华菱集团在格鲁吉亚兴建工业园区和国际经济特区，成为格鲁吉亚投资规模最大的外企之一。新疆美克化工股份有限公司通过中欧班列整车向世界最大化学品生产企业巴斯夫所在的德国路德维希港出口液体化学品，使新疆石油石化产业正式打开了欧洲市场。中外运新疆公司中巴贸易车队于2016年11月首次成功穿越巴基斯坦西部，实现中巴经济走廊的真正贯通。一大批有实力、有活力的新疆民营企业借助丝绸之路经济带建设，开创了更加广阔的市场。

创新驱动发展试验区引人瞩目。新疆提出要进行丝绸之路经济带创新驱动发展试验区建设。这个由自治区人民政府、科技部、深圳市和中科院四方合作、共同建设的丝绸之路经济带创新驱动发展试验区，旨在借助“创新驱动发展和丝绸之路经济带”两大建设，以“一区多园”的形式，对乌鲁木齐市、昌吉回族自治州、石河子市、哈密市和克拉玛依市的国家级园区，通过科技创新、道路创新、模式创新、机制创新及差异性政策，形成新疆产业转型升级高地和核心竞争力高地，打造丝绸之路经济带创新引领示范区、科技成果转化示范区、新兴产业集聚发展中心和国际科技创新中心。2017年，五地七区《丝绸之路经济带创新驱动发展试验区总体实施方案》基本完成，出台了《新疆试验区先行先试改革若干政策意见》《关于支持工业实体经济快速发展的实施意见（试行）》《关于大力扶持科技型企业发展促进创新创业的若干意见》等一系列旨在降低企业成本、创新创业环境的文件，并在项目推动、改革措施及创新型龙头企业引领等方面开展了大量工作。

三、建设方略与趋势展望

新疆建设丝绸之路经济带核心区必须确实建立起丝绸之路经济带核心区的“核心”地位，积极谋划，构建有序的时空体系，发展创新的平台体系，推进富有活力的产业体系，为推动新疆经济社会的发展奠定坚实的基础。

（一）时空体系的有序构建

在当前的发展阶段，能源应是核心区建设的首要目标，贸易应是核心区建设的现实基础和持续动力。能源和贸易的深化合作和发展依赖于能源通道和交通枢纽的互联互通，因此，首先要以"联"与"通"的问题为先导，以项目推动为依托，先易后难、先小后大、先行先试地推进与周边国家及内陆省区，特别是与陕西、青海、甘肃、宁夏等西北其他四省区的交流与合作。

在"联"与"通"的问题上，首先是空间体系中交通枢纽中心的建设，形成铁路、公路、航空、通信、管道、电网等互联互通的立体综合交通体系。在国际运输通道的建设上，中国正在就修建三条跨境铁路与巴基斯坦、蒙古国、乌兹别克斯坦和吉尔吉斯斯坦进行谈判。新疆维吾尔自治区内的铁路通道建设也正在按照国家的规划进行建设中，第一条是从哈密伊吾至哈萨克斯坦、俄罗斯的铁路北通道；第二条是从上海经过兰州、乌鲁木齐到哈萨克斯坦的铁路中通道；第三条是从格尔木一直进入到巴基斯坦和塔吉克斯坦的铁路南通道。新疆的公路也将遵循这三条铁路进行规划建设。[①] 2014 年 9 月，交通运输部印发的《关于进一步支持新疆交通运输科学发展的若干意见》中提出，积极推进新疆综合交通、智慧交通、绿色交通、平安交通的"四个交通"建设，到 2020 年，新疆基本形成功能完善、能力充分、结构合理、衔接顺畅、服务优质的综合交通运输体系，高速公路总里程达到 5500 公里，普通国道二级及以上比重达到 60%，铁路营运里程达到 8000 公里，基本形成干支结合的民航机场布局；所有具备条件的县市和团场通二级及以上公路，基本实现各县市有二级及以上等级客运站、乡镇（营）有等级客运站、建制村有汽车停靠点，邮政普遍服务和快递服务能力和水平不断提高；重要口岸实现二级及以上公路连通，铁路口岸通过能力显著增强，进出疆航线航班进一步加密。从 2015 年起，对南疆四地州、南疆师团的农村公路和国省道建设按照建筑安装费全额投资，国家高速公路建设补助标准按照建筑安装费的 70%

---

① 新疆新契机：跨境铁路+丝路规划[EB/OL].http://finance.ifeng.com/a/20140909/13078623_0.shtml.

执行,结合"十三五"规划编制,进一步研究加大对新疆交通运输发展的资金支持。①

(二)平台体系的创新建设

喀什和霍尔果斯两个经济开发区,是新疆对外开放的重要平台。

霍尔果斯经济开发区。2014 年 6 月《国务院关于同意新疆维吾尔自治区设立县级霍尔果斯市的批复》下发,霍尔果斯将成为丝绸之路经济带沿线最年轻的一座城市,以往由于口岸管理体制不顺造成的无权威性、强制性和合法性等问题也将随之迎刃而解。随着伊宁机场口岸建设的加快,霍尔果斯将成为集公路、铁路、航空、管道"四位一体"的国际综合交通枢纽。新疆出台的《关于在喀什、霍尔果斯经济开发区试行特别机制和特殊政策的意见》,从体制机制、财税、金融、土地、产业集聚、人才集聚和发展以及加大配套服务力度七个方面制定了 34 条政策措施,特别是在财税支持上,从 2014 年起,新疆每年为两个经济开发区各安排补助资金 5000 万元,以支持两个经济开发区基础设施建设;全额留存两个经济开发区 2012—2021 年十年内的地方财政收入(包括地方税收)。2013 年 8 月,中国人民银行总行正式下发《中国人民银行办公厅关于中哈霍尔果斯国际边境合作中心跨境人民币创新业务试点的批复》,标志着霍尔果斯成为全国首个"关外"离岸人民币金融业务试点区。2014 年,霍尔果斯经济开发区成为全国首个跨境人民币创新业务试点区,实现跨境结算,将极大推动人民币国际化的进程。目前,多家金融机构已在中哈霍尔果斯国际边境合作中心建立分支机构,享有内陆比深圳前海、上海自贸区还优惠的离岸人民币政策,在中哈霍尔果斯国际边境合作中心开展的国际贸易都以人民币标价、结算和流通。霍尔果斯经济开发区将是加快人民币与周边国家货币区域交易步伐的最有利和最成熟的发展区域,应大力推动开发性金融机构建设,鼓励灵活多样的融资及担保模式,使这一示范性的金融体系中心、交通枢纽中心和商贸物流中心不断发展。

---

① 交通运输部印发关于进一步支持新疆交通运输科学发展的若干意见[EB/OL].http://jt.chinadaily.com.cn/126/show-20933-1.html.

喀什经济开发区。2013 年 9 月,喀什经济开发区总体规划获得国家批准,旨在全力建设金融贸易区、总部经济区和综合保税区。喀什金融贸易区是国家首次在沿边地区提出的,也是全国继上海陆家嘴金融贸易区之后的第二个金融贸易区,将打造集产权交易、期货交易、债券交易及股权交易市场等多层次于一体的金融市场。上海浦发银行、天津滨海银行、乌鲁木齐商业银行、广东发展银行相继落户喀什。2014 年 9 月 11 日,国务院同意批复设立喀什经济开发区综合保税区,这是新疆继阿拉山口之后的第二个综合保税区,也是南疆首个综合保税区,还是继中哈霍尔果斯国际边境合作中心、乌鲁木齐出口加工区和阿拉山口保税区之后的全疆第四个海关特殊监管区。喀什经济开发区综合保税区规划面积 3.56 平方公里,主要设置保税仓储、保税物流、保税加工、展览展示、口岸操作、航空货运和综合配套服务等功能区,具备国际中转、国际配送、国际采购、国际转口贸易和出口加工等功能。在综合保税区内,国内货物入区视同出口,实行退税;国外货物入区保税,区内企业之间的货物交易不征增值税和消费税。

(三)产业体系的有力支撑

产业体系的构建将是新疆有效参与国际贸易交流与合作的有力支撑,也是有效解决新疆"通道效应"的有力手段。在《推进新疆丝绸之路经济带核心区建设的实施意见》和《推进新疆丝绸之路经济带核心区建设行动计划(2014—2020 年)》中,新疆提出要以经济合作为主轴,以务实项目为支撑,充分发挥援疆省(区、市)的作用,围绕十大产业集聚区,积极承接产业转移,加快新疆产业结构优化调整,推动跨越式发展。机械装备、绿色食品、服装纺织、建材加工、精细化工、金属制品、信息服务、旅游产业、商贸物流等产业都将迎来重大发展机遇。

建立以市场为导向,以产业化为目标,以企业为主体,以全方位开放型经济为格局的产业体系,其中以企业为主体,特别是促进本土企业发展壮大,增强内源经济发展动力,应是新疆丝绸之路经济带核心区建设、着力构建现代化产业体系的重点。

加强产业引导,加大对企业的支持力度,大力支持中小企业发展,大力推动非公有制经济发展,特别是加大对本土企业发展壮大的支持力度,改善"两头在外、大进大出"的外源型经济对区域经济带动有限的不利局面,支持主导产业和企业,大力开拓疆内、内陆及新疆周边国家市场。支持劳动密集型企业的发展壮大,注重就业问题的解决,以民生改善为目标大力发展现代产业体系。加大企业科技创新支持及奖励力度,鼓励、引导企业提高自主创新能力,增强自身竞争力。

在新的形势下,新疆的发展与稳定"事关全国改革发展稳定大局,事关祖国统一、民族团结、国家安全,事关实现两个一百年奋斗目标和中华民族伟大复兴"①,新疆日益突出的国家战略地位,使其必须在肩负丝绸之路经济带战略的历史使命中勇于担当、求实奋进、创新发展。

(四)核心区建设趋势展望

"一带一路"由倡议走向实质性落实和发展阶段,中国的发展和发展理念越来越多地引起世界,特别是激起有强烈发展需求的国家的关注,实质性合作已经全面开展,并与反全球化展开了竞争。

2017 年 5 月,旨在获得国际社会认同、凝聚发展合力、共识构建人类命运共同体的"一带一路"国际合作高峰论坛,再次将中国首倡的"一带一路"建设唱响全世界。2015 年 3 月的《推动共建丝绸之路经济带和 21 世纪海上丝绸之路的愿景与行动》与 2017 年 5 月的《携手推进"一带一路"建设》两份宣言,强调"和平合作、开放包容、互学互鉴、互利共赢","共商、共建、共享"原则纳入 2017 年第 71 届"联合国与全球经济治理"决议。"一带一路"建设得到全球 100 多个国家和国际组织的积极支持和参与,"一带一路"建设的合作方向更加明确、具体线路更加清晰、重点项目更加广泛,取得了丰硕成果。新疆丝绸之路经济带核心区建设紧紧追随国家的布局谋划,以重大项目和标志性工程为抓手,践行核心区建设理念,彰显新疆核心区影响力,扎实推进丝绸之路经济带核心区建设。

新疆丝绸之路经济带核心区建设已经进入第四年,建设思路日益清晰,建设项目稳步推进,但核心区建设面对的各种挑战不容忽视。

---

① 习近平在第二次中央新疆工作座谈会上的讲话。

新疆丝绸之路经济带核心区建设，仍将以政府引领、项目支撑、政策助力为主旋律。

新疆及各个地州市建设丝绸之路经济带核心区的积极性非常高涨。各级政府按照丝绸之路经济带核心区建设的主要内容，结合本地区特点，紧抓机遇，大力推进核心区建设，其中以乌鲁木齐市、喀什地区、霍尔果斯市及阿拉山口市等地的丝绸之路经济带建设为代表。乌鲁木齐经济优势、技术优势、交通优势、人才优势明显，重点围绕交通枢纽、商贸物流、金融、科技、教育、文化、医疗七个方面全力承接核心区"五大中心"建设任务，打造丝绸之路经济带上的中心城市。喀什是中巴经济走廊的起点和中国—中亚—西亚经济走廊的重要节点，将重点围绕"一桥一线一通道"①打造丝绸之路经济带核心区的重要增长极。伊犁州以霍尔果斯经济开发区为依托，围绕"四港一谷"②，打造丝绸之路经济带核心区重要支点。博州依托阿拉山口市的综合保税区优势，围绕"口岸强州"，打造面向中国西部的第一门户。

丝绸之路经济带核心区建设仍将以各类投资项目为支撑。交通运输枢纽设施建设首当其冲，公路、铁路、机场建设项目将按照新疆北、中、南通道建设规划快速推进，同时加快推进天然气管道、电网、信息等国际骨干通道建设。积极向国家申请批准在新疆设立"国家金融改革开放综合配套创新试验区"，以期在区域性金融中心建设上有所突破。抓紧编制《丝绸之路经济带核心区项目建设融资规划》。拓宽金融合作领域，进一步扩大人民币跨境使用，完善人民币跨境清算安排，促进人民币离岸市场发展。鼓励境内机构和个人使用人民币对外直接投资；发挥双边多边基金作用，支持"一带一路"重点项目建设。

平台建设仍将是新疆丝绸之路经济带核心区建设的重要内容。霍尔果斯经济开发区、喀什经济开发区、阿拉山口综合保税区及乌鲁木齐综合保税区等新疆对外开放平台，将加快推进各类建设项目，先行先试一批重大改革措施，提升对外开放功能。中巴经济走廊建设将进入实质性推进阶段，中巴

---

① "一桥一线一通道"分别指中巴经济走廊的廊桥、中国—中亚—西亚经济走廊的重要交通干线和能源资源陆上大通道。

② 四港一谷是指国际航空港、国际金融港、国际物流港、国际信息港和国际旅游谷。

铁路、中巴公路和中巴电力联网等重点工程建设将加快推进。新疆将进一步提升在中蒙俄经济走廊建设中的战略地位，积极推动新疆参与中蒙俄经济走廊建设的重大项目纳入国家《中蒙俄经济走廊合作规划纲要》。积极将环阿尔泰山"四国六方"[①]合作机制上升为国家战略，打造丝绸之路经济带环阿尔泰山次区域经济合作区。

在新疆丝绸之路经济带核心区五个中心的建设上，文化科教中心和医疗服务中心将在"十三五"时期得到快速发展，来疆留学和培训的人员规模大幅上升，孔子学院建设得到快速发展。周边国家医疗服务需求不断增加，现代医疗科技水平及互联网信息技术的应用日益提高和广泛，医疗服务中心建设取得成效。"十三五"时期，新疆将成为在中亚地区具有重要影响力的文化科教中心和医疗服务中心。

创新仍是新疆核心区建设的重中之重。2017 年习近平主席提出"要促进政策、规则、标准三位一体的联通，为互联互通提供机制保障"，这是对"设施联通"的更深层次的要求，这对于新疆而言，更是薄弱之处。如何能与世界规则接轨、如何能实现更深层次的五通建设，是未来新疆核心区建设的进一步要求。

① 四国六方是指中、俄、哈、蒙四国在阿尔泰山脉的结合部，主要包括中国新疆阿勒泰地区、俄罗斯阿尔泰边疆区和阿尔泰共和国、哈萨克斯坦东哈萨克斯坦州、蒙古国巴彦乌列盖省和科布多省。

第三章

新疆丝绸之路经济带核心区"五通"建设成效

历经四年的积极发展，新疆围绕"五通"建设，以一系列新构想、新举措强力推进丝绸之路经济带核心区建设。"五通"建设是新疆推进丝绸之路经济带核心区建设的目标及重点，也是推动核心区建设阶段成效的具体检验。

一、"政策沟通"建设成效

新疆始终致力于与周边国家和内陆省区开展积极交流与主动合作，大型高级别、国际性、交流性会议增多，与周边国家及内陆省区的出访和交流活动快速提升。2014 年 6 月，"丝绸之路经济带国际研讨会"在乌鲁木齐召开，来自中国、俄罗斯、印度、哈萨克斯坦、吉尔吉斯斯坦、阿富汗、土耳其、美国等 20 余个国家的百余名专家学者围绕"丝绸之路：过去、现在和未来"和"共建丝绸之路经济带，打造互利共赢的利益共同体"议题展开深入讨论。2014 年 9 月，"第九届丝绸之路市长论坛暨 2014 年丝绸之路经济带城市合作发展论坛"在新疆乌鲁木齐召开，25 个国家的 48 个城市市长共同发布了《乌鲁木齐宣言》，以推动交通、贸易、投资、就业、人文等方面的务实合作。2015 年 7 月，"2015 第三届丝绸之路经济带城市合作发展论坛"在乌鲁木齐举行，来自丝绸之路沿线 56 个中外城市的 1000 余名代表和专家学者围绕"传承丝路精神、深化务实合作"开展广泛交流。2015 年 8 月，来自 30 个国家和国际组织的近百位中外嘉宾欢聚乌鲁木齐"新疆发展论坛"，为新疆在丝绸之路经济带核心区建设建言献策。2016 年，新疆先后与巴基斯坦、澳大利亚、英国、美国、瑞典、韩国等国的代表团及江苏、江西等省就深化各领域务实合作、共同推进“一带一路”建设进行了深入交流，达成了广泛共识，为推动下一步交流合作奠定了基础。2016 年 8 月，克拉玛依市在 2015 年举办“中巴经济走廊（新疆 · 克拉玛依）论坛”的基础上，以“共商、共建、共享——区域合作与产业发展”为主题再次成功举办了“丝绸之路经济带新疆 · 克拉玛依论坛（2016）”，来自中国、巴基斯坦、伊朗、哈萨克斯坦等国政府、企业、智库、社会组织、媒体机构的 500 多名代表参会。2016 年，新疆积极推动与格鲁吉亚政府共办丝绸之路论坛的筹备工作，编制了《新疆维吾尔自治区人民政府同格鲁吉亚政府共办丝绸之路论坛工作方案》。

高层互访推动政策落地，引领丝绸之路经济带政策沟通与交流合作。① 2015 年 4 月，中共中央政治局委员、自治区党委书记张春贤率党政代表团对塔吉克斯坦进行考察访问，围绕新一轮中塔合作达成合作协议。2015 年 10 月 15 日，自治区党委副书记、自治区主席雪克来提 · 扎克尔访问格鲁吉亚，参加丝绸之路经济带国际论坛，来自 30 多个国家和地区、12 个国际组织的 1000 多名代表参加此次活动。2015 年 10 月 17 日，自治区党委副书记、自治区主席雪克来提 · 扎克尔率团访问伊朗，建立了友好合作伙伴关系。2016 年 4 月 3 日至 6 日，中共中央政治局委员、新疆维吾尔自治区党委书记张春贤率新疆党政代表团对巴基斯坦进行访问，在基础设施互联互通、人文交流、经贸合作等方面取得了一批重要成果。2016 年 5 月，中共中央政治局委员、新疆维吾尔自治区党委书记张春贤在阿斯塔纳会见哈萨克斯坦总理马西莫夫，落实两国领导人达成的重要共识，推进“一带一路”建设，促进中哈各领域的交流合作。

政策沟通是“五通”建设的基础，是“共商、共建、共享”原则实施的最初的、具体的行动。新疆始终高度重视顶层设计、顶层推动对核心区建设的实质性影响和助推作用。截至 2017 年 9 月，新疆已经分别与吉尔吉斯斯坦、塔吉克斯坦、阿塞拜疆、亚美尼亚 4 国建立了常态化的政府间的经贸合作机制，建立经贸合作工作组（委员会），在深化经贸领域互利合作、促进贸易与投资

---

① 本自然段涉及的自治区领导出访交流情况引自：国务院新闻办公室新闻发布会材料二：建设丝绸之路经济带核心区情况［EB/OL］. http://www.china.com.cn/zhibo/zhuanti/ch-xinwen/2016-06/22/content_38719195.htm.

便利化措施、加强文化交流合作等方面达成一系列共识，并开展了一系列推动性工作，并及时围绕现实困难，高度重视双方关注与期望，加强交流与协商，开展多领域深层次合作。

新疆加快推进与周边国家的州区政府间多领域合作，分别与俄罗斯车里雅宾斯克州及鄂木斯克州、哈萨克斯坦东哈州等签署了政府间合作协议。同时，新疆沿边地州也与周边国家的州区政府间开展了多种形式的合作，如喀什地区与塔吉克斯坦戈尔诺—巴达赫尚自治州、克州与吉尔吉斯斯坦纳伦州和奥什州、中国国际商会伊犁商会与哈萨克斯坦阿拉木图市工商会、塔城地区与哈萨克斯坦东哈州、哈密市与蒙古国戈壁阿尔泰省等之间，均开展了国家层面下的地方政府间的交流与合作。

新疆已连续成功举办五届中国—亚欧博览会，2017 年 8 月 24 日至 28 日，2017(中国)亚欧商品贸易博览会胜利召开。

周边国家对中国及新疆丝绸之路经济带发展的态度更加积极，合作更加务实，关注更加明确，寄希望于搭乘中国经济发展快车，借鉴中国经济发展模式，推动本国经济发展。如伊朗伊中商会每年都组团参加新疆亚欧博览会(亚欧商博会)。拉脱维亚交通部在乌鲁木齐举办“丝绸之路经济带”中欧班列交流推介研讨会。2017 年 6 月 10 日，中亚国家首次举办的世博会——“2017 阿斯塔纳专项世博会”开幕，绿色、健康、可持续发展的“未来能源”主题与中国倡议的“绿色丝绸之路”高度契合。作为中国参展的 10 个重点省区之一的新疆，以“绿色能源 · 大美新疆”为主题，围绕新能源产业和经贸、旅游、文化合作开展了一系列推介活动，成功就旅游、农业开发投资、农产品出口等经贸合作项目签约。

二、“设施联通”建设成效

以解决“联”与“通”的问题为先导，交通枢纽中心的建设至关重要。2014 年 9 月，交通运输部印发的《关于进一步支持新疆交通运输科学发展的若干意见》中提出：积极推进新疆综合交通、智慧交通、绿色交通、平安交通的“四个交通”建设，到 2020 年，新疆基本形成功能完善、能力充分、结构合理、衔接顺畅、服务优质的综合交通运输体系，高速公路总里程达到 5500 公里，普通国道二级及以上比重达到60%，铁路营运里程达到8000公里，基本形成干支结合的民航机场布局；所有具备条件的县市和团场通二级及以上公路，基本实现各县市有二级及以上等级客运站、乡镇（营）有等级客运站、建制村有汽车停靠点，邮政普遍服务和快递服务能力和水平不断提高；重要口岸实现二级及以上公路连通，铁路口岸通过能力显著增强，进出新疆航线航班进一步加密。从2015年起，对南疆四地州、南疆师团的农村公路和国省道建设按照建安费全额投资，国家高速公路建设补助标准按照建安费的70%执行，结合“十三五”规划编制，进一步研究加大对新疆交通运输发展的资金支持。①

在国际运输通道的建设上，中国正在就修建三条跨境铁路与巴基斯坦、蒙古国、乌兹别克斯坦和吉尔吉斯斯坦进行谈判，以加快跨境铁路建设。而新疆疆内的铁路通道建设也正在按照国家的规划，建设北、中、南三条铁路，分别为：第一条是从哈密伊吾至哈萨克斯坦、俄罗斯的铁路北通道；第二条是从上海经过兰州、乌鲁木齐到哈萨克斯坦的铁路中通道；第三条是从格尔木一直进入到巴基斯坦和塔吉克斯坦的铁路南通道。进而，新疆的公路也将遵循这三条铁路进行规划建设。新疆正在稳步推进“五横七纵”高速高等级公路网、七大国家级公路运输枢纽、4条东联内地和8条西出国际共12条公路大通道建设。

2014年，兰州—乌鲁木齐首条高铁开通，新疆正式进入高铁时代。以库尔勒—格尔木为标志的新疆南通道于2014年11月开工建设，格尔木至库尔勒铁路新疆段将在2016年年底铺轨；哈密—额济纳铁路于2014年6月开工建设，并在2015年12月铁路货运线正式开通运营；阿勒泰—富蕴—准东铁路2015年12月开工建设。这些项目的实施与运营，标志着新疆内引外联三大通道格局初步形成，结束了新疆只有一条出疆通道的历史，“四横四纵”的铁路路网主骨架正在逐步构建。

新疆分别与哈萨克斯坦、吉尔吉斯斯坦、塔吉克斯坦、巴基斯坦、蒙古5

---

① 交通运输部印发关于进一步支持新疆交通运输科学发展的若干意见［EB/OL］.http://jt.chinadaily.com.cn/126/show-20933-1.html.

个国家开展国际道路运输双边合作，与周边国家开通国际道路运输线路 107 条，其中，客运线路 53 条，货运线路 54 条。2015 年，新疆共有国际道路旅客运输业户 12 户、国际道路货物运输业户 78 户，从事国际道路运输经营车辆 5646 辆。①

中国的“一带一路”建设明确将“设施联通”代替了“道路联通”，意味着更加广泛、更高层次的联通已经替代了仅以交通建设为主导的基础设施建设。2016 年，新疆在道路交通、能源电力、网络通信等领域实施了重点建设项目。在铁路交通上，扎实推进库尔勒—格尔木铁路、阿勒泰—富蕴—准东铁路、乌鲁木齐铁路集装箱中心站、乌鲁木齐市轨道交通一号线等 6 个铁路续建项目建设；推动克拉玛依—塔城铁路（铁厂沟—塔城段）、博州支线铁路、南疆铁路—兰新铁路联络线等 4 个铁路项目在 2016 年下半年实现新开工；积极推动和田—若羌铁路、乌鲁木齐—伊宁—霍尔果斯口岸高速铁路项目列入《国家“十三五”铁路发展规划》。在公路交通上，推动喀什—疏勒高速公路、明水—哈密高速公路等 30 个续建公路项目加紧建设，2016 年上半年已完成投资 50.19 亿元，为年计划的 32.24%；设立交通项目基金平台，在 10 个计划新开工项目中已有 G577 线旱田—特克斯段公路项目（二期）等 5 个项目实现新开工；力争大黄山—乌鲁木齐高速公路改扩建项目、小草湖—乌鲁木齐高速公路改扩建项目等重点公路预备项目早日开工建设。在民航项目上，推进和田机场改扩建工程、且末机场迁建工程 2 个项目年内建成；加快实施莎车机场、若羌机场和库尔勒机场改扩建工程 3 个续建项目建设；全力推进吐鲁番机场保障能力提升项目、乌鲁木齐机场改扩建工程、阿勒泰机场改扩建工程和塔城机场改扩建工程 4 个新开工项目按计划开工建设；力争昭苏机场、塔什库尔干机场、乌苏（奎屯）军民合用机场等 13 个预备项目取得积极进展。2016 年 1—6 月，新疆累计完成重点民航项目投资 54.56 亿元，为年计划 94.28 亿元的 57.87%。

“设施联通”是“五通”建设的物质发展基础。新疆全力改善区域内的公路、铁路、民航、管道、网络通信等全方位一体的设施联通，是扎实推进新疆

① 数据引自：新疆维吾尔自治区道路运输管理局资料。

核心区建设的跨国、跨区域联通的坚实基础。

2017 年，新疆继续大力推进公路建设，目前开通国际道路运输线路 111 条（其中客运 54 条、货运 57 条），占全国国际道路运输线路的 31%，并与周边国家签订了与新疆相关的 9 个双边、多边汽车运输协定，初步形成了以新疆 15 个陆路运输口岸为支点，辐射周边国家的国际运输网络，不断提高口岸通关效率，运输便利化程度稳步增强，比如 2016 年新疆口岸出口货物平均通关时间缩短 24.2%，进口货物平均通关时间缩短 13.1%。铁路方面，新欧亚大陆桥霍尔果斯—哈萨克斯坦铁路开通，西行国际货运班列通达中亚地区中心城市及俄罗斯、格鲁吉亚等国。航空方面，国际航线有 41 条，与 22 个国家和 33 个国际（地区）城市通航，着力打造"空中丝绸之路"。口岸方面，有对外开放的 17 个一类口岸。公路方面，截至 2016 年底，新疆通车里程 17.83 万公里，占全国通车总里程的 3.89%，103 个县市区中有 95 个通二级以上公路、占 92.2%，58 个县市通高速（一级）公路、占 56.3%；15 个一类陆路口岸公路实现黑色化，7 个通二级及以上公路。新疆东联内地、西出中亚国家的交通运输大通道主骨架网络已基本形成，交通枢纽中心雏形已经逐步显现。由乌鲁木齐集结中心始发的中欧（中亚）西行国际班列实现一天一列常态化开行，仅 2017 年 1—6 月，新疆累计开行西行国际班列 676 列。① 特别是 2017 年实现回程班列满载率大幅提升，回程搭载的贸易产品种类及贸易产品覆盖的市场区域进一步扩大。中国与巴基斯坦联合组成的商贸车队共 60 余辆货车经 15 天行程，从中巴经济走廊的起点喀什出发，沿喀喇昆仑公路进入巴基斯坦境内，穿越吉尔吉特—巴尔蒂斯坦，经开伯尔—普什图省、俾路支省，于 2016 年 11 月 12 日到达中巴经济走廊的终点瓜达尔港，全长 3200 公里的中巴经济走廊实现了首次贯通，为喀什、中巴经济走廊的经贸往来开创了新的时代。

三、"贸易畅通"建设成效

围绕把新疆打造成面向丝绸之路经济带沿线国家市场的商品始发地、

① 自 2014 年 3 月 8 日新疆首列西行国际货运班列运行以来，2014 年新疆累计开行西行班列 55 列，2015 年为 80 列，2016 年为 223 列。

目的地、集散地的目标，新疆在乌鲁木齐、伊宁、喀什、奎屯、库尔勒、北屯、阿勒泰等重点城市和喀什、霍尔果斯经济开发区建立一批国际商贸集散地、大型边境贸易市场、储运中心和铁路物流园区，在喀什、霍尔果斯经济开发区建设国家级商贸产业园区，积极发展多式联运和国际物流，着力打造面向丝绸之路经济带沿线国家的区域性商贸物流中心。

新疆积极推动创新与周边国家的合作模式，加强与周边国家双边和多边各个领域的互利合作，先后与吉尔吉斯斯坦、塔吉克斯坦、阿塞拜疆、亚美尼亚 4 国经贸部门建立了政府间经贸合作机制。每年在哈萨克斯坦、吉尔吉斯斯坦、塔吉克斯坦、格鲁吉亚、蒙古、乌兹别克斯坦举办中国商品境外展览会，组织企业参加一批境外知名展会，参加了广交会等大型国内展会。积极推进乌鲁木齐—阿斯塔纳—车里雅宾斯克运输物流通道项目建设，拓展与俄罗斯鞑靼斯坦共和国、鄂木斯克州、新西伯利亚州的经贸合作，在经贸、科技、旅游、教育、文化、资源开发等领域的互利合作更加深入。通过经贸合作分委会、工作组会议的形式，定期会晤磋商，推动了新疆与以上国家的高层互访、行业交流和企业合作，及时解决合作中的问题和困难，促进了双方贸易投资便利化。

2014 年，新疆开通乌鲁木齐到哈萨克斯坦、土耳其、格鲁吉亚的货运班列，到欧洲只需 16~18 天，而内陆货物如果走海运则需要 40 天左右。2014 年，喀什综合保税区通过国家验收、封关运行，成为新疆第二个、南疆首个正式封关的综合保税区。2015 年 8 月，规划面积 2.41 平方公里的乌鲁木齐综合保税区获得国务院批复，至此新疆拥有三个综合保税区（另外一个是阿拉山口综合保税区）。

2016 年 4 月，自治区人民政府印发了《关于进一步做好境外投资工作和推进国际产能与装备制造合作的实施意见》，扩大境外投资规模，提高境外投资水平，提升企业境外成长能力。截至 2015 年底，新疆共有境外投资企业 376 家，境外机构 88 家，协议投资总额 81.7 亿美元，项目分布在 30 多个国家，其中 53%集中在中亚五国。主要的境外在建项目有：哈萨克斯坦斋桑、南依玛谢夫油气田开发，吉尔吉斯斯坦炼油，格鲁吉亚园区建设，乌兹别克斯坦塔什干鹏盛工业园区，哈萨克斯坦阿克陶中国工业园等。2016 年新开工项目有:塔吉克斯坦棉纺产业一体化,哈萨克斯坦普利格拉尼希诺、卡梅尼斯油田开发,巴基斯坦光伏发电项目等。

新疆积极发展对外贸易。加快发展一般贸易、加工贸易、服务贸易等多种贸易方式,积极培育发展外向型产业,加快出口基地建设,对外贸易发展基础进一步巩固。加大招商引资力度。利用外资领域不断扩展,利用外资规模不断扩大,“十二五”期间累计引进外商投资企业 241 家,实际利用外资 23. 3 亿美元;利用国外贷款项目 25 个,贷款总额 22. 46 亿美元。

新疆与周边国家的经贸交流力度不断加大。与 192 个国家和地区开展经贸交往,有 54 个国家和地区来疆投资兴业,在 53 个国家和地区开展投资合作。截至 2016 年底,新疆累计对外经贸企业备案登记 1. 3 万余家,进出口超亿美元的企业有 40 余家,其中 15 家进入中国民营企业进出口 500 强。2016 年,新疆对“一带一路”国家进出口额达 148. 7 亿美元,占全疆外贸总额的 82. 8%;实际利用“一带一路”国家投资 1. 9 亿美元,占全疆利用外资总额的 47. 5%。对“一带一路”国家实际投资 1. 36 亿美元,占全疆境外投资总额的 16. 03%;对“一带一路”国家承包工程营业额 8. 5 亿美元,占全疆境外承包工程营业总额的 68. 7%。新疆不但与中亚国家保持较快的经贸投资合作趋势,而且与格鲁吉亚和白俄罗斯保持密切经贸往来。企业“走出去”步伐加快,境外园区建设稳步推进。2017 年 1—6 月,新疆实现进出口总额 90. 47 亿美元,同比增长 34. 0%,增速比上年同期提高 27. 2 个百分点。其中:出口总额 77. 75 亿美元,同比增长 34. 8%,增速比上年同期提高 26. 6 个百分点;进口总额 12. 72 亿美元,同比增长 29. 3%,增速比上年同期提高 30. 6 个百分点。[①]进出口贸易形势出现大幅度增长趋势。

四、“资金融通”建设成效

新疆以重要的区域性国际金融中心为目标,提出构建以乌鲁木齐为中心,伊犁、喀什等地为次中心的多层次金融体系,这三个中心城市的金融定

---

① 新疆统计局.2017 年上半年新疆国民经济运行情况新闻发布稿[EB/OL].http://mp.weixin.qq.com/s/FGZ_jAf1oEIaly9xW78q4w.

位分别是:乌鲁木齐建设区域性国际金融中心,喀什打造区域金融贸易区次区域金融中心,伊犁霍尔果斯作为离岸人民币试点金融港。

新疆致力于建立完善的金融机构体系,推动金融服务业对符合条件的民营资本和外资金融机构全面开放,支持设立外资银行和中外合资银行。推进金融创新,完善人民币跨境结算的相关政策;探索设立“丝绸之路经济带”产业投资基金,实现政府资源、金融资本和产业资本的融合。构建多元化的金融市场,完善证券和保险市场,提供基金、债券、股票、保险、金融租赁以及金融衍生品等服务,为贸易投资便利化提供强有力的金融支持;推进组建新疆银行,加快金融服务业开放,完善人民币跨境结算相关政策。争取设立“国家金融改革开放综合配套创新试验区”。2014 年,霍尔果斯经济开发区成为全国首个跨境人民币创新业务试点区,实现跨境结算。多家金融机构已在中哈霍尔果斯国际边境合作中心建立分行,享有国内比深圳前海、上海自贸区还优惠的离岸人民币政策,凡是在中哈霍尔果斯国际边境合作中心开展国际贸易的,都以人民币标价、结算和流通。

乌鲁木齐积极推进金融城规划建设,积极与国内外金融、证券和中介服务机构联系对接,吸引其设立经营机构。2016 年 5 月,巴基斯坦哈比银行中华区总部落户乌鲁木齐高新区。新疆提出建设伊犁霍尔果斯离岸人民币试点金融港。2016 年 1—6 月,新疆跨境人民币结算量达 132.3 亿元。新疆提出建设喀什区域金融贸易区次区域金融中心。新疆正在抓紧编制《丝绸之路经济带核心区项目建设融资规划》。基于上述金融体系的构建,新疆正在积极争取设立国家金融改革开放综合配套创新试验区。

新疆“五大中心”建设之一的金融中心建设,是新疆丝绸之路经济带核心区建设的难点之一。“资金融通”建设,也是新疆区域性金融中心建设的重要内容。金融机构纷纷入驻新疆,银行、保险、证券、融资性担保公司等发展迅速,各类金融资本与产业结合,有力推动了实体经济发展。新疆跨境人民币结算量从 2013 年的 425 亿元发展到 2017 年 5 月累计突破 2300 亿元,4 年增长 4.4 倍,全国范围内在新疆办理跨境人民币业务的企业由 2013 年的

343 家发展到 2360 家，增长 5.8 倍。[①] 中哈霍尔果斯国际边境合作中心 6 家入驻银行发展迅速，人民币与周边国家货币柜台累计交易、现钞累计交易及现汇累计交易快速增长。新疆区域范围内参与跨境人民币结算的企业共 2279 家，结算业务覆盖新疆 10 多个地州市及 19 家银行机构。

五、"民心相通"建设成效

新疆积极开展人文交流与合作，加速构建民心相通的坚实桥梁，密切与周边国家的人文交流，促进民心相通。

在文化科技中心建设上，力促相互交流。2014 年 6 月，中国、吉尔吉斯斯坦与哈萨克斯坦三国联合申报"丝绸之路：长安—天山廊道的路网"成功入选《世界遗产名录》，验证了民心相通的历史。对外文化交流日趋频繁，一系列倡议，诸如丝绸之路文化旅游节、中国—亚欧博览会"中外文化展示周"、增加留学生互访等文化交流活动正在具体政策措施的推动下务实开展。2014 年和 2015 年，成功举办第三届和第四届中国新疆国际民族舞蹈节，来自哈萨克斯坦、乌兹别克斯坦、白俄罗斯等 11 个国家和地区的演出团体、6 个国内兄弟省区演出团体和 9 个疆内演出团体参与演出。2014 年在俄罗斯、德国举办的"中国新疆文化展示周"取得圆满成功，打造了新疆文化对外交流的新平台。每年赴哈萨克斯坦、俄罗斯、泰国、格鲁吉亚等国家进行慰问侨胞演出和参加"欢乐春节"已成常态。2015 年邀请丝绸之路经济带相关国家媒体负责人及中外媒体参加"60 周年 · 走进新疆"采访活动。2016 年 4 月，新疆发布《关于加快推进丝绸之路经济带核心区文化科教中心（文化体育部分）建设的实施意见》，强调加强对外交流合作平台建设，2016 年 8 月 18 日开幕的第四届丝绸之路新疆文化创意产业博览会、8 月 20 日新疆第二十五届中国丝绸之路吐鲁番葡萄节暨首届丝绸之路吐鲁番国际宝玉奇石博览会、9 月 20 日第五届中国—亚欧博览会"中外文化展示周"及 9 月 22 日第三届乌鲁木齐亚欧电影展等一系列新疆品牌文化活动，充分展现了新疆

---

① 新疆网.新疆跨境人民币结算 4 年增长 4.4 倍[EB/OL].http://www.xinjiangnet.com.cn/2017/0516/1844116.shtml.

现代文化及其影响力。在科教方面,新疆积极组织实施国际科技合作项目,启动“上海合作组织科技伙伴计划”项目申报和“第十一批新疆科技与经贸人员赴俄罗斯培训班”报名工作,加快推进诸如中亚农业科技合作中心、新疆农业大学与哈萨克斯坦赛弗林农业技术大学农机联合实验室等项目的建设。2015 年,在蒙古国科布多大学和巴基斯坦费萨拉巴德农业大学新建了 2 所孔子学院,使新疆在国外建成的孔子学院达到 9 所。2015 年完成中哈阿克达拉荒漠等 9 个生态系统野外观测站的建设,构建覆盖中亚的生态系统野外观测与研究网络。组织实施“中亚地区气候变化下的生态环境保护与资源管理联合调查与研究”等重大国际科技合作项目,积极与中亚国家开展地质科技合作。

在医疗服务中心建设上,推动相互交往。继 2015 年《关于推进丝绸之路经济带核心区医疗服务中心建设方案》出台之后,自治区人民医院、新疆医科大学第一附属医院、自治区肿瘤医院、自治区中医医院、自治区维吾尔医院先后启动国际医疗服务,开放床位数共计 500 张,2016 年 1—6 月,共接待外籍患者就诊 2480 人次,其中住院 305 人次、门诊 2175 人次,进一步扩大了新疆医疗服务的影响力。

在商贸物流中心建设上,加大平台展示。2016 年 5 月在哈萨克斯坦阿拉木图市举办的第十四届哈萨克斯坦—中国商品展览会、8 月召开的 2016 年俄罗斯车里雅宾斯克州—中国新疆出口商品展洽会以及于 2016 年 10 月 28 日在塔吉克斯坦杜尚别市召开的第九届塔吉克斯坦—中国新疆出口商品展洽会,是新疆 2016 年筹划的重点展会,为新疆企业“走出去”及深化新疆与周边国家的经贸交流与合作起到促进推动作用。

健全宣传推介机制,加大对外宣传。新疆已制定完成《丝绸之路经济带核心区建设新闻发布会活动方案》和《丝绸之路经济带核心区宣传手册》。积极引导各类媒体做好新闻报道和政策解读,配合中央电视台、新疆电视台、《新疆经济报》、《今日新疆》、最后一公里、浙江卫视等媒体对核心区建设进行了广泛宣传报道,营造社会各界积极参与和支持“一带一路”建设的良好氛围。2016 年 8 月“丝绸之路经济带新疆 · 克拉玛依论坛:从文化互通到民心相通”及 2016 年“中巴经济走廊 · 喀什论坛”等众多国家参加的区域性会议，也为新疆与周边国家民心相通的路径建设及民间外交等领域再次做出了实践探索。

“民心相通”，是新疆丝绸之路经济带核心区建设最具发展基础也最具建设成效的建设内容。民心相通的重点指向是增强认同感。中亚国家的发展实力相较于中国呈现一定的差距，使中国的向心引力增强，因而中亚国家对中国及新疆的文化、教育、科技、旅游、医疗等方面具有较强的认同感和吸引力。新疆大力开展健康丝绸之路、智力丝绸之路建设。

医疗服务中心建设强力推进，引力成效明显，民生效应显著。健康中国、远程会诊、智慧医疗理念已经借助健康丝绸之路经济带建设，吸引了新疆周边国家上至政府高层下至普通百姓来到乌鲁木齐进行医疗及养生。新疆三甲医院亦借助远程会诊系统实现全国范围内的专家远程会诊。新疆医科大学执业医师资格证书获得 28 个国家认证并可通用，纷纷引来留学生来疆学习。

新疆不断加大与周边国家的人文交流，促进民心相通。目前，共缔结国际友好城市 35 对，与 60 多个国家和地区开展对外文化交流，成功举办国际民族舞蹈节、国际少儿艺术节、中国—亚欧博览会中外文化展示周等活动。在教育领域，新疆与沿线国家完成教育国际交流与合作项目 200 余项，每年派出 500 人次出国（境）参加国际会议、进行学术交流、开展科研合作等活动，公派出国留学规模约 200 人次，留学人员回国率达到 99%以上。现有中外合作办学项目 21 个（其中，本科层次 4 个，专科层次 13 个，高中层次 4 个）；已与周边国家共建 10 所孔子学院，孔子课堂、教学点和汉语中心达近百个，培训学员 10 万余人。编写并推广使用 5 种语言 65 册本土化汉语教材，推动汉语教育纳入沿线国家国民教育体系。来疆留学生规模达 6316 人次。与中亚区域科技合作涉及石油石化、新能源、新材料等 20 多个领域。越来越多的外籍人士通过旅游、商贸等渠道来新疆进行交流，2016 年接待国内外游客 6097 万人次，旅游业总收入占 GDP 比重达 11%，成为重要支柱产业。不断夯实的民意交往意愿，牢牢稳固的社会繁荣根基，促使新疆与周边国家之间以及新疆与内陆各大省、市、区之间的各类丝绸之路文化年、旅游年、艺术节、影视桥、研讨会、智库对话等交流合作项目越来越多，人民交流频繁、民心距离拉近。

第四章
新疆丝绸之路经济带核心区建设的困境

以“政策沟通、设施联通、贸易畅通、资金融通、民心相通”为合作重点的“一带一路”愿景正在全国各省市区的实践行动中积极推动。新疆丝绸之路经济带核心区建设理念早已深入人心，上至各级政府，下至大小企业、普通群众，均期望丝绸之路经济带建设能为新疆经济社会发展、民生福祉迎来机遇、创造新生。新疆提出的建设“五中心、三基地、三通道和十大进出口产业集聚区”，也引领丝绸之路经济带核心区建设进入实质性推进阶段。但是，必须清醒地认识到，构建丝绸之路经济带，是一个倡导性的理念，是一个长期性的目标，而非强势推进的制度设计，无论从国家层面，还是对新疆核心区定位的建设，都绝非一朝一夕之事。必须要认识到新疆建设丝绸之路经济带核心区所面临的挑战，同时，更要注意到丝绸之路经济带建设中的现实困境。

一、国际层面，丝绸之路经济带核心区建设面临的主要困难与问题

新疆丝绸之路经济带核心区建设，首先是“一带一路”愿景的联通建设。在空间地域上，新疆立足于与8个国家接壤①的优越的地理区位，发展建设17个一类口岸和12个二类口岸，形成航空、铁路、公路、管道运输等多种类型的对外开放路径。新疆是中国向西开放的窗口，是中国对外交流与合作的前沿省区，受国际环境及开放政策的变化影响较为直接且较为显著。在

① 8个国家分别是：蒙古、俄罗斯、哈萨克斯坦、吉尔吉斯斯坦、塔吉克斯坦、阿富汗、巴基斯坦和印度。

国际环境层面，新疆对丝绸之路经济带核心区建设面临的不利局面和主要困难，必须快速反应、及时应对。

（一）周边国家政策措施和经济社会发展形势难及预期

新疆建设丝绸之路经济带核心区，必须要有一个适宜经济快速发展的内外环境。新疆周边国家经济社会发展及国际环境变化对新疆地区经济社会稳定及丝绸之路经济带核心区战略影响巨大。中国及新疆积极推动丝绸之路经济带战略，殷切期望与周边国家建立互利互信、深入合作关系，中国与周边国家在国家层面互相签署及推动了一系列政策措施和项目计划。但是，必须认识到，由于受其他大国力量或政治势力的影响，及受历史等因素的影响，中亚国家仍是存在刻意保持与中国交往交流的距离，新疆周边国家的政策措施及行动力远远不及中国，特别是在一些具体项目对接和政策沟通过程中，与在中亚地区具有主动性和积极性的新疆相比，周边国家的行政态度和行政效率难以达到我们预期。在政策制定方面，中亚国家为减少对中国的依赖而采取的多元发展战略，无疑削弱了中国的竞争优势；同时，由于这些国家“一关两检”、签证办理、货币互换、人员限制、投资等方面的诸多限制，以及难以消除的灰色清关、法律体系不健全等问题的长期存在，市场开拓形势短期内难以达到预期。因此，向西的市场需求与中国及新疆期望拓展的外部空间市场的要求仍存在较大的差距，市场开拓形势、供需合作空间范畴及合作程度短期内难以达到预期，仍需要长期的交融交往以提升合作发展空间。即使是与我们发展有强烈发展合作意愿的国家，由于经济发展实力不足，基础设施落后，能提供的市场空间和跨国贸易中保障服务支撑能力还远无法满足新疆发展需求。中国提出多年的中吉乌铁路计划被俄哈吉塔铁路计划所取代、中哈霍尔果斯国际边境合作中心哈萨克斯坦区建设发展滞缓以及自 2007 年 7 月 1 日便开始实施《中巴自贸协定》下的巴基斯坦对中国的进口商品仍是空白等众多事实说明，中国及新疆与周边国家的经贸合作仍存在诸多发展障碍，这将使新疆承载丝绸之路经济带核心区建设的历史使命更加富有挑战性。

（二）周边国家合作意愿与合作实效虽有提升但仍任重道远

尽管中亚国家是中国及新疆寄希望于开拓丝绸之路经济带的至关重要

的核心区域，但是，中亚国家的政策取向及政府的执行力远不及中国及新疆预期①。伴随着中国丝绸之路经济带发展理念的世界推广，特别是中国2017年"一带一路"高层论坛的成功举办及当前世界各国积极参与"一带一路"建设，中亚国家的合作意愿增强并加大了执行力。

当前，与新疆合作意愿积极、态度主动且对接迫切的一些国家，如巴基斯坦、格鲁吉亚等。还有一些国家存在矛盾的心理，一方面，他们寄期望于借助"一带一路"建设拉动本国经济发展、增加投资资金、改善民众生活条件，另一方面，又十分担心国外投资的增强，对本国产业发展及人员就业造成挤压和威胁。因此，对中国企业进入的产业领域还是有成文或不成文的限定，诸如签证、税收、劳务、移民、就业政策、土地买卖等。但是，他们又非常期望自身企业能进入中国市场，扩展发展空间。

在中巴经济走廊已经实现货物通车的今天，中巴经济走廊的安全问题也加速升级为现实问题。加强新疆丝绸之路经济带核心区建设，周边国家安全风险评估应该成为一个重要而迫切的现实问题。

二、国家层面，丝绸之路经济带核心区建设面临的主要困难与问题

（一）宏观经济环境的影响滞缓核心区建设

2016年，中国经济下行压力依然明显，新疆经济发展更是存在一些不确定性及不稳定性因素，首先表现在投资增速明显放缓，民间投资意愿严重不足，观望、守候态度明显，生产经营仅维持基本生存状态，跨行业投资、延展性投资十分谨慎，开发投入更是萎缩明显。被寄予厚望的进入新疆周边国家的"走出去"的企业，生产经营也处于保持基本的开工状态。2016年1—6月，新疆的工业产业投资和民间投资占全部总投资的比重分别较上年同期下降8.8个百分点和8.4个百分点，投资增速分别较上年同期回落19.1个百分点和22.1个百分点。2016年1—6月，新疆固定资产投资增速较上年同期回落2.9个百分点，分别低于全国和西部地区平均水平1.6个百分点和

① 王宏丽．2015年新疆建设丝绸之路经济带核心区发展报告［R］//丝绸之路经济带发展报告（2015~2016）［M］.社会科学文献出版社，2015(12)：81-84.

6.1个百分点。第二产业投资下降11.4%，较上年同期回落20.9个百分点，低于全国平均水平15.8个百分点，其中：工业投资下降10.6%，低于全国平均水平14.8个百分点。采矿业、制造业、电力热力燃气及水的生产和供应业、建筑业投资分别下降28.1%、6.5%、8.9%、41%，分别低于全国平均水平11.7个、11.1个、30.5个和42.2个百分点。

同时，作为核心区建设发展动力之一的口岸经济发展趋缓，核心区建设的动力支撑严重不足。口岸经济是新疆外向型经济发展的风向标，是新疆进出口贸易发展形势的缩影。2015年，新疆口岸对哈萨克斯坦进出口贸易总值为707.4亿元（占新疆同期口岸进出口外贸总值的35%），同比下降35.6%。其中，新疆口岸对哈萨克斯坦出口426.9亿元，自哈萨克斯坦进口280.5亿元，同比分别下降为32.9%和39.3%。① 由于新疆钢铁企业基本处于停产与半停产状况，2015年新疆口岸铁矿砂进口同比降幅达80%。② 而纵观2015年新疆全年货物进出口总额，同比下降28.9%。其中，出口和进口同比下降分别达到25.4%和48.2%。③ 2016年第一季度，新疆口岸对哈萨克斯坦进出口贸易总值为104.4亿元，同比下降26.7%；其中，出口和进口同比分别下降21.1%和34.1%。④ 2016年1—6月，新疆口岸出口农产品17.8万吨，与上年同比减少17%；出口货值为13.9亿元，同比下降18.5%；出口农产品的平均价格为7797.8元/吨，微跌1.9个百分点。⑤ 2017年，欧亚经济联盟拟减少自第三国的食品和农产品进口，⑥这对新疆农产品未来出口更是一个不利影响。由此可以看出，各种“下降”成为当前口岸经济发展的现实困难。

---

① 大陆桥物流联盟公共信息平台.2015年新疆口岸对哈萨克斯坦贸易下降超过3成[EB/OL]. http://www.landbridgenet.com/yaoujingmao/2016-02-01/26461.html.

② 生意社.2015年新疆口岸铁矿砂进口大幅下降 同比降幅达80%[EB/OL].http://www.100ppi.com/news/detail-20151224-715487.html.

③ 《新疆维吾尔自治区2015年国民经济和社会发展统计公报》。

④ 中国新闻网，综述：新疆口岸首季对哈萨克斯坦贸易下滑[EB/OL].http://finance.chinanews.com/cj/2016/05-04/7858465.shtml.

⑤ 中华人民共和国海关总署.2016年上半年新疆口岸农产品出口量减价跌[EB/OL].http://www.customs.gov.cn/tabid/2433/InfoID/811621/frtid/49629/settingmoduleid/126765/Default.aspx.

⑥ 中国日报网.欧亚经济联盟拟减少自第三国的食品和农产品进口[EB/OL].http://www.chinadaily.com.cn/hqzx/2016-06/08/content_25643697.htm.

(二)没有进入国家第三批自由贸易试验区

2016年,申报国家第三批自由贸易试验区,是全国一些省市区十分重视的一项工作。自由贸易试验区建设,对于促进贸易和投资便利化、探索创新行政管理模式、加快政府职能转变、提升政府行政能力、全面深化改革、扩大对外开放具有十分重要的作用。上海、广东、福建、天津四地成功申报了自由贸易试验区,意味着中国的对外开放部署印证东部沿海、东南沿海以及北部沿海再次形成了南北呼应的中国新一轮改革的“试验田”,引领中国区域经济发展的格局。作为承载海上丝绸之路核心区的福建省,已经跨入自贸区时代。但是,在中国西北内陆的重要空间布局中,同样为丝绸之路经济带核心区的新疆却没有进入国家第三批自贸区名单,并没有像福建一样进入“两区”(自贸区和核心区)时代,这意味着自贸试验区缺失了在中国西北内陆的重要战略布局,这对于实现中国倡导的“共建丝绸之路经济带”而言,不能不说缺少了空间支点、制度引擎和经济增长引擎的助推。无论从国家宏观战略格局,还是为促进新疆经济社会稳定发展而言,新疆都必须进入自由贸易园区时代。但是,不得不说,新疆没能很好地抓住这次机会。而四川、重庆以及陕西三个西部省市,成功进入第三批自贸区,由此也可看出,目前阶段,新疆即使有空间范畴下的核心区地位,但是经济发展实力以及发展理念和发展模式上,仍与内陆省份存在较大程度的差距。

新疆没有成功进入第三批自由贸易试验区的原因之一,可能在于没有很好地研究周边国家的相关政策及法律法规,没有很深入地研究借鉴自贸区试点经验为我所用,没有很好地实现使新疆的贸易政策及便利化营商环境与国际接轨,而仍然处于在向国家要政策要优惠的发展理念中。因此可以看出,在新疆丝绸之路经济带核心区建设的内涵中,空间地域的属性更多,而更具重要性的成为经济发展实力的核心,成为政策创新的核心,仍需假以时日地建设发展、奋起直追。

(三)区域合作不良竞争加剧、区域合作机制不健全

丝绸之路经济带战略下对外发展的机遇使得中国各个省市区均欲在与中亚乃至欧洲国家的经贸合作中有所作为,因此,借助新亚欧大陆桥搭建起

的"渝新欧""蓉新欧""汉新欧""郑新欧""西新欧""粤新欧""义新欧"等"东来西去"的国际铁路联运大通道不断涌现,各省市区日益密集的出台相关政策措施更加凸显日趋激烈的竞争局面,其中不乏由于不良竞争而造成的对中国整体外贸竞争力的损害。例如,为保持在上述不断涌现的国际大通道中有一席之地,各省市区不断提高运费补贴以确保本省市区货物的顺利出口及本省市区涉及的国际通道顺通同行,在相互不断提升补贴金额中,各省市区之间竞争成本不断加大,从而削弱了各省市区的收益。从另一方面也显现出省市区间区域合作机制的不健全。如何建立有效合作平台,增强各地域间合作交流,应是当前丝绸之路经济带战略无可回避及应着手重点解决的问题。

三、自治区层面,丝绸之路经济带核心区建设面临的主要困难与问题

(一)国家政策落地仍有一个过程,普惠空间及利好程度难以快速显现

在国家高位推动下进行的丝绸之路经济带战略,既是一个长期战略,也是一个逐步落实逐步推动的过程。国家三部委联合发布《推动共建丝绸之路经济带和21世纪海上丝绸之路的愿景与行动》,提出一系列合作重点、合作机制、合作方式以阐明行动方向和内容,这需要一系列具体项目的扎实推动;亚洲基础设施投资银行的建立,在为丝绸之路经济带战略提供金融资本保障的同时,还要看到其金融资本投资的本质仍是以获利为根本,如何能利用亚投行为本区域发展获益仍需要一定时间及有效项目的支持。总体而言,国家政策落地仍需要时间周期,普利空间和利好程度也难以快速显现,新疆如何能以战略措施有效缩短这一时期,特别是能否突破性实现一些战略举措,是一个艰难的考验。

(二)通道经济难以成为经济增长动力,新疆仅仅是"过货通道"的可能性在增加

通道经济的区域经济发展效应日显弱化。新疆历来存在一个问题,即新疆当地生产、当地加工的产品如何实现贸易对外出口和对内陆市场的销

售。新疆仍长期是一个货物集散地，货源和货物目的地都在内陆市场和国外市场，是典型的“两头在外”的“过货通道”，“通道经济”效应作用明显，难以成为对新疆经济具有推动和增长作用的动力源泉。现在更为明显的一个趋势是，新疆制定的“货物集散基地和国际物流中心”的功能正在弱化，新疆著名的几大进出口商品集散交易市场经营惨淡，国外采购贸易更多地直接在内陆市场完成，借助新亚欧大陆桥搭建起的“渝新欧”“蓉新欧”“汉新欧”“郑新欧”“西新欧”“粤新欧”“义新欧”等各条国际铁路联运大通道日趋成熟和密集，新疆变为更加赤裸裸的“过货通道”，且正面临丧失对中亚地区独有的地缘优势。新疆内陆港建设的步伐和成效将至关重要地影响着新疆地缘优势的发挥、“通道效应”的弱化及丝绸之路经济带核心区建设的成功。

设施联通是“一带一路”建设的重要内容，新疆区域内道路基础设施的建设能力逐步增强，“五横七纵”的公路网络、高铁开通、18 个民航机场以及覆盖面更加宽广、便捷程度更加提升的农村公路，组成了更加完善的新疆交通网络体系。基础设施的全面改善也更加缩短了中国内陆省市与新疆周边国家以及通过新疆进军欧洲等地的通行时间，并且减少了运行成本。这是丝绸之路经济带建设的必然结果，只有新疆向西开放的路径更加通畅和便捷，丝绸之路经济带建设的成效才更加显著。

但是，对于新疆而言，如果仅仅成为中国丝绸之路经济带建设上的“过货通道”，货源地以及货物目的地都在以新疆为连接点的内陆省区和丝绸之路经济带沿线国家，新疆自身外向型经济发展没有跟上时代的节奏，新疆便会成为丝绸之路经济带上一个节点站，而非核心区，并且这种节点站，会在信息技术、设施联通等方面日新月异的革新中，日益被边缘化，日益演变成赤裸裸的“过货通道”。新疆没有获批国家第三批自由贸易试验区，在某种程度上，也是一种预警，新疆必须通过自身的发展，快速跟上全国外向型经济发展步伐。

（三）创新能力不足、服务意识不强，服务体系难以支撑发展需求

创新是当代经济社会发展的动力源泉。经济活力展现的主体是企业，企业创新的动力不足和能力欠缺，是当前的主要困难。新疆企业经营规模

小,中小企业占比80%以上,研发经费投入不足,缺少拥有自主知识产权的产品和技术,战略性新兴产业发展不足。合作伙伴少,高素质管理人才和技术人才匮乏,对周边国家法律、汇率、财务等各种制度不了解,在品牌形象维护、知识产权保护、外方违约责任追究、反倾销诉讼等方面自我保护能力不足,难以应对复杂的国外经营环境。利用周边国家资源开展深加工还存在诸多困难,吸引外资能力弱,拥有"走出去"能力的企业少,竞争力不强。

政府是创新行政的主体,在服务型政府转型中,承担的责任和服务功能与企业、市场需求信息不对等现象较为突出,服务供给与意愿需求不匹配或匹配不及时,政府服务体系整体性建设欠缺以及服务产业完备性不足,造成企业生存发展环境欠优化,企业创新动力严重不足。企业获取相关信息整体较难,"两眼一片黑"产生的畏惧心理使其缺乏扩张发展的动力。如企业十分关注的新疆周边国家的各类信息,如政府产业政策、就业政策、用人政策、税收政策、企业经营等各类规章制度,以及法律信息、社会舆情、政治环境、风情习俗、风险预警、数据信息等各类信息不健全,信息提供、网络服务、监测系统难成体系,不利于调动企业外向型发展的意愿。新疆金融配套服务能力不强,企业发展的制约性十分明显。中小企业获得国内商业贷款较为困难,获取政策补助的时间周期较长,加大了企业资金成本;同样,企业在境外由于缺乏信用基础,获取贷款难、利率高、额度少、周期短,企业境外投资项目维持困难。

当前,新疆各级政府,对丝绸之路经济带核心区建设十分重视,特别是地州市县的各级政府,参与热情十分高涨。但是,各级政府对自身发展在认识层面及采取的行政手段和政策措施上,仍处于提"概念"的状态,仍是过多地寄望于上级政府"给政策、给资金、给项目、划地域",仍是传统的积极向上联络,迫切希望将本地域的发展目标、发展项目纳入上级政府规划及项目库、资金库,仍是采用以政府为主导的、基础设施投入为内容的、以重点项目为发展抓手的、以优惠政策为背景的、集各种援助力量为发展动力的业已形成的惯性发展逻辑思维模式中,在政府创新手段和创新能力的建设上还需努力。例如,对自贸区建设的认识上,还欠缺创新的发展理念及成熟的发展思路,对优惠政策、支持资金、发展项目纳入上级规划的期许十分迫切,并没有深刻厘清、明确提出“我们要自贸试验区,究竟要什么,究竟干什么”,并没有牢牢抓住“制度创新、改革开放”这一自贸试验区建设的核心。而在跨境贸易便利化、投资开放、金融创新、制度创新的更深层次、更广领域的改革措施上,触及较少、讨论较少。各级领导干部特别是基层干部没有展开讨论、没有更深领悟“制度创新、改革开放”这一核心思想,那么转变发展思路、开辟新的发展路径、找到新的经济增长点,就是空谈。

创新发展,成为中国未来经济发展建设的主旋律;创新发展,成为中国经济社会发展的新引领和新动力;创新驱动发展战略,成为中国经济社会发展关键时期的重大战略决策。无论是应对当今经济发展形势、丝绸之路经济带核心区建设,还是大力申请自由贸易试验区,其核心都在于“制度创新、改革开放”,不再是简单地争取各种优惠政策、减免优惠税收、形成政策洼地,而是要着重考虑推进体制机制创新、形成改革高地。所以说创新的首要任务,或者说借助创新的思路,要着手要解决好体制机制问题。例如,霍尔果斯有“一区四园”,阿拉山口有“一区三园”,喀什经济开发区涉及喀什市和克州伊尔克什坦口岸,“十三五”时期,喀什提出要建设的中国丝绸之路喀什国际经济合作区也涉及有“一区几园”,以上在新疆对外开放格局中最具代表性的三个地方,都由于行政区划,分属不同的县域行政范畴,存在着利益交织和博弈,这需要具体执行落实部门的领导迫切改变现状。再如,在霍尔果斯、阿拉山口成功建市之后,在不能增编增支却又缺人缺钱的现状下,能否用行政创新手段和措施加以解决?能否借鉴、能否推广?只有在这些方面多思考多实践,而不是一再强调要编制要支持,可能才会有大跨步的发展。

“体制机制不顺”问题依然存在。自从新疆提出大力发展外向型经济、口岸经济以来,体制机制不顺畅,几乎就是个上至自治区和各地州,下至各县市、各口岸都存在的、反映很久的问题,但是,直至今天,这个问题依旧不断被提出,特别是其中条块分割、部门协作、软件建设不足等问题依然“微妙”的存在。这其中,确实有需要国家层面推动解决的问题,但自治区层面及各地州存在的“体制机制障碍”,还要靠自身重视并解决。

(四)政策落地实效不佳、区域同质发展明显

新疆,在历来的发展中,各个领域、各个时期均不断有各种优惠政策出台,以支持某些方面先天发展条件的不足。例如,中央每年一定数额的财政补助、贷款贴息、专项发展资金等财政补贴政策,五年免征企业所得税、关税优惠等特殊的税收优惠政策,以及偏远落后、困难地区享受的各种优惠政策等。但是,在政策实行过程中,往往出现各种因素影响下政策落地的实际效果欠佳的情况。要政策时,期望很高,但对于到底需要什么样的支持政策,难以有设计翔实、具有针对性的方案;造成的直接结果往往是出台的政策,与发展实际需求有偏差,政策的"含金量"不足。在政策实施时,由于针对性、实用性不强,政策落地"不接地气",优惠政策的实际享有程度不高、享有的范围不广。

喀什经济开发区和霍尔果斯经济开发区是新疆丝绸之路经济带核心区建设的重要支点和重要平台。两个开放区均有跨行政区域的各类园区,各园区建设中土地有效利用率有待提升。县域经济运行中存在的"同质化"发展倾向明显,各自行政区域内,各种物流园区、工业园区、商贸园区林立,并均在着手推进二期、三期发展规划的基础设施建设项目,因此,明显产生以下问题:第一,园区建设中土地利用率不高,审批规划给企业土地面积过大,造成入园企业一超过二三十家,园区便再无土地可用,因而必须要着手园区二期、三期建设;第二,已入园的各类企业,实际生产经营、生活配套、厂房利用率不足,当前运作最好的企业,实际设备购入率和开工率也都没有达到厂房建设预期规划,造成园区土地利用率严重不足,因此,单位土地的经济产出效益难以提升;第三,有些规划设计存在忽视本地区经济发展阶段、发展基础、发展现实的问题,在方圆几十公里之内,鉴于不同行政县域的投资动辄数十亿、上百亿的各种园区荒寂孤立,这除了有当前宏观经济发展的外在因素导致的现实实效难如预期发展的原因外,在根本上,规划设计也存在缺乏政策持续性、存在弱化实际经济发展能力、各自县域行政力量割据区域一体化发展实际等问题,一味地求规模、求发展,造成空置现象突出。在当今重点解决去库存、去产能的重点任务下,如果还按照老思路重点以投资拉动

经济的模式推动新城区建设、推动各类园区建设,就有可能导致不断创造新的库存问题、新的产能问题。

(五)"通而不畅、红而不火"与贸易投资便利化程度不高

"通而不畅、红而不火"的新疆发展环境进一步滞缓了企业"走出去"的步伐。

首先,"通而不畅"表现为通道路径通而不畅。新疆引以为豪的"联通中外、贯通东西"的地域优势铸就核心区建设坚实的空间地域基础。但是,当前需要直面的现实是:新疆有 17 个一类陆路口岸,数量众多,但其中只有 8 个是面向第三国开放的口岸;卡拉苏、红其拉甫等 5 个口岸还只能是季节性开放;还有阿黑土别克等口岸尚未开放;新疆与俄罗斯双边贸易还只能通过第三国转口。铁路方面,新疆毗邻 8 国,但新疆只与哈萨克斯坦有通车铁路,与其他周边国家尚无铁路相连,即使是呼吁 20 余年的中吉乌铁路和中巴铁路建设,仍无实质性进展。

其次,"通而不畅"表现为与周边国家通关便利化水平低,人员出入境管理较为严格,限制较多,周边国家开展经贸合作相关的投资签证、商务签证办理比较困难。口岸存在通关费用高、效率低、服务差等现象。边民互市、免签政策与他国不对等,他国公民入境享受免签政策而我方公民出境不能对等享受免签政策。在出入境管理、海关、检验检疫、边防检查时,周边国家存在不规范性行为等人为造成通关障碍。中哈霍尔果斯国际边境合作中心哈萨克斯坦仍在建设阶段,尚未开展招商引资。2016 年哈萨克斯坦出台文件对哈萨克斯坦人员进出合作中心随身携带的商品种类、数量、重量、价值等做出明确限定,影响合作中心货物贸易。

再次,"通而不畅"表现为新疆跨境电子商务发展相对缓慢,第三方支付等金融新业态发展受限,目前仅有一家企业获得经营互联网支付业务许可,且仍在业务筹备阶段。新疆周边国家人民币存量小,经济金融合作项目人民币计价结算比例较低。新疆风险防范仍存在较大难度,目前新疆尚无一家法人企业征信机构通过备案,疆内信用评级机构数量少、实力较弱,与发达省市区相比,在信用产品、服务内容、应用范围上还需有较大的发展,才

能实现网上丝绸之路的通畅。同时,新疆物流网建设发展缓慢。

最后,“通而不畅”表现为周边国家基础设施特别是道路基础设施建设仍需大力发展。①

正是由于“通而不畅”的现实问题,新疆才会有“红而不火”的企业招商,才会有“红而不火”的新疆外贸发展形势。

(六)基础设施建设不足仍然较为突出

随着经济社会发展,新疆基础设施建设有了很大程度的改善,特别是交通基础设施的发展得到了全面改善。但是,新疆地域广阔,交通基础设施的人均每公里拥有量,还是处于较低水平;基础设施建设投入规模总量大,资金不足仍是发展中的主要瓶颈。“十三五”期间,新疆在公路、铁路、机场、通信、口岸、城市综合配套等方面需要大规模投资,仅丝绸之路经济带核心区建设优先推进基础设施项目总投资就达 2. 2 万亿元。提出多年的中巴铁路、中吉乌铁路等重点工程一直仅处于提出接洽状态,开工建设仍需等待;直达中亚、欧洲的国际航线开通较少;有些口岸基础设施建设仍相对薄弱。特别是新疆周边国家口岸基础设施建设更为滞后,口岸公路等级低、通行不畅、耗费的时间长。同时,周边国家期望中国援建基础设施的态度十分明显。例如,哈萨克斯坦多斯特克口岸至乌恰拉尔公路(175 公里)常年失修,路况极差,一般需要行驶 5~6 小时,大幅增加了公路运输成本。哈萨克斯坦多斯特克站准轨场仅有 13 条线路,且装卸机具、人力严重不足,设备故障率高,单日最大换装能力仅为 450 车左右,远远无法满足阿拉山口口岸每日 650 车换装需求。可见,新疆外向型经济发展的基础设施建设瓶颈制约依旧存在,并且建设资金缺口较大。

新疆丝绸之路经济带核心区建设,不是只有上述现实问题的存在,诸如各层次和各领域人才严重不足、各级政府(不同层级之间和不同地域之间)由于利益博弈存在的体制机制不顺、新疆与周边国家人员往来便利化程度低、招商引资难度大、企业经营困难等以往长期存在的影响经济发展的制约

① 王宏丽. 2016 年新疆建设丝绸之路经济带核心区发展报告[R]//丝绸之路经济带发展报告(2017)[M].社会科学文献出版社,2017(1):122.

因素还未根本性消除,虽然有些问题随着经济的发展有一定程度的缓解,但有些问题则呈现劣势状况不断加深的趋势,必须引起足够的重视并采取必要的措施加以解决。

新疆丝绸之路经济带核心区建设,是个长期性和艰巨性的任务。新疆经济发展本身就存在固有的、根本性的发展制约和发展问题①;在丝绸之路经济带核心区建设初期,呈现出新疆外向型经济发展凸显的一系列问题②;在建设开展阶段,呈现出竞争中难以走出创新之路的发展困境和发展难题③;当前,在核心区建设实质性实施阶段,又表现出一些涉及长远、涉及面对更加激烈的竞争如何选择发展的问题。

四、企业层面,丝绸之路经济带核心区建设面临的主要困难与问题

(一)新疆企业发展深受内外制约因素影响

当前,新疆企业受中国宏观发展环境影响较为显著,2014~2015 年企业发展增势较为缓慢,企业发展意愿以“平安度过”为基本愿望,较少采用扩大经营和走出国门的经营方针,各大产业园区企业开工不足,发展速度减缓趋势明显。同时,新疆实现“走出去”战略的企业,仍以国有大中型企业为主,仍以中央企业和内陆驻疆企业为主,在新疆注册经营的本地“土生土长”的企业少,中小型企业少。而新疆本地企业,由于企业规模小、自身管理水平低、战略视野不清晰、人才(特别是专业人才和跨国经营人才)匮乏、投资领

① 诸如各层次、各领域人才严重不足,各级政府(不同层级之间和不同地域之间)由于利益博弈存在的体制机制不顺,新疆与周边国家人员往来便利化程度低,招商引资难度大,企业经营困难等问题。

② 诸如周边国家政策措施和经济社会发展形势难及预期、新疆企业发展深受内外制约因素影响、新疆通道经济效应难以使其成为经济增长动力、国内区域合作不良竞争加剧、区域合作机制不健全及国家政策普惠空间及利好程度难以快速显现等问题。引自王宏丽. 2015 年新疆建设丝绸之路经济带核心区发展报告[R]//丝绸之路经济带发展报告(2015~2016)[M].社会科学文献出版社,2015(12):81-84.

③ 诸如宏观经济环境的影响滞缓核心区建设、没有进入国家第三批自由贸易试验区、创新意识不足、政策实效不佳、基础设施建设不足仍较突出、成为“过货通道”可能性在增加等问题。引自王宏丽. 2016 年新疆建设丝绸之路经济带核心区发展报告[R]//丝绸之路经济带发展报告(2017)[M].社会科学文献出版社,2017(1):120-124.

域和投资结构不合理、投资方式单一等自身发展能力不足。新疆本地成长的企业，在享受各类优惠政策时，也受到限制。同时，由于新疆仍然存在“重投资、重引进、轻服务、轻关怀”的问题，亲商、重商、优商的营商环境还未形成，加大了企业的发展压力，弱化了有利的发展环境，再加上企业自身存在的发展能力不足，使得企业面对走出国门、迈向世界的竞争劣势更加明显。

（二）新疆企业热情高关注度高但参与度低

新疆，上至各级政府，下至各类企业，均对丝绸之路经济带核心区建设充满了期待，对新疆日益提升的国家发展地位及建设所处的发展优势给予渴望，迫切寻求自我发展机遇，积极尝试参与丝路建设。但是，由于企业均存在自身发展问题，诸如科技创新能力不足，产品附加值低，国外市场环境陌生，项目缺乏可行性研究和前期调研，缺乏相关服务信息，从而产生畏惧心理，不敢轻易涉足周边国家贸易与投资。同时，已经“走出去”的企业，面临的困难较多，很多企业形容自己的经营状态是处于“坚守”状况。诸如，海外项目信用保险费用过高，新疆地方财政补贴力度有限，企业负担过重；企业资金回流慢、限制多；投资安全风险大。即使是对新疆具有重大建设发展意义的中巴经济走廊和中蒙俄经济走廊，新疆企业参与难，获取“资本、技术、市场、信息等生产资源”的意识不强和能力严重不足。电子商务、现代物流、大数据应用开启的全新贸易时代，还未根本撼动新疆企业的传统贸易发展方式，跨境电子商务难度大、物流成本过高、政策落实周期较长等问题制约着企业经济发展的活力。

第五章

新疆丝绸之路经济带核心区建设的政策建议

新疆丝绸之路经济带核心区建设进入实质性推进阶段，四年的发展历程，新疆外向型经济发展成效及核心区建设成绩有目共睹，但是，建设推进中更加突出的问题亦亟待解决。在“十三五”建设时期以及中国大力引领世界“一带一路”建设格局中，新疆核心区建设的重要地位及发展意愿更加凸显，必须应对发展压力和竞争环境，大力推进丝绸之路经济带核心区建设。本书对于新疆面对的各种挑战，特别是丝绸之路经济带核心区建设存在的现实困难与制约问题，提出如下应对措施：

一、坚持创新发展，增强经济发展新动力

经济社会发展动力来源于劳动力、资本、土地、技术、管理等要素资源的有效配置，来源于规则、政策、制度体系的有效推动，来源于需求供给的有效增长。因此，要寻找和启动经济社会发展的新动力，必须谋求要素资源的优化配置、制度体系的深化改革以及需求供给的放量扩大，这一切目标的实现，必须根源于创新，必须谋求于创新发展。

必须激发以“大众创业，万众创新”为宏观发展环境下要素资源更有活力、更为优化的配置格局，必须谋求制度创新带来的巨大推动作用，必须释放新的需求和创造新的供给，因此，必须进行创新、必须坚持创新。

坚持创新发展，必须在要素资源优化配置中，大力进行科技创新、人才创新、管理创新和制度创新；坚持创新发展，必须在各领域各体系的制度创新中积极探索政府创新之路；坚持创新发展，必须以科技创新、制度创新推

动释放新需求、放量新供给；坚持创新发展，必须以理论创新、文化创新、企业创新、产业创新等各领域各行业的创新实践行动，切实提高发展质量和发展效益，切实拓展发展新领域、新空间，切实构建全方位创新体系和创新体制。

二、切实转变政府行政理念，重点突出体制机制创新

必须树立重点突出体制机制创新的行政理念，切实走出单纯依靠政策洼地的形式进行经济社会发展的简单模式，走出“不断要优惠政策、要税收减免”，政策出台后又出现“享受范围有限”、政策落地艰难的怪圈。要切实改变依靠政府要项目、要资金的投资拉动经济增长的主要方式，要着重考虑推进体制机制创新、形成改革高地。要在现有基础上，切实落实和发挥当前各种优惠政策的实效性和推动作用。要形成注重创新的行政风气，鼓励先行先试，大胆创新。

要充分尊重市场，转变行政方式，减少干预市场的政府行为。特别是在当前去产能去库存的经济工作中，减少政府替企业做决策，减少政府让企业或生或灭的行政行为。创造一个公开公正的环境，让无法生存的企业退出市场，让过大过快发展的企业不再盲目追求上规模、全面化发展。杜绝以行政命令的方式进行去产能去库存的任务分解。同样，在招商引资过程中，要切实提高服务型政府的决策能力和服务能力，减少行政干预，提高服务效率，特别是提高后期为企业发展服务的能力。

针对全国范围内同样存在的各地发展注重各类规划、忽视管理体制机制及政策的问题，特别要抓住全国第三批自由贸易试验区建设的机遇，新疆首先要解决好一个问题:重点突出体制机制创新。

第一，要切实改变体制机制不顺畅的现实问题，如对于喀什、霍尔果斯经济开发区至今仍然存在的属地行政干预、难以释放发展活力的问题，要有彻底的解决方式，在这一问题上，博州“跨区域整合资源、打破县市行政区域界线，创新园区体制机制”的做法值得借鉴和学习。

第二，要营造一个自上而下地注重体制机制创新的行政环境，改变各级政府官员向上“要优惠政策、要资金支持”的行政思路，鼓励先行先试，大胆

创新。至少应该掀起创新行政思路的讨论高潮，从下至上听想法听思路，从上至下大讨论大学习。

第三，要不断总结、扩大交流"体制机制创新"的经验和做法，形成注重创新、解决关键问题（特别是遗留问题）的行政风气。

第四，转变政府管理经济的方式，减少政府干预市场行为。例如，我们进行的去产能、去库存的工作重点，不是让政府出面决定要压哪里的产能去哪里的库存，而是要创造一个环境，让没有能力在市场竞争中生存的企业退出市场，让市场中生存的企业不再是政府干预下才能生存的僵尸企业。目前推行的一些去产能、去库存的任务分解的做法，如果执行得不当，就是另外一种产生僵尸企业，保大去小、保上级单位的企业去地方单位的企业等干预市场行为的做法。

第五，政府要切实注重经济发展制度、经济发展政策和政策绩效评价的重要性，要加强政策制度制定的科学性研究以及政策制度落实的评价工作。例如，目前应在投资准入政策、货物贸易便利化措施、扩大服务业开放等方面先行先试，行什么试什么，都应该有比较、有研究。

三、深刻理解供给侧改革，注重提高投入产出效益

我国"十三五"规划明确提出：必须以提高供给体系的质量和效率为目标，实施宏观政策要稳、产业政策要准、微观政策要活、改革政策要实、社会政策要托底的政策支柱。

"宏观政策要稳"，要求我们在实际工作中，要保持政策持续性，不能国家一提出新战略新思路，就立即启动一个新规划新发展；不能主管领导一更替，就立即转换发展思路、发展理念，另起炉灶规划、另开新区建设。要切实提高政策的连续性、保持地方发展的一致性。

"产业政策要准"，要求我们能提出适合新疆实际发展需要的产业目录和产业政策，并以此来落实国家制定的产业政策。

"微观政策要活"，要求我们不要拘泥于条条框框，只要国家不限制不禁止，就要先行先试，要自我发展。国家相关主管部门不禁止的，自治区相关部门就不要禁止，转变"国家没有说可以发展，我们就不能去发展"的一贯思

维,要鼓励基层部门以推动实践发展为方向,大胆创新。

“改革政策要实”,要确实将现有政策落实、落地,发挥政策的最大优势,要以实践为基础出台好政策、管用的政策。这是目前最难执行的一项工作,原因在于:一是新疆的很多优惠政策,并没有落到实地,并没有起到预期的促进经济大发展的作用;二是新疆要创新的政策要有执行力和执行效果。

以上是“十三五”时期国家的政策要求和新疆落实的难点,同时我们还要面对一个现实问题,就是当前供给侧改革的迫切实际,要提供“有效供给”,注重投资精准。这对新疆而言,既是机遇,也是困难。说其是机遇,是因为新疆以投资拉动经济的现实短期内难以改变,因此在供给侧大有可为;说其是困难,是因为要提供的是“有效供给、高质量的供给”,要切实将“以提高供给体系的质量和效率为目标”落到实处,因此,必须注重投资的精准和投资的效益。目前,新疆一些地州有“国家专项、援疆支持”等资金来源的项目,大规模地进行新区建设,各种园区、物流基地等同质化发展明显,因此,应注意控制建设规模,对于规划设计要理性、要严格,对于项目实施要评估、要效益,切实提高资源开发利用效率,防止产生新的产能过剩。

当前,在丝绸之路经济带核心区建设中具有代表性的一些开发区、工业园区、物流园区和商贸园区,同质化发展倾向明显。所以,“十三五”时期,丝绸之路经济带核心区建设中,一定要注意避免过大过快推进各种园区建设,在各种大规模的园区一期建设中,土地利用率不高的园区要谨慎开发建设二期、三期基础设施项目,入园企业在生产经营中土地利用率不高的,要收回未开发利用土地,切实提高单位土地的经济产出效益。

要重视发展规划适应本区域经济发展阶段、发展基础、发展现实的问题,避免过快过大超前发展,注重规划设计的政策持续性,解决基于各自县域行政力量割据区域一体化发展实际等问题,切勿一味地求规模、求发展,造成空置现象突出。改变以投资拉动经济的模式进行发展、推动新城区建设及推动各类园区建设。“十三五”时期,要深刻理解和领会“以提高供给体系的质量和效率为目标”,必须注重投资的精准和投资的效益。

四、加快推进“先行先试”，奠定“自贸区”发展基础

加快复制推广建设自贸区经验，构建多点支撑的开放体系。中国已经进入自贸区时代，自由贸易试验区的内涵、经验以及成效有目共睹。新疆，没有抓住中国开放型经济发展的又一次升级，应更加深刻思考其中的原因。但是，新疆建设自由贸易试验区探索的步伐不应该停滞，新疆应充分利用空间地域上的核心地位以及拥有的发展优势，科学谋划新疆自由贸易试验区建设。

顶层设计，科学谋划。首先要充分认识“制度创新、改革开放”这一自由贸易试验区建设的核心，加快复制推广上海等自贸区的成功经验。《关于推广中国(上海)自由贸易试验区可复制改革试点经验的通知》中提及的改革事项要加紧落到实处，特别是涉及体制机制创新部分，要充分学习、研究并加以落实、推广。

构建以乌鲁木齐、喀什、霍尔果斯以及阿拉山口四地为代表的目标明确、功能各异、特点鲜明的对外开放体系。加快乌鲁木齐综合保税区建设；大力引进内陆出口加工企业落户阿拉山口、喀什综合保税区，培育形成出口加工产业集群；加快中哈霍尔果斯边境合作中心中方配套区建设；积极推进伊宁、伊尔克什坦、塔克什肯、吉木乃、巴克图等综合保税区前期工作，构建多点呼应、互为支撑的全方位开放新格局。

对喀什、霍尔果斯、阿拉山口、乌鲁木齐等新疆具有对外开放标志性的四地进行“先行先试”体制机制创新研究和实践，为新疆自贸区的设立和发展奠定坚实基础。目前，在以投资拉动经济为主，国有资本背景投资独大，贸易规模和质量下滑，生产开工不足，物流运营成本较大，金融创新基本没有落实的现实局面下，学习借鉴现有国内自贸区颁布的标志性改革措施，能加以利用的要加以利用，有更好做法的要大胆提出，加快推进体制机制创新进程。例如，福州对整车进口口岸非中规车业务，实行的“匪类管理、验证改装、事后监管”检验检疫监管模式，新疆霍尔果斯和阿拉山口整车进口口岸应予以研究、学习和借鉴。再如，“先进区后报关”模式是上海自由贸易试验区海关监管创新之一，现已被复制推广至江苏、长沙等国内其他保税区，那

么阿拉山口、喀什、乌鲁木齐这三个综合保税区可否借鉴？总之，应认真梳理总结全国已有的经验，落实、夯实我们自己的经验。

启动评估程序。应对2010年全国新一轮大规模援疆，特别是自喀什、霍尔果斯国家级开发区政策实施以来的运行情况进行第三方评估，唯有在清晰认识政策实效的基础上，我们才能看到到底是什么因素推动了开发区建设，在多大程度上推动了建设成果，国家的政策支持是否落实，当地的政策创新是否切实有效，多年来制约口岸发展的根本性障碍究竟在哪里。这些问题得到解决有助于我们走出“一直要政策、要资金，政策来了效果不大”的怪圈。归根到底，新疆的经济发展落后，更多的是与认识上的落后和执行力上的不足有关。

五、开展相关专业研究，提高指导实践能力

高度重视政策落地过程，提高指导实践能力。改革政策要实，一方面，要确实将现有政策落实、落地，发挥政策的最大效应，更要以实践为基础出台好政策、管用的政策。这是目前最难执行的一项工作，一是新疆的很多优惠政策，并没有落到实地，并没有起到预期的促进经济大发展的作用，亚投行和丝路基金是我国力推的两大对外投资项目，在加强周边国家基础设施建设方面，应该是大有作为。但是，在如何参与、如何运作等方面各级部门提及得较少，这说明各级干部了解得少，这需要新疆有关部门加强研究、加强宣传，增强各级干部对国家政策的了解程度。二是新疆创新的政策要有执行力和执行效果。另一方面，加快开展相关领域专业研究，切实提高理论指导实践能力。在新疆周边国家市场开放程度及合作意愿、合作能力难以与中国及新疆预期匹配的现状中，新疆目前该如何应对？企业如何走出去？基于周边国家安全风险防范的视角，如何发展经济？我们的开放程度和开放能力等问题也都亟须深入研究。同时，要加强周边国家的政治、经济、安全、合作、人文、宗教等各领域的研究工作，定期发布权威和有影响力的信息，为政府、企业、民间团体等各方决策提供专业咨询及意见。要加强国际法律法规及国外政府政策研究，这是新疆发展周边国家经贸往来中很早就提出的需要迫切解决的问题。当前，新疆提出“五大中心”建设，其中，国际

医疗、国际旅游、国际教育等众多现实问题，迫切需要新疆出台专项法律法规，迫切需要开展“丝绸之路经济带”沿线国家的国际法律法规及政府各项政策的研究，为新疆开展国际医疗、国际旅游、国际教育等服务提供专业指导，为政府出台政策意见提供可靠依据。加强对亚投行和丝路基金的研究工作及宣传工作，为企业服务、行业发展以及政府各级干部在推进核心区建设中提供专业知识背景，增强各级干部对国家政策的了解程度。加大新疆丝绸之路经济带核心区建设的宣传力度，要定期发布涵盖上述研究内容的权威和有影响力的信息，要着重宣传新疆丝绸之路经济带核心区建设的进展与成效，提高新疆的话语权，引导全国向西的注意力，增强全国企业对新疆及新疆周边国家的专注度。

六、加大政策创新力度，夯实经济发展根基

继续加大政策创新力度，改善企业营商环境。建设服务型、高效型、法治型的政府，减少行政力量对市场、对企业的过多管制及干预行为，是营造便捷的企业营商环境的根本。在管理体制、金融服务、法律保障、政府行政等众多领域去除繁杂的、不符合国际惯例的行为和做法，做好行政简化。在诸如投资者资产保护、行政过程透明、保持各项政策规则的持续性等问题上，需加大建设力度，努力建设一个具有高度吸引力的市场环境。新疆，亟须增强的是服务型政府的建设力度，为进入市场的企业后续经营运作提供服务的便捷性和高效性。“重招商，轻服务；招得来，留不住”现象依然明显，为企业经营运转提供诸如金融、法律、政策咨询等服务尚未形成一体化模式，企业与政府信息不对等现象突出，好的政策与服务企业难以知晓，企业发展困境政府难以掌握。当前，应更加注重新疆企业的生存发展问题。今后应出台专项措施和细则，促进企业扎根发展，诸如针对一定条件的企业，如在当地经营运作满 5 年、年缴税达到一定额度的企业，在用工培训、企业用电、税收、贷款、法律服务、政策咨询等方面提供优惠措施与免费服务。

在国家层面助推投资便利化进程。继续促进中国与中亚国家间、政府间交流与合作，继续加大谈判与磋商力度，创建灵活有效的协调机制，加大双方的理解和互信程度，增强合作的紧密程度，加强有关制度、有关规则以

及各种法律的对接工作,并予以具体的落实。进行机构创新及机制创新,设立专门的促进投资便利化领导小组,力促在立法政策透明、机构协调等软环境建设上有新的突破。特别是在促进中亚国家投资环境中,力促当前重点难点问题的现实解决能力的提升,诸如切实减少中国投资人在中亚国家普遍遭遇的贪污腐败、行政效率低下、劳务人员签证限制等困扰多年的问题,提升国际间协调能力,助推投资环境的改善。

七、拓展丝绸之路经济带建设内涵

丰富丝绸之路经济带建设内涵,不再仅仅以经济合作为重点,而是实质性地扩大教科文、旅游等领域的协同发展。

新疆周边国家,对发展与中国的旅游合作,期望甚重。俄罗斯、哈萨克斯坦和吉尔吉斯斯坦等国迫切希望中国旅游企业组织中国游客去旅游,新疆应借此机会进一步扩大与周边国家旅游产业间的合作。同时,应借助国内组织前往新疆周边国家的旅游优势,进一步扩大新疆旅游的内陆游客客源,大力开拓新疆周边国家的国际游产品。

"人文交流、教育先行",教育交流与合作,既是丝绸之路经济带建设具体成效,也是更加深入推进核心区建设的重要方面。当前,新疆应紧紧抓住周边国家对中国、对中国文化的学习热情,建立中亚国际学院,建设"一带一路"国际性大学,加大国际留学生培养力度;新疆应充分利用陕西显著的教育资源,加大与高校密集、教育资源优势明显的西安的交流与合作,博采教育资源为我所用,建立国内中亚教育和研究高地,丰富国际化人才培养计划,推进"一带一路"建设人才培养。新疆周边国家均还没有中国大学的建立,适时考虑中国大学走出国门,推广自己的教育理念。新疆,应加快建立与周边国家相关的诸如语言、文化、出版、新闻、法律等多学科多领域的人才培养工作,将新疆建设为中亚教育培养高地。

同时,主动作为、积极参与国家间的反恐合作、国家安全等领域的交流合作。

八、提升新疆国际影响力，创建丝绸之路经济带文化交流中心

新疆的核心区建设，必须提升大新疆国际影响力，必须增加“核心区”含金量，真正实现国家海陆统筹、两翼齐飞等发展意图。习近平总书记在“一带一路”国际合作高峰论坛开幕式上的演讲中提到，中国将从2018年起举办中国国际进口博览会，中国将启动“一带一路”科技创新行动计划，开展科技人文交流、共建联合实验室、科技园区合作、技术转移四项行动……将建设丝绸之路沿线民间组织合作网络，打造新闻合作联盟、音乐教育联盟以及其他人文合作新平台。

新疆应迅速寻找上述讲话中相关领域的发展契机，积极寻求国家支持，力争在新疆举办涉及“一带一路”建设的重要国际性论坛、国际性博览会、上合组织部长级会议等重大会议，切实提升新疆国际影响力。借助新疆丝绸之路经济带创新驱动发展试验区建设，加紧融入中国“一带一路”科技创新行动计划，切实落地一批合作项目及行动方案，加大科技园区、人文交流及技术转移等方面的建设。借助与相邻国家在民族、语言、文化上的相通作用，打造文化交流中心、艺术中心、丝绸之路国际博物馆、文化译制中心等服务平台，加强民间组织合作交流，发挥民间机构、团体和文化名人在文化交流中的积极作用，大力推动展览、展示、青年交往、学术往来、经贸活动、志愿派遣等推广交流活动，增进相互了解，促进民心相通，展示新疆形象。借助友好城市建设平台，以文化体育教育等交流为重点，拓展交流领域，提高交流水平，提升新疆国际影响力。

九、依托大数据建设，创建中国—中亚大数据中心

以大数据建设为支撑，建立“中国—新疆—中亚”大数据平台，并使其成为国家权威性中亚数据库。第一，作为政府宣传平台，运用多种语言，加大中国及中亚国家相关法律法规、制度要求、各种政策、各类信息的宣传和传播力度，提高对企业的指导，增强各种政策透明度，规范各类办事程序，对中亚国家相关国情、经济社会发展趋势、政策趋势、投资趋势等提供及时、准确的信息，增强对企业的切实助力作用。第二，作为数据平台，为中国与中亚

交流提供各类数据与信息需求，特别是为诸如中欧班列货运等重要信息提供数据信息平台。第三，定期发布各类风险评估，对于中亚国家存在的稳定风险、法律风险、政治风险、企业的商业风险等各种风险提供信息，为建立风险防范机制提供数据支撑和预警机制，要切实帮助中国企业最大化地避免各类风险，以及在遇到风险时有制度化、标准化、规范化的解决路径。第四，提供企业服务。引导企业更加注重企业内在发展动力因素的提升，增强企业对相关投资国度的法律、规则及习俗的重视及熟悉程度，并能够在相关问题发生后找出最佳的解决路径。为民营企业在国际化运营中出现的融资难题、法律保障等提供切实的帮助，如提供国际融资信贷、专业法律指导、市场准入简化、税收政策优惠、保险制度支持等。

《中国第十三个五年规划纲要》中提出，畅通"一带一路"6 条国际经济合作走廊，其中"中国—中亚—西亚、新亚欧大陆桥和中巴"等 3 条经济走廊均通过新疆，畅通这 3 条经济走廊既是新疆丝绸之路经济带核心区建设的重要内容，也充分说明了新疆丝绸之路经济带核心区建设的重要地位。因此，新疆丝绸之路经济带核心区建设，不仅是新疆经济发展的重要指向，更是中国"一带一路"建设的重要内容，其建设进展也深刻影响着中国"一带一路"进程。"十三五"期间，新疆必须抓好机遇又好又快地推进丝绸之路经济带核心区建设。

党的十九大报告指出，新时代坚持和发展中国特色社会主义的基本方略之一就是坚持新发展理念，主动参与和推动经济全球化进程，发展更高层次的开放型经济，不断壮大我国经济实力和综合国力。坚持打开国门搞建设，积极促进"一带一路"国际合作，就是我们"主动参与和推动经济全球化进程""奉行互利共赢的开放战略""谋求开放创新、包容互惠的发展前景"的中国理念、中国行动和中国贡献。"和平合作、开放包容、互学互鉴、互利共赢"的丝路精神，"共商、共建、共享"的建设原则，"绿色丝路、健康丝路、智力丝路、和平丝路"的发展目标，无不体现了新发展理念的价值内涵。新疆，要紧紧追随国家发展步伐，秉持新发展理念，大力推进新疆丝绸之路经济带核心区建设迈向新征程。

第二篇

经济社会人口·发展篇

第六章
丝绸之路经济带核心区建设中的新疆经济社会发展

2013 年 11 月,新疆积极响应国家“一带一路”倡议,明确提出建设丝绸之路经济带核心区,在全国各个省区中最快找准定位。借助 2014 年 5 月第二次中央新疆工作座谈会的契机,中央第一次明确提出新疆要“建设好丝绸之路经济带核心区”,这在中央明确国内各个省区在丝绸之路经济带建设中的发展定位,尚属首次。

经过三年的筹备、酝酿、落实和发展,新疆丝绸之路经济带核心区建设在顶层设计和项目带动中进入实践性推动阶段。新疆的经济社会也以此为巨大的发展契机取得显著成效,民生建设成绩斐然,发展亮点令人瞩目,重点领域和重点环节改革取得较大进展,生态文明建设加速推进,为新疆实现全面建成小康社会及新疆社会稳定和长治久安的总目标奠定发展基础,为新疆“十三五”时期的经济社会发展创造良好开端。

一、新疆“十二五”时期主要成就

“十二五”时期(2011—2015 年),是新疆全面建成小康社会的关键时期,是深化改革开放、加快转变经济发展方式的攻坚时期,是新疆经济社会发展步入一个增长较快、质量较好、民生福祉得到极大改善的历史时期。

(一)经济实力明显增强

经济增速创历史最高。新疆生产总值由“十一五”末期 2010 年的 5437.5 亿元增长至“十二五”末期 2015 年的 9354.4 亿元,5 年间平均增速为

10.7%，高于全国同期平均水平 2.8 个百分点，高于"十一五"时期新疆年均增长速度 0.2 个百分点（数据详见图 6-1），也是新疆历史上五年规划年均增速最高的五年时期。增速居全国的位次由 2010 年的第 29 位跃升至 2014 年的并列第 4 位（与天津增速并列为 10.0%），创历史最好水平，2015 年生产总值增速 8.8%，居全国第 8 位。人均生产总值由 2010 年的 25056 元增长至 2015 年的 40163 元，年均增速 9.3%，比"十一五"时期年均增速 8.7%高 0.6 个百分比[①]（见图 6-2）。

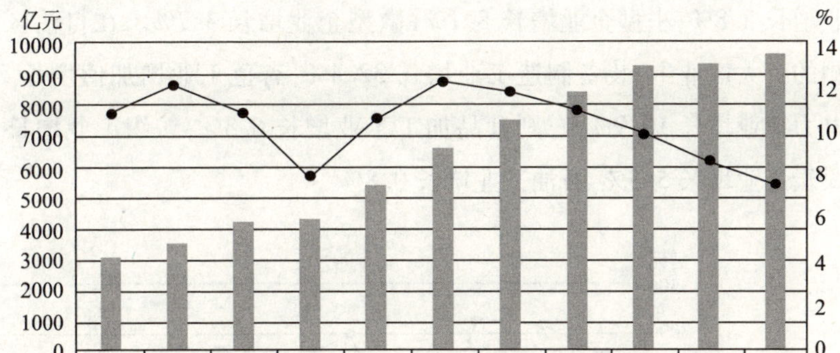

	2006	2007	2008	2009	2010	2011	2012	2013	2014	2015	2016
生产总值	3045.3	3523.2	4183.2	4277.1	5437.5	6628.9	7528.7	8469.8	9304.0	9354.4	9649.7
增速	11.0	12.2	11.0	8.1	10.6	12.3	12.0	11.0	10.0	8.8	7.6

图 6-1　2006—2016 年新疆生产总值及生产总值增速情况

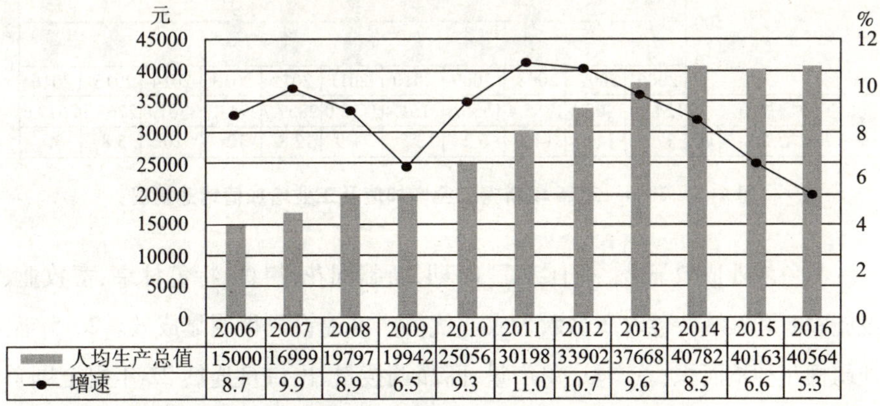

	2006	2007	2008	2009	2010	2011	2012	2013	2014	2015	2016
人均生产总值	15000	16999	19797	19942	25056	30198	33902	37668	40782	40163	40564
增速	8.7	9.9	8.9	6.5	9.3	11.0	10.7	9.6	8.5	6.6	5.3

图 6-2　2006—2016 年新疆人均生产总值及其增速情况

① 数据来源：根据《新疆统计年鉴 2011》《新疆统计年鉴 2017》《中国统计年鉴 2016》及相关数据计算而得。本章所有数据如无特别说明均与此同。

工业发展质量提升。速度是基础,质量是关键。新疆工业增加值由2010年的2161.4亿元增长至2015年的2762.1亿元,年均增速10.5%(详细数据见图6-3),比“十一五”时期年均增速12.1%低1.6个百分点。2015年,规模以上工业企业数量增长9.3%。其中,轻工业增加值增长6.1%,重工业增长4.9%;石油工业增加值增长0.8%,非石油工业增长9.0%;公有制经济工业增加值增长4.0%,非公有制经济增长8.9%;中央企业工业增加值增长1.0%,地方企业增长11.8%;大型企业工业增加值增长4.8%,中型企业增长2.8%,小型企业增长8.1%,微型企业增长3.7%。在自治区重点监测的十大产业中,装备制造工业增长32.4%,有色工业增加值增长25.7%,电力工业增长10.9%,农副食品加工工业增长6.3%,纺织工业增长5.7%,煤炭工业增长5.3%,石油工业增长0.8%。①

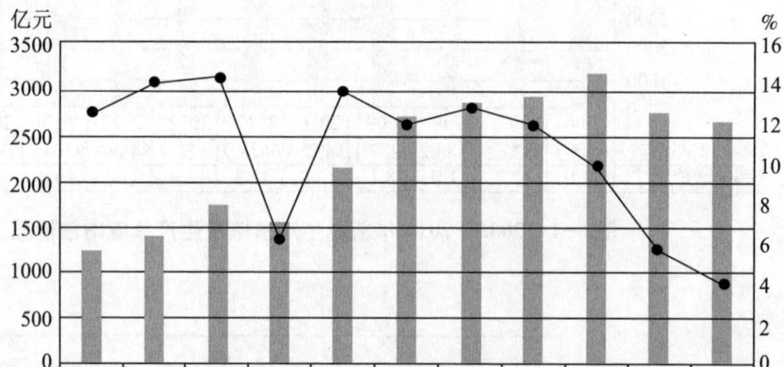

	2006	2007	2008	2009	2010	2011	2012	2013	2014	2015	2016
工业增加值	1241.3	1405.1	1755.4	1555.8	2161.4	2713.0	2857.7	2943.7	3201.8	2762.1	2677.6
工业增加值增速	12.5	14.1	14.3	6.2	13.5	11.9	12.8	12	10	5.8	4

图6-3 2006—2016年新疆工业增加值及工业增加值增速情况

特色农业成效显著。“十二五”时期,新疆棉花、粮食、特色林果、畜牧业、设施农业和区域特色农产品六大农业优势产区建设取得明显成效。2015年,新疆棉花种植面积、总产量、单产量、商品调拨量、出口量连续22年居全国首

① 所有增加值增长数据均为可比价格,数据引自:《新疆维吾尔自治区2015年国民经济和社会发展统计公报》,新疆维吾尔自治区统计局。

位,已成为中国和世界最大的细绒棉和中国唯一的长绒棉生长区,2015 年棉花产量占全国的 62.5%,居全国首位。粮食产量 1521.3 万吨,居全国第 16 位。棉花、番茄、辣椒成为特色经济作物的代表。新疆林果总面积列全国第 5 位,形成以红枣、核桃、杏、香梨、葡萄为主的全国优质林果生产基地。

固定资产投资持续增高。新疆全社会固定资产投资由 2010 年的 3539 亿元增长至 2015 年的 10729 亿元,年均增速 24.4%,比"十一五"时期 5 年的 20.9%年均增速高 3.4 个百分点(详细数据见图 6-4)。[①] 固定资产投资相当于地区生产总值的比例由 2010 年的 65.1%上升至 2015 年的 114.7%,投资规模高速增长,一大批水利、交通、能源等重大基础设施项目开工建设和建成投运,形成了以项目促投资、以投资促发展、以发展促民生的态势。

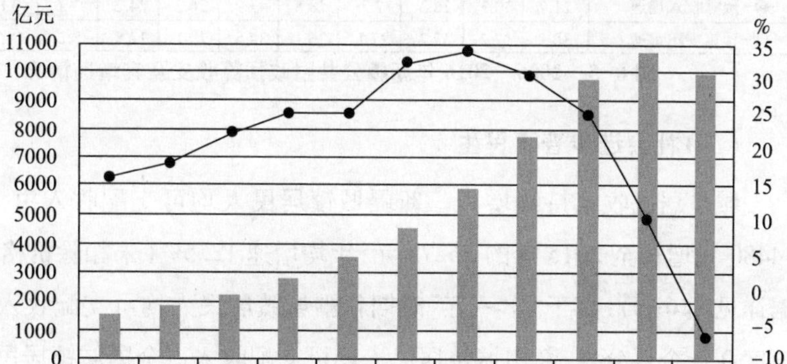

	2006	2007	2008	2009	2010	2011	2012	2013	2014	2015	2016
固定资产投资	1567	1851	2260	2827	3539	4526	5958	7787	9745	10729	9984
增速	15.9	18.1	22.1	25.1	25.2	32.3	34.0	30.7	25.2	10.1	-6.9

图 6-4　2006—2016 年新疆固定资产投资及增速情况

财政收入持续增长。新疆公共财政预算收入由 2010 年的 500.6 亿元上升至 2015 年的 1330.9 亿元,年均增速 17.0%,比"十一五"时期年均 20.7%的增速下降 3.7 个百分点;公共财政预算支出由 2010 年的 1698.9 亿元上升至 2015 年的 3804.9 亿元,年均增速 15.9%,比"十一五"时期年均 26.2%的增速下降 10.3 个百分点(详见图 6-5)。公共财政预算收入相对于地区生产

① 图 6-4 所示的所有固定资产投资数据中,2011—2016 年数据为不含农户固定资产投资,所有增速值不为可比价格。

总值的比例由2010年的9.2%上升至2015年的14.2%；公共财政预算支出相对于地区生产总值的比例由2010年的31.2%上升至2015年的40.7%。

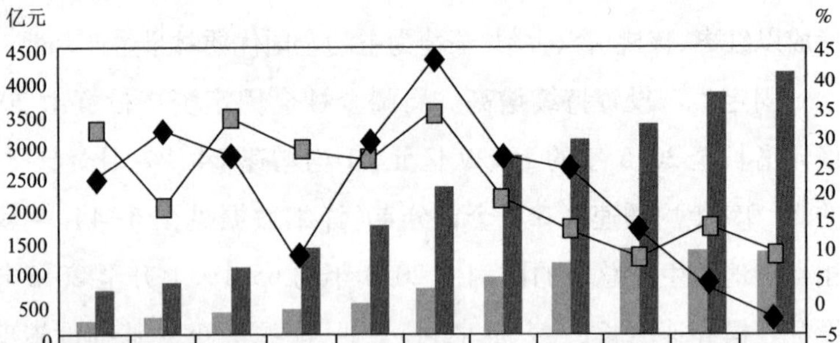

	2006	2007	2008	2009	2010	2011	2012	2013	2014	2015	2016
公共财政预算收入	219.5	285.9	361.1	388.8	500.6	720.4	909.0	1128.5	1282.3	1330.9	1299.0
公共财政预算支出	678.5	795.2	1059.4	1346.9	1698.9	2284.5	2720.1	3067.1	3317.8	3804.9	4138.3
预算收入增速	21.7	30.3	26.3	7.7	28.8	43.9	26.2	24.2	13.6	3.8	−2.4
预算支出增速	30.7	17.2	33.2	27.1	26.1	34.5	19.1	12.8	8.2	14.7	8.8

图6-5　2006—2016年新疆公共财政预算收支及其增速情况

（二）社会进步普惠民生

城乡居民收入持续增长。新疆城镇居民人均可支配收入由2010年的14480元增长至2015年的26275元，年均增速12.5%（未扣除价格因素）（数据详见图6-6），高于"十一五"时期新疆城镇居民人均可支配收入年均增长速度0.4个百分点，新疆城镇居民人均可支配收入占全国城镇居民人均可支配收入的位次由2010年的第30位上升至2015年的第20位。农村居民人均可支配收入由2010年的4643元增长至2015年的9425元，年均增速14.2%（未扣除价格因素），高于"十一五"时期新疆农村居民人均可支配收入年均增长速度1.3个百分点，新疆农村居民人均可支配收入占全国农村居民人均可支配收入的位次与2010年排名相同，仍居第24位。城镇和农村居民恩格尔系数持续下降，分别从2010年的36.2%、40.3%下降到2014年的31.3%、34.5%[①]。

① 恩格尔系数数据引自新疆维吾尔自治区统计局资料，其中2015年数据缺失。

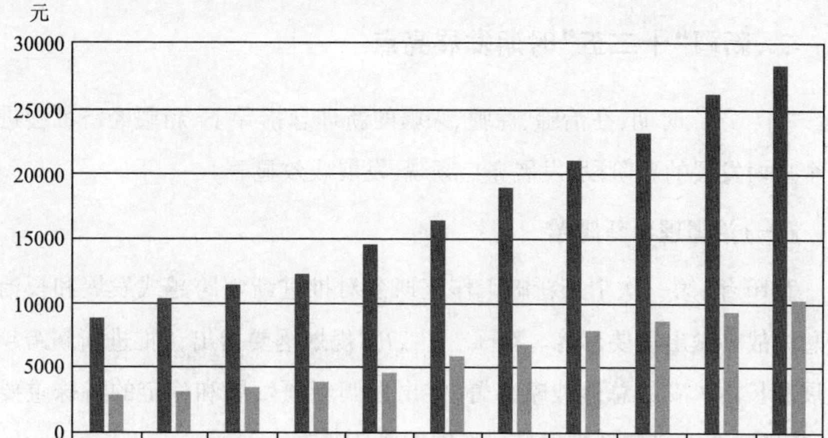

	2006	2007	2008	2009	2010	2011	2012	2013	2014	2015	2016
■城镇	8871	10313	11432	12258	14480	16464	19019	21091	23214	26275	28463
■农村	2737	3183	3503	3883	4643	5853	6876	7847	8724	9425	10183

图 6-6　2006—2016 年新疆城镇与农村居民人均可支配收入情况

民生建设屡创新绩。2011 年，新疆启动“民生建设年”；2016 年，新疆进入第 6 个“民生建设年”。在“十二五”时期，新疆继续进行安居富民、定居兴牧、城镇保障性住房建设，继续大力实施农网改造工程、农村饮水安全工程、农村公路、燃气利民工程、农网改造升级和无电地区供电项目、广播电视村村通户户通等工程，有效解决了涉及人民群众切身利益的一系列问题，切实让群众得到“看得见、摸得着”的实惠。始终将就业视为最大的民生工程紧抓不放。“十二五”期间，新疆大力实施积极的就业政策，加强就业培训，鼓励劳动力有序流动，多渠道、多形式促进就业。启动普通高校毕业生赴援疆省市培养锻炼，建立城镇零就业家庭 24 小时动态清零的就业工作长效机制，以一系列创新性政策全力支持城镇新增就业、农村富余劳动力转移就业及高校毕业生等重点人群的就业，形成培训、就业、服务、维权“四位一体”的转移就业工作模式，大力发展劳动密集型产业、中小微企业和“短平快”项目，实施纺织服装产业促进百万人就业计划，出台运费补贴、低电价、社保补贴等“一揽子”支持纺织服装企业发展的政策，大力推进社会就业。

二、新疆“十二五”时期发展亮点

“十二五”时期，在治疆、稳疆、兴疆的新理念指导下，新疆经济社会进入一个全面发展的新阶段，发展亮点频现，发展成效显著。

（一）治疆理念新跨越

2010 年，第一次中央新疆工作座谈会对推进新疆跨越式发展和长治久安总体战略做出重要部署。新疆“十二五”规划纲要指出，“推进新疆跨越式发展和长治久安的总体战略部署，突出强调新疆发展和稳定的特殊重要地位、特殊重要意义和新疆肩负的特殊重要任务”。

2014 年 5 月，第二次中央新疆工作座谈会提出，“新疆局势事关全国改革发展稳定大局，事关祖国统一、民族团结、国家安全，事关实现‘两个一百年’奋斗目标和中华民族伟大复兴”，“围绕社会稳定和长治久安这个总目标，以推进新疆治理体系和治理能力现代化为引领，以经济发展和民生改善为基础，以促进民族团结、遏制宗教极端思想蔓延等为重点，坚持依法治疆、团结稳疆、长期建疆，努力建设团结和谐、繁荣富强、文明进步、安居乐业的社会主义新疆”。“以社会稳定和长治久安为工作的着眼点和着力点，统筹推进各方面工作，为抓住和用好历史机遇、实现新疆跨越式发展创造良好条件。”

新疆在理论与实践的不断探索和创新中，以社会稳定和长治久安为总目标，提出了一系列治疆、稳疆和兴疆的新理念、新思路。“民生优先、群众第一、基层重要”，本着“民生建设要谋大、谋深、谋远”，大力实施重点民生工程，立足“问效于民、问计于民、问需于民”，通过连续开展“民生建设年”活动和实施重点民生工程，把发展的成果更多地惠及全疆各族人民群众；“环保优先、生态立区”，坚持走资源开发与生态环境保护“两个可持续”新路子，以水资源合理开发与科学配置为龙头，走生态环境、资源开发、社会经济发展相协调的新路；“以现代文化为引领，以科技教育为支撑”，大力发展一体多元、融合开放、具有新疆特色的现代文化，推动文化大发展大繁荣，促进各民族尊重差异、包容多样、相互欣赏，最大限度凝聚全社会共识，增强“四个认同”，牢固树立“教育立区、人才强区”，坚持把教育放在优先发展战略地位；“构建和谐新疆”，积极倡导“热爱伟大祖国、建设美好家园”，始终把加强民族团结作为长治久安的根本保障，构筑和谐的社会主义民族关系；“只有努力才能改变，只要努力就能改变”，增强对建设美好家园的信心和决心，不等不靠，“全心全意地干、争分夺秒地干、务求实效地干”，努力“创造新疆效率、弘扬新疆精神、提升新疆能力、树立新疆形象”，在建设中要保持“同心、同力、同向、同调”，要“像天山雪松、绿洲白杨、戈壁红柳、大漠胡杨那样扎根新疆大地”，激励新疆各族干部群众通过勤劳互助、团结奋斗，走向现代化的新生活。

（二）“访惠聚”治理新模式

2014 年 3 月，新疆启动为期 3 年的 20 万名干部下基层“访民情、惠民生、聚民心”活动（简称“访惠聚”工作），旨在基层维稳和服务群众。历时一年，“访惠聚”工作取得了显著成效，主要表现在四个方面的影响示范和带动作用：第一，赢得了人民的满意度和信任感，真正搭建了群众表达意见与心声的桥梁，切实凝聚了民心。第二，取得了对当前农村情况、农民情况、基层组织建设情况最真实的认识。第三，实现了对每个下基层的干部工作能力务实的锻炼和心灵上的震撼。第四，实现了对农村基层干部工作上的协助和群众思想观念上的引导，特别是在发展思路与发展理念上引导启发当地干部群众，同时对基层干部起到一定意义上的监督作用。①

（三）对口援疆新成效

新一轮大规模对口援疆深入人心、成效显著。2010 年 5 月，第一次中央新疆工作座谈会决定全国 19 个省市以全覆盖方式对口支援新疆 12 个地（州）的 82 个县（市）以及兵团 10 个师，突破了以往没有涉及对塔城地区、阿勒泰地区以及仅对全疆 56 个县（市）及兵团 3 个师的援助。

国家出台一系列特殊政策支持新疆发展。自 2010 年 6 月 1 日起，新疆原油、天然气资源税实行从价计征，税率为 5%（自 2014 年 12 月 1 日起，税率

---

① 王宏丽．扎实开展“访惠聚”活动　有效推动政府治理能力现代化[J].新疆社科论坛，2015(3)：41.

调整为6%)；对援疆干部和人才在管理权限与方式、选派与轮换等八方面做出具体规定；对属于《新疆困难地区重点鼓励发展产业企业所得税优惠目录》的企业实行企业所得税"两免三减半"政策；对喀什、霍尔果斯两个经济开发区提出10个方面的扶持政策；对新疆12个产业实施差别化产业政策等。新一轮对口援疆不断创新体制机制，对援助资金有了刚性要求，明确支援省市应该按照地方财政一般预算收入(扣除部分有专门用途的收入项目)的0.6%安排对口支援资金量，并根据经济增长情况，逐年有所增加；在结对关系、资金总量、增长额度、内容方式等方面形成制度安排和机制保障。2014年5月，第二次中央新疆工作座谈会召开，进一步提出采取特殊的财政、投资、金融、人才等政策，重点支持南疆四地州，把援助资金主要用于民生、用于基层，进一步促进新疆区域协调发展，举全国之力，深入推进对口援疆工作。

2010—2014年，国家对新疆的财政补助达到8206.5亿元，是1955—2009年国家对新疆各项财政补助4785.5亿元的1.7倍。19个援疆省市拨付对口援助资金合计470亿元，实施援疆项目4139个，启动安居富民、定居兴牧、人才培养、就业、卫生、基层组织建设等一大批民生工程，使老百姓得到"看得到、摸得着"的实惠，大大提高了新疆科、教、文、卫、医、"三农"等领域的发展水平。19个援疆省市国有企业实施产业援疆项目167个，累计完成投资991.4亿元，推动了新疆产业结构调整优化。①

(四)深化改革新活力

"十二五"时期，新疆强化顶层设计，以深入推进农村改革、深化国资国企改革、加快混合所有制经济发展、强化财税体制改革、推进政府职能转变等内容为重点，不断推出重大改革举措，加强对重点领域和关键环节的改革创新，为建立健全现代市场体系注入动力、增添活力。

深入推进农村改革。积极开展农村土地承包经营确权登记颁证试点。《新疆城镇体系规划(2014—2030)》获国务院批准，城乡规划体系逐步健全。建立健全现代市场体系。资源配置市场化、矿权融资和审批制度改革取得

① 新疆维吾尔自治区发展和改革委员会资料。

重大突破。2012 年，以挂牌出让三塘湖煤田 3 个区块探矿权为突破口获得竞拍价款 320 亿元。利用其他矿权融资 200 亿元[①]，矿产资源市场化改革取得重大成效。资源性产品价格、水价综合改革和集体林权制度改革稳步推进。实施注册资本登记制度改革。深化国资国企改革，加快混合所有制经济发展。新疆开创地方参股央企以及地方和央企合作发展新模式。截至 2014 年，国资委直管 15 家企业的 353 家子公司 60%以上实现了混合所有制经营。[②] 央企与地方企业、国企与民企合作取得明显成效，央企属地注册、油气资源自主开发取得实质进展。2015 年，中石油的混合所有制改革在新疆启动试点，地方参股油气合作开发和油气大项目建设取得成功，标志着中石油混合所有制改革向前迈出一大步。2015 年，新疆成立深化国有企业负责人薪酬制度改革工作领导小组，进一步加强对新疆国有企业负责人薪酬制度改革工作的组织领导。[③] 大力促进非公有制经济发展。2014 年启动工商注册登记制度改革，实现新增登记企业、个体私营经济从业人员及注册资金同比增加均呈双位数增长趋势。能源、水利、交通等领域的一批重大项目中，引入民营资本参与投资。

（五）丝路核心新战略

自 2013 年 9 月习近平主席首次倡议“共同建设‘丝绸之路经济带’”以来，中国“一带一路”倡议蓝图日益清晰。2014 年第二次中央新疆工作座谈会上，中央提出“加强铁路等基础设施建设，发展现代物流，立足区位优势，建设好丝绸之路经济带核心区”。这是中央第一次对国内省区明确提出在丝绸之路经济带建设中的发展定位。新疆丝绸之路经济带核心区战略，明确提出建设“五中心、三基地、三通道和十大进出口产业集聚区”[④]。

---

① 《2013 年新疆维吾尔自治区政府工作报告》，出自《2013 新疆维吾尔自治区领导干部手册》。

② 《2015 年新疆维吾尔自治区政府工作报告》，出自《2015 新疆维吾尔自治区领导干部手册》。

③ 新疆维吾尔自治区发展和改革委员会资料。

④ “五中心”是指区域性交通枢纽中心、区域性商贸物流中心、区域性金融中心、区域性文化科教中心和区域性医疗服务中心；“三基地”是指国家大型油气生产加工和储备基地、大型煤炭煤电煤化工基地和大型风电基地；“三通道”是指能源通道、交通通道和通信大通道；“十大进出口产业”是指机械装备、轻工产品、纺织服装、建材、化工、金属制品、信息服务、进出口油气加工、进口矿产加工及农林牧加工。

2014 年 9 月,新疆审议通过《推进新疆丝绸之路经济带核心区建设的实施意见》和《推进新疆丝绸之路经济带核心区建设行动计划(2014—2020年)》,全面部署核心区建设。2014 年底,新疆成立全国第一个由地方成立的推进丝绸之路经济带核心区建设工作领导小组。2015 年 5 月,新疆抓紧时间修改完善《新疆关于贯彻落实国家〈丝绸之路经济带和 21 世纪海上丝绸之路建设战略规划〉,加快推进新疆丝绸之路经济带核心区建设的实施方案》《2015 年新疆丝绸之路经济带核心区建设工作要点》和《新疆丝绸之路经济带核心区建设优先推进项目清单》。

新疆围绕"五中心、三基地、三通道和十大进出口产业集聚区"建设,以一系列新构想、新举措强力推进、扎实落实丝绸之路经济带核心区战略。

三、新疆"十三五"开局之年发展成效

2016 年是"十三五"规划的开局之年,是落实"创新、协调、绿色、开放、共享"五大发展理念的起始年,是全面建成小康社会决胜阶段的第一年,也是供给侧结构性改革的攻坚之年。新疆立足"四个全面"战略和"五位一体"总体布局,坚持稳中求进、改革创新总基调,主动适应经济新常态,认真贯彻发展新理念,有效激发新状态,积极展现新作为,统筹推进稳增长、促改革、调结构、防风险、惠民生、补短板各项重大任务。大力推进丝绸之路经济带核心区建设,继续开展第七个"民生建设年"和"访惠聚"工作,人民生活水平、受惠及共享程度进一步得到提升。重点发力南疆四地州扶贫开发,农牧民生产生活及精神面貌得到极大改变。全面推进生态文明建设,反恐维稳工作继续保持高压态势,为新疆经济社会创造良好的发展局面。

为使新疆"十三五"时期经济社会发展迎来良好开局,自治区党委、政府召开和出台了一系列重要会议和重大决策,全面部署新疆经济社会发展建设宏伟蓝图。

2015 年 11 月 3 日南疆工作会议和 2016 年 1 月 7 日新疆扶贫开发工作会议的召开,为新疆实现区域协调发展和全面建成小康社会中的两大重点问题——南疆问题和贫困问题,提出了工作的目标任务和具体内容。2015 年 12 月 2 日自治区八届十次全体会议提出"十三五"时期新疆经济社会发

展的指导思想、主要目标、基本理念和重大举措，强调并指出新疆发展要解决好的问题和内容。2016 年 1 月 6—7 日，自治区党委经济工作会议安排部署了新疆 2016 年经济工作总体要求和重点任务。3 月 4 日，新疆下发《关于做好当前经济工作推进经济持续健康发展的意见》，明确 15 个方面 60 条措施大力促进经济发展。2016 年上半年，新疆扎实做好各项规划编制报批工作，抓紧制定《自治区国民经济和社会发展第十三个五年规划纲要》任务分工落实方案，推动落实纲要确定的“十三五”时期经济社会发展各项目标任务。加快编制“十三五”时期自治区 27 个重点专项规划，其中，能源等 5 个重点专项规划已上报待审批，服务业等 16 个重点专项规划已完成专家评审，金融中心、脱贫攻坚等 6 个重点专项规划正在修改完善。经过半年的建设实践，新疆始终坚持稳中求进、改革创新的总基调，经济运行平稳，社会发展稳定。

（一）稳增长、调结构，全力推进供给侧结构性改革

面对经济增速放缓、结构性矛盾增多和体制机制改革深入推进的新常态，“稳增长、调结构”成为 2016 年新疆经济工作的一个重点内容。全面落实“去产能、去库存、去杠杆、降成本、补短板”五大任务，确保经济稳定增长，调整各种结构性矛盾，提质增效，推进供给侧改革。

2016 年 1 月，新疆制定《2016 年自治区工业经济和信息化“分业施策”专项工作方案》，对石油化工、轻工、纺织、装备制造、园区发展、战略性新兴产业、中欧班列新疆集结中心建设、企业减负、“短平快”项目、中小微企业发展、电化新疆等 17 个工业经济重点领域和工作明确做出专项方案。3 月 4 日，新疆出台《关于做好当前经济工作推进经济持续健康发展的意见》明确“60 条”措施，从扩大有效投资、有效化解产能、促进服务业发展等多个方面精准发力。4 月，出台《关于做好当前经济工作推进经济持续健康发展的意见的实施办法》，明确 13 个方面 34 条具体政策，包括进一步降低企业用电成本和铁路运输成本；鼓励使用、消费本地产品；加强金融机构对实体经济的支持等。6 月 2 日，新疆出台《自治区金融支持工业稳增长调结构增效益工作实施方案》，加大货币信贷、资本市场和保险市场对工业企业的支持力度。

在去产能、去库存方面，新疆计划用2~3年时间淘汰钢铁产能700万吨、煤炭产能1049万吨。2016年，拟关闭退出煤矿17个，合计产能238万吨/年。分类妥善处理未批先建煤矿项目。严禁以任何名义、任何方式备案钢铁、水泥等行业新增产能项目。[①] 2016年1—6月，新疆钢铁工业完成增加值同比下降22.0%，建材工业完成增加值同比增长4.7%。部分“产能过剩”行业产品产量同比明显下降。其中，水泥下降8.7%，生铁下降19.2%，粗钢下降15.7%。房地产开发投资由增转降，为333.55亿元，同比下降0.6%。房屋竣工面积620.17万平方米，同比增长17.4%。新开工面积930.87万平方米，同比下降12.2%；商品房销售面积748.42万平方米，同比增长17.9%。商品房销售额341.06亿元，增长19.3%，增速比上年同期加快20.8个百分点。[②]

在降成本方面，多举措发力切实降低各项成本费用。降低企业自备电厂系统备用费0.01元/千瓦时，推进园区低电价试点，降低云计算企业用电价格，巩固和扩大低电价优势。推动电力市场化交易，减少189家电力用户用电费用开支11.78亿元。提出降低自治区公路货运收费、免征和降低部分口岸收费建议。开展清费治乱降成本工作，清理价格规范性文件，取消了公共就业和人才服务机构人才集体户口管理服务费，暂缓或停止收取职业安全卫生培训考核费、自治区重大水利工程建设基金、风景名胜区资源有偿使用费；清理整顿中介服务收费、行业协会商会涉企收费。推进居民用天然气门站价格并轨工作，全面降低非居民用天然气销售价格，基准门站价格调整为1.15元/立方米，最大降幅达25.9%，为全国各省区中最低。

（二）改革创新，着力破解重点难点问题

根据国务院坚持简政放权、放管结合、优化服务的工作安排，新疆提出《简政放权、放管结合、优化服务、转变政府职能工作要点》，分两批取消了中央指定地方政府部门实施的行政审批事项207项，加快建立地县两级政府部

---

① 《新疆维吾尔自治区发展和改革委员会工作报告》，“十三五”时期数据引用无特别说明均与此同。

② 新疆网.去产能去库存初见成效——2016年上半年新疆维吾尔自治区经济运行形势分析之五[EB/OL].http://www.xinjiangnet.com.cn/2016/0804/1603456.shtml.

门权责清单制度。再次取消和下放政府投资项目审批权限27项，截至2016年6月，已取消和下放政府投资项目审批权限达57项，占政府投资项目审批类别102项的55.9%。全面建成并投入使用投资项目在线审批监管平台，实行“一口受理、并行办理、限时办结、统一答复”，推进串联审批向并联审批转变取得实效。

继续深入推进价格机制改革。出台了《贯彻落实〈中共中央国务院关于推进价格机制改革的若干意见〉的实施意见》。制定了机动车停放服务、司法鉴定、公证、律师服务、物业等收费管理办法。继续深化2016年棉花目标价格改革试点。发挥价格杠杆作用，对水泥生产企业用电实行阶梯电价政策，提高了化工、钢铁、造纸、采矿（含选矿）、电解铝、印染、焦化等行业水资源费标准，降低了农副产品加工行业水资源费标准。制定了自治区农业水价综合改革实施意见和供水价格调整方案，督促指导各地加快调整城镇污水处理收费标准。加快推进排污权有偿使用和交易试点。完善医疗服务价格形成机制，指导各地实施综合改革的公立医院调整医疗服务价格，取消药品加成，实行药品零差率销售。研究制定电能替代、电动汽车充电价格政策，为推动实施“电化新疆”奠定基础。

协调推进经济体制改革。大力实施经济体制和生态文明体制改革24项重点任务。加快推进能源综合改革试点。上报国家能源局审定《新疆能源综合改革试点方案》。启动实施电力体制改革，推动电力市场化交易，将风电、光伏新能源发电企业纳入交易范围。加快电采暖推广应用和新能源汽车充电设施建设，研究制定电动汽车充电服务费标准和电采暖用电价格优惠政策，推进“电化新疆”方案实施。稳妥推进建立居民生活用电阶梯价格制度。研究制定哈郑直流送出电价调整实施方案。降低非居民用天然气销售价格，基准门站价格调整为1.15元/立方米，最大降幅达25.9%，在全国各省区中价格最低。积极推进居民用天然气门站价格并轨。积极做好自治区公务用车制度改革的基础性工作。积极推进行业协会商会与行政机关脱钩改革试点。推进昌吉市、乌苏市、库尔勒市首批国家中小城市综合改革试点建设。制定自治区盐业体制改革工作方案。

(三)强化精准扶贫,促进区域经济协调发展

为确保“两不愁、三保障”[①]扶贫攻坚目标的如期完成,新疆加大组织机构建设、建立联席会议制度,召开南疆工作会议及扶贫开发工作会议,审议通过了新疆“十三五”易地扶贫搬迁规划,现正在抓紧编制新疆“十三五”脱贫攻坚规划。

2016 年,重点突出抓好易地扶贫搬迁计划,已经上报《自治区北疆帮扶南疆结对方案》,正着手推进北疆经济强县对口帮扶南疆四地州。2016 年易地扶贫搬迁专项资金 15.67 亿元全额落实到位,其中:中央预算内投资 2.61 亿元,地方政府债券 2.61 亿元,专项建设基金 1.31 亿元,长期贴息贷款 9.14 亿元。7 个地(州、市)12 个县(市)35 个安置点已开工建设,开工建设住房 2593 套。积极争取国家支持南疆四地州光伏扶贫工程实施,已编制完成南疆四地州光伏扶贫实施方案(建设总规模 72 万千瓦)。安排国补结余资金 1.3 亿元,用于 2016 年易地扶贫搬迁电网项目建设,惠及需迁出行政村 467 个(搬迁规模 10656 户 37348 人)。

同时,加快推进以工代赈项目建设。已落实国家、自治区以工代赈资金 3.46 亿元,在扶贫开发重点县实施小型农田水利、基本农田、小流域治理、乡村道路、草场等项目建设。其中,中央财政预算内两批次以工代赈资金 2.23 亿元,中央预算内以工代赈示范资金 1.04 亿元,自治区配套资金 1850 万元。

(四)全面推进重点项目建设

切实发挥重点项目支撑引领作用,一系列水利、能源、交通等重大项目开工建设。截至 2016 年 6 月,新疆重点项目累计完成投资 1051.6 亿元,为年计划 3000 亿元的 35.1%。240 个续建项目全部复工建设,累计完成投资 916.6 亿元,为年计划的 37.9%,其中,叶尔羌河防洪工程、巴楚县城乡饮水安全工程、安居富民工程等 47 个项目投资完成率均超过 60%。新开工情况好于上年同期,45 个重点项目实现新开工建设,比上年同期增加 5 个,完成年度新开工目标任务(60 个项目)的 75%。预备项目推进情况良好,中兴能

① “两不愁、三保障”是指稳定实现扶贫对象不愁吃、不愁穿,保障其义务教育、基本医疗、家庭住房。

源南疆新能源产业基地、乌鲁木齐云计算中心等 14 个预备项目实现开工建设，新开工和预备项目累计完成投资 134. 9 亿元。

在重点能源工程方面，新疆出台《“十三五”能源发展规划》，正在修改完善新疆“十三五”石油天然气、煤炭、煤层气、电力、电网、配电网改造、可再生能源、石化、煤化工、风电、水电、太阳能发电等专项规划。建成投运三塘湖—哈密 750 千伏输变电工程等一批电力项目，全面开工建设准东—华东（皖南）±1100 千伏特高压直流输电工程及配套 1320 万千瓦电源项目，继续推进“疆电外送”工程。建成华能轮台 2×35 万千瓦热电厂，新开工建设华电哈密四期热电厂、大唐吉木萨尔热电厂、鄯善合盛电业热电厂、徐矿俄霍布拉克坑口电厂等电源项目，稳步推进疆内电力建设。完成苏新能源和丰 40 亿立方米/年煤制天然气项目申报核准工作。积极推动新天伊犁 20 亿立方米/年、龙宇准东 40 亿立方米/年、伊泰伊犁 100 万吨/年煤制油等现代煤化工项目前期工作。加快推动哈密风电基地二期、百里风区等新能源项目建设，积极争取国家支持南疆四地州实施 72 万千瓦光伏扶贫工程项目。2016 年 1—6 月，全疆新增发电装机容量 665. 9 万千瓦，电力装机总量达到 7419 万千瓦，居全国第 8 位，较上年同期上升 3 个位次；全疆联网运行装机累计总发电量 1098. 7 亿千瓦时，同比增长 8. 5%；累计用电量 867. 1 亿千瓦时，同比增长 12%；外送电量 173 亿千瓦时，同比增长 18. 4%。

在交通基础设施建设方面，扎实推进库尔勒—格尔木铁路、阿勒泰—富蕴—准东铁路、乌鲁木齐铁路集装箱中心站、乌鲁木齐市轨道交通一号线等 6 个铁路续建项目建设。推动喀什—疏勒高速公路、明水—哈密高速公路等 30 个续建公路项目加紧建设，截至 2016 年 6 月，公路项目已完成投资 50. 19 亿元，为全年计划的 32. 24%。推进和田机场改扩建工程、且末机场迁建工程 2 个项目年内建成，加快实施莎车机场、若羌机场和库尔勒机场改扩建工程 3 个续建项目建设，截至 2016 年 6 月，累计完成重点民航项目投资 54. 56 亿元，为全年计划 94. 28 亿元的 57. 87%。

（五）多举措确保就业形势总体稳定

对高校毕业生、城乡贫困家庭劳动力、城镇就业困难人员、农村富余劳动力等重点就业人群,加大就业培训和就业援助,以转移就业、创业带动、产业就业等多种形式,确保就业稳定。积极发展纺织服装业和服务业等劳动密集型产业,加大“短平快”项目由南疆四地州向全疆推广,促进发展中小微企业、民营企业和劳务输出企业,全力推广“总部+卫星工厂+农户”模式,较好地解决了少数民族群众、贫困家庭和农村妇女等人群的就业问题。

对供给侧改革中涉及的去产能去库存企业、僵尸企业,鼓励企业调整产品结构、兼并重组并妥善安置有意愿转岗留用的职工。对关停破产的企业,以政府采购的方式,提供就业培训和就业指导,切实做好职工外部转岗工作。对愿意自主创业的职工,提供技能培训和贷款支持;对即将退休和就业困难的职工,以内部退养和提供政府公益性岗位等方式进行托底安置,切实做好各类职工的安置工作。

加快实施创新驱动发展战略,鼓励发展众创空间。2016 年 3 月,为首批 16 家众创空间、3 家星创天地、7 家科技创新众创基地授牌。2016 年 8 月,新疆出台《关于大力推进大众创业万众创新若干政策措施的实施意见》,在创新体制机制、优化财税政策、搞活金融市场、扩大创业投资、发展创业服务、建设创业创新平台、激发创造活力、拓展城乡创业渠道及加强统筹协调 9 方面出台 28 项 54 条扶持政策,力促拓展大众创业和万众创新。

(六)其他方面概况

继续深入实施对口援疆。结合新疆第 7 个“民生建设年”活动,继续实施住房、教育、医疗、就业、人才、基础设施建设等重点民生项目建设。截至 2016 年 6 月底,新增援疆资金 121.2 亿元,占全年计划援助资金的 84%。援疆项目已开工 1183 个,占年度计划新建项目的 66%。自治区地方落实援疆省市经济合作项目 1722 个,实际到位资金 1175.3 亿元。全面做好对口援疆工作。加快编制《新疆“十三五”产业援疆规划》。积极推进产业援疆带动就业工作,全方位推动转移就业工作,建设产业援疆带动就业工作平台,制定吸引新疆籍少数民族大学生和富余劳动力在内陆就业创业的特殊政策,做好在内陆就业少数民族群众服务保障工作,鼓励和引导民族特色餐饮赴内陆发展工作试点。鼓励引导援疆省市各类所有制企业、社会资本和社会组织到全疆范围内投资兴业。

旅游经济恢复迅猛。2016 年 1—6 月，新疆共接待国内游客 2634.6 万人次，同比增长 15.5%；国内旅游总消费 344.8 亿元，同比增长 16.8%。接待入境游客 72.83 万人次，同比增长 9.1%；入境旅游消费 2.16 亿美元，同比增长 17.4%。[①] 截至 2016 年，新疆 5A 级景区达到 9 家，数量位列全国第三、西部省区第一，成为国内外游客的重要旅游目的地。旅游消费市场火爆，自驾旅游、文化旅游、房车旅游、沙漠旅游等多种形式的旅游新业态不断出现。借助"一带一路"发展契机，新疆大力推进与周边国家的旅游交流与合作，启动赴哈萨克斯坦、俄罗斯推广医疗旅游活动。2016 年，新疆重点打造穿越天山廊道（中哈吉跨境自驾游）、驾越帕米尔高原（中塔跨境自驾游）、"四国六方"环阿尔泰山（中、俄、哈、蒙）3 条跨境自驾游线路。2016 年，新疆有 8 个县市[②]入选首批"国家全域旅游示范区"创建名录，开创了新疆全域旅游的新时代。

价格总水平稳定。2016 年 1—6 月，新疆居民消费价格指数（CPI）同比上涨 1.2%，涨幅低于全国平均水平 0.9 个百分点，整体上呈现先扬后抑、低位平稳的运行态势。1—3 月鲜菜和猪肉价格上涨比较明显，4—6 月鲜菜价格回落较快。继续保持牛、羊肉（尤其是羊肉）价格下降的趋势，1—6 月牛、羊肉价格同比分别下降 6.2%、10.4%，一定程度上抑制了猪肉价格大幅的上涨。工业生产者价格降幅减小，第二季度出厂价格、购进价格同比分别下降 11.3%、8.9%，降幅比第一季度低 2.6 个百分点、2.4 个百分点。

大力推进生态文明建设。在政策方面，2016 年 3 月，新疆审议通过《关于加强全区生态文明建设的实施意见》，提出建设与全面建成小康社会目标相适应的生态文明。2016 年 6 月，新疆出台《关于重点区域执行大气污染物特别排放限值的公告》，对重点区域的火电、钢铁、水泥、石化行业和燃煤锅炉，执行大气污染物特别排放限值。重点区域包括乌鲁木齐区域、奎屯—独

---

① 人民网.新疆旅游持续升温　上半年接待国内游客 2634 万人次[EB/OL]. http://xj.people.com.cn/n2/2016/0801/c188514-28761390.html.

② 8 个县市分别为：吐鲁番市、哈密市巴里坤哈萨克自治县、昌吉州木垒哈萨克自治县、博州温泉县、伊犁州昭苏县、阿勒泰地区阿勒泰市、阿勒泰地区布尔津县、新疆生产建设兵团第一师阿拉尔市十团。

山子—乌苏区域、克拉玛依市、石河子市、库尔勒区域、哈密市和准东区域七大区域，主要涉及自治区 7 个地州市、兵团两市的 20 个县市区。2016 年 1—6 月，新疆单位工业增加值能耗同比下降 3.7%，降幅比上年同期增加 1.4 个百分点，节能降耗有成效。在工作落实方面，玛纳斯县、特克斯县、昭苏县、哈巴河县正在进行国家生态文明先行示范区建设；阿勒泰地区、博乐市、特克斯县 3 个地市开展国家主体功能区建设试点。大力落实《自治区 2016 年节能工作重点》，制定《自治区节能监察暂行办法》，组织开展重点耗能地州和重点耗能企业节能督查工作。2016 年，已落实专项建设基金 6.49 亿元，支持城镇污水垃圾处理设施及工业余热暖民工程项目。落实中央预算内投资 3.04 亿元，支持 46 个城镇污水垃圾处理设施项目，建设 55 个节能、节水、循环经济和综合利用项目。完成全疆 427 家重点企业 2011—2014 年温室气体排放量盘查与核查工作。稳步推进碳市场建设，推动建立碳排放配额分配制度及配额注册登记、交易、市场监管体系。

四、新疆经济社会发展面临的挑战与困难

2016 年，中国经济下行压力依然明显，新疆经济发展更是受一些不确定性及不稳定性因素的影响，经济社会发展水平与内陆省区有一定差距、财政增收难、财政收支严重不平衡、扩大就业难、各类人才严重匮乏、经济发展增长动力不足等传统发展制约因素依然存在，以往经济社会发展面临的一些挑战和困难，在 2016 年尤为突出。

（一）投资增速明显放缓，民间投资意愿不足

投资增速明显放缓，民间投资意愿严重不足，观望、守候态度明显，生产经营仅维持基本生存状态，跨行业投资、延展性投资十分谨慎，开发投入更是萎缩明显。被寄予厚望的进入新疆周边国家的“走出去”的企业，生产经营也处于保持基本的开工状态。2016 年 1—6 月，新疆的工业产业投资和民间投资占全部总投资的比重分别较上年同期下降 8.8 个百分点和 8.4 个百分点，投资增速分别较上年同期回落 19.1 个百分点和 22.1 个百分点。2016 年 1—6 月，新疆固定资产投资增速较上年同期回落 2.9 个百分点，分别低于

全国和西部地区平均水平1.6个百分点和6.1个百分点。第二产业投资下降11.4%，较上年同期回落20.9个百分点，低于全国平均水平15.8个百分点，其中工业投资下降10.6%，低于全国平均水平14.8个百分点。采矿业、制造业、电力热力燃气及水的生产和供应业、建筑业投资分别下降28.1%、6.5%、8.9%、41%，分别低于全国平均水平11.7个、11.1个、30.5个和42.2个百分点。

（二）企业生产经营艰难，利润空间缩小

受市场需求不足、产品价格下降、用工成本上升等因素影响，企业订单减少、开工不足的情况较为普遍。企业亏损面扩大，生产经营十分艰难。2016年1—4月，新疆规模以上工业企业实现利润总额同比下降46.8%，低于全国平均水平达53.3个百分点，较第一季度扩大了2.2个百分点；亏损企业1417家，占规模以上工业企业总数的52.1%，亏损总额达156.1亿元，增长29.5%，较第一季度扩大了7.2个百分点。

（三）市场需求持续低迷，传统行业产量缩减

国际国内大宗商品价格持续走低，对主要传统行业产生紧缩效应。2016年1—6月，新疆工业产品销售率为96.7%，较上年同期回落0.5个百分点，低于全国平均水平0.6个百分点。天然气、原油、钢材、水泥产量较上年同期分别下降8%、2.9%、27%、10.2%[①]。工业企业产品出厂价格（PPI）、购进价格双双低于全国平均水平，降幅比全国的-3.9%和-4.8%分别提升了7.4个百分点和4.1个百分点，分列全国第2位和第3位。38个大类工业行业价格下降占比达52.6%，其中石油和天然气开采业、石油加工炼焦及核燃料加工业、黑色金属矿采选业、黑色金属冶炼和压延加工业、化学原料和化学制品制造业、有色金属冶炼和压延加工业产品出厂价格同比分别下降36.7%、18.1%、12.6%、10.4%、7.9%、7.3%。

（四）自然灾害频繁，严重影响农牧民生产生活

2016年1—6月，新疆自然灾害发生频率高、范围广、强度大，灾害呈现

① 新疆维吾尔自治区经济和信息化委员会资料。

集中和重复发生的特点，14 个地州、30 多个县市多次遭受自然灾害，发生面积、危害程度均明显重于上年同期。尤其是暴雨洪涝、大风、冰雹等多种自然灾害交替发生，给农业生产造成巨大损失。据统计，新疆各类自然灾害共造成 53.1 万人受灾，因灾死亡 6 人，因灾失踪 1 人，紧急转移安置 4.51 万人，需紧急生活救助 1.66 万人，农作物受灾面积 23.3 万公顷，其中农作物绝收面积 4.62 万公顷，倒塌房屋 9077 间，严重损坏房屋 2.41 万间，一般损坏房屋 4.89 万间，直接经济损失 24.97 亿元。①

（五）新疆反恐维稳的长期性和艰巨性

确保新疆社会稳定和长治久安，是新疆一切工作的总目标。新疆的反恐维稳，不仅关系到新疆经济社会的健康发展，而且关系到中国的经济社会发展及国际影响。当前，新疆社会大局总体稳定、总体可控的态势没有改变。但是，必须正视反恐维稳的严峻形势，必须深刻认识到反恐维稳的长期性和艰巨性，必须做到社会稳定和长治久安，才能为新疆经济社会发展创造良好的发展环境。新疆反恐维稳的长期性和艰巨性，产生巨大的政府行政成本，使原本就匮乏的人力、物力、财力等发展要素变得更为稀缺，成为制约和滞后新疆经济社会发展的重要影响因素。

五、新疆经济社会可持续发展的对策建议

为推动新疆经济社会健康发展，确保全面完成 2016 年的目标任务，当前，应坚持稳中求进、改革创新总基调，着力实施好、落实好政府提出的推进经济持续健康发展 15 个方面 60 条措施，落实好“创新、协调、绿色、开放、共享”五大发展理念，为 2020 年全面建成小康社会奠定坚实的发展基础。

（一）坚持创新发展，培育经济增长点

加大供给侧结构性改革推进力度，着力化解钢铁、水泥、煤炭等行业过剩产能。进一步深化行政审批制度改革，全面实施投资项目在线审批监管。加快推进电力体制改革、流通体制改革、自治区公务用车制度改革。稳步推

① 新疆民政. 2016 年上半年全疆自然灾害及救灾工作开展情况[EB/OL]. http://www.xjmca.gov.cn/article/zqtb/201608/20160800969339.shtml.

进医药卫生体制改革，抓紧出台城镇医保和新农合“两险整合”实施意见。深入推进国家中小城市综合配套改革试点，鼓励支持重要改革举措在库尔勒市、昌吉市、乌苏市三个试点城市先行先试。深入推进以科技创新为核心的全面创新，坚持“深化改革、自主创新、重点突破、加速转化、驱动发展”，着力打造新疆创新引领性力量。切实增强经济增长动力，切实形成易于企业发展的市场环境，切实减轻企业负担，切实提高行政办事效率，切实抓紧抓好丝绸之路经济带核心区建设的大好机遇，增强优势产业集聚，特别是促进本土企业发展壮大，要以制度建设和政策激励增强企业“走出去”的能力，切实提高经济增长的动力和能力建设。

（二）加大精准扶贫力度，实现区域协调发展

新疆南疆地区的扶贫问题，是事关新疆区域经济协调发展的重大问题，是事关新疆反贫困事业的重大问题，也是事关新疆安全稳定的重大问题。扶贫一定要在“精准”上下足功夫、做好工作，扶贫工作应避免“一刀切”现象，要将扶贫资金和扶贫项目真正落实到贫困县、贫困村和贫困农牧民上，杜绝为要项目、要资金而忽视以提高贫困群众生产能力和生活水平为扶贫根本的目标，应重点向农牧区、边境地区、特困人群倾斜，建立精准扶贫工作机制，扶到点上、扶到根上、扶到家。要切实增强各类企业带动地区发展、带动当地就业的实际效果，充分发挥政府职能部门信息渠道广泛、领会政策敏锐的优势，帮助企业更好、更充分地利用各种优惠政策，加快企业发展，促进企业用工，积极引导、培养一批有社会责任感的优秀企业家。提高与扶贫相关的政府部门的行政能力，避免低水平重复性工作，创新扶贫机制。进一步增强“访惠聚”工作对扶贫工作的指导、促进和带动作用。深化部门定点帮扶，加强扶贫资金运作管理，抓紧研究制定项目资金管理办法、项目管理实施细则等配套政策，理顺援建省市、自治区及各地州县市与县市实施主体的关系，增强扶贫的实际绩效。

（三）继续加强补短板，突出提高投资有效性

继续加强补短板，深刻认识当前最大的短板是有效供给不足，要深刻理解领会“以提高供给体系的质量和效率为目标”，必须注重投资的精准和投资的效益。特别是在重点项目的建设上，应注意控制建设规模，对于规划设计要理性、要严格，对于项目实施要评估、要效益，切实提高资源开发利用效率，防止制造新的产能过剩，切实提高投资的有效性。

（四）继续稳步推进丝绸之路经济带核心区建设

继续抓好丝绸之路经济带核心区建设，做好“五中心、三基地、三通道和十大进出口产业集聚区”目标建设。加大促进基础设施互联互通。全力推进综合交通运输枢纽设施建设。加强红其拉甫、霍尔果斯、阿拉山口等一类口岸基础设施建设，落实通关便利化措施，提高通关能力和过货效率。统筹陆路港、集装箱中心站、西行班列发展，加快打造中欧班列集结中心，开通更多新疆至西亚、欧洲主要城市直达航线。建设跨境电子商务公共服务平台、电子口岸，大力发展跨境电子商务，使线上线下高度融合。大力支持喀什、霍尔果斯经济开发区发展，大力支持乌鲁木齐、喀什和阿拉山口综合保税区的建设。加快推进新疆区域性金融中心建设。争取国家同意在新疆设立“国家金融改革开放综合配套创新试验区”，探索先行先试丝绸之路经济带核心区建设重大金融举措。继续积极推动国际产能合作，通过境外投资、工程承包、对外贸易、对外援助、技术合作等项目带动装备、产品、技术和标准“走出去”。继续以文化、科技、教育、旅游等领域为重点，积极开展与周边国家、沿线地区的多层次、多形式的务实合作。

（五）进一步加强民生建设，增强共享程度

进一步加强民生建设，把发展落实到改善民生和惠及当地经济社会发展上，让各族群众共享发展成果，增强普惠共享的程度和水平。继续加大南疆四地州民生建设力度，持续缩小城乡差距、南北疆差距、贫困地区与全疆差距，促进城乡区域协调发展。要以稳定就业和增加收入作为最大的民生工程目标，切实增强人民群众的幸福感。继续加大制度建设力度，确保在范围上全覆盖和程度上保基本，提高民生建设的可持续性，建立更加公平和更加完善的各项保障制度。

六、新疆“十三五”前景展望

“十三五”时期，是全面建成小康社会目标的最后冲刺期，新疆必须全面审视自身发展宏观环境及内在因素，深刻总结“十二五”时期发展问题及不足，认真对待“机遇与挑战并存，有利及不利因素同在”的现实条件，在一些重点领域和重点环节取得突破性进展，以期实现全面建成小康社会及新疆社会稳定和长治久安的总目标。

（一）新疆“十三五”发展机遇与有利条件

（1）国际环境。世界经济一体化及区域经济合作进程显著，诸多国家谋求经济社会发展和利益最大化。中国及新疆与周边国家在经济、文化、安全等领域的合作发展不断深入。

（2）国内环境。中国经济“三期并存”（全面建成小康社会的关键时期、转变发展方式和深化改革的攻坚时期、大有可为的战略机遇期），一系列重大改革措施全面推进，国家振兴中国经济的信心和能力增强，必将确保国内经济社会发展形势良好，一系列改革措施、政策行动必将蕴含巨大的发展机遇。

（3）新疆发展成效奠定前进基础。“十二五”收官之年，恰逢新疆维吾尔自治区成立60周年，新疆经济社会发展取得了显著成效，人民生产生活条件得到极大改善，民生建设突飞猛进，新疆精神激励全疆各族人民团结奋进，为共建美好家园奠定坚实的前进基础。

（4）新疆战略定位注定得到更多瞩目和发展机遇。新疆的发展与稳定“事关全国改革发展稳定大局，事关祖国统一、民族团结、国家安全，事关实现‘两个一百年’奋斗目标和中华民族伟大复兴”，新疆日益突出的国家战略地位，势必使新疆得到更多的发展优势。第一，丝绸之路经济带核心区地位当仁不让，一系列旨在推动丝绸之路经济带战略的政策措施均将助力新疆核心区建设；第二，中央新疆工作座谈会开启新疆发展新时期，举全国之力大规模对口援疆助力新疆发展；第三，新疆区位优势、资源优势明显，承担国家重要的战略功能和经济功能，是国家“稳住西北，以利经略东南”的战略体现，是“国家大型油气加工和储备基地、大型煤炭煤电煤化工基地、大型风电基地和国家能源资源陆上大通道”的经济体现。

（二）新疆“十三五”面临的挑战及不利因素

（1）国际环境。大国博弈竞争加剧，世界经济调整变革，针对中国发出的“不和谐声音”时常存在，国际环境复杂多变。新疆周边国家发展存在经济社会发展的不良波动及损害区域合作的潜在因素。

（2）国内环境。中国经济进入“三期叠加”（增长速度换挡期、结构调整阵痛期和前期刺激政策消化期）的复杂形势，经济发展新常态下，中国经济可持续发展压力显著。经济增长方式尚未实现根本性转变，经济结构调整渐缓渐行，刺激政策忧患显现，核心领域改革推进滞缓，贪污腐败直指改革不足，社会维稳压力明显。

（3）新疆发展存在的问题尚未彻底解决。新疆与内陆省区经济发展差距不容忽视，城乡居民收入差距大，新疆人民与内陆人民收入差距大，而物价水平相比不低。长期存在的一些问题尚未得到根本解决，诸如转变发展方式和结构调整进程缓慢，经济增长动力不足，作为市场主体的企业活力欠缺，本地企业生长生存内生动力弱，生态环保压力激增，区域协调发展尚未实现，南疆地区发展滞后明显，各类人才严重匮乏，区域竞争力难以体现，反恐维稳长期性和艰巨性共存，经济发展压力大，社会稳定成为头等大事。

（三）新疆“十三五”应突出解决的重点领域和重点问题

“十三五”时期，是新疆全面建成小康社会的最后冲刺期，是十八大提出“五位一体”总体布局的全面建设期，是“四个全面”战略布局的深入推动期，新疆应突出解决好以下重点领域和重点问题，以期实现新疆社会稳定和长治久安总体目标，向“两个一百年”奋斗目标和中华民族伟大复兴以及实现“中国梦”大步迈进。

继续加大民生建设力度，加快缩小贫富差距，着力解决贫困问题。民生建设，是推动新疆一切工作的着眼点和着力点。应及时总结民生建设的有效经验和问题与不足，以民生建设作为推动“和谐新疆”建设的有效抓手，作为增强广大干部群众“四个认同”、密切干群关系、增强基层组织凝聚力、宣传国家政策方针的有效手段。要继续坚持以就业为第一要务的执政理念，以提高城镇居民人均可支配收入和农村居民家庭人均纯收入为发展目标，切实提升人民群众生产生活条件和水平。加强城乡住房保障、健全基本医疗制度、加快完善社会保障建设，切实缩小贫富差距，加大解决重点地区和重点人群的精准扶贫力度，着力解决新疆贫困问题。

全面深化改革，增强创新动力。全面深化改革，政府应切实以改革创新、锐意进取为动力，在发展理念、发展思路上有突破性，要切实在顶层设计、推进政府职能转变、强化财税体制改革、推进投融资改革、推动生态文明建设等方面推出一系列重大改革举措。要加大政府机构改革。创新行政审批运作方式和运行机制，以新观念、新思路、新视角在科技创新、投融资、流通、劳动工资、财税、金融、企业发展、行政管理等方面做出突破和创新。全面深化改革，是切实解决"十二五"时期"加大改革、转变增长方式、优化经济结构"战略目标未能彻底实现的根本手段，是实现"十三五"时期提质增效的根本动力。全面深化改革不能落到实处，发展理念仍是僵化教条，"十三五"时期所需的创新动力就难以实现。

切实增强经济发展动力。市场经济的主体是企业，企业是经济活动的载体，企业活力是区域经济发展的重要组成部分和经济发展成果的重要衡量指标，也是经济发展动力的根本来源。要切实形成易于企业发展的市场环境，有效引导企业进入新疆急需产业行业，优化产业结构。要建立中小企业专项发展资金，大力扶持非公有制经济和中小企业发展，特别要扶持本地中小企业的起步、创业和发展，切实放宽市场准入，切实减轻企业负担，切实提高行政办事效率，切实将中小企业发展与区域经济发展结合起来，打造中小企业发展集群。要制定新疆丝绸之路经济带核心区建设产业引导发展目录及细则，增强产业引导，加大支持企业的力度，增强优势产业集聚，特别是促进本土企业发展壮大，增强内源经济增长能力，着力构建现代化产业体系。要以制度建设和政策激励增强企业"走出去"的能力，引导企业开拓疆内、内陆及新疆周边国家市场，切实改变"两头在外、大进大出"的外源型经济对新疆区域经济发展带动有限的不利局面，变"通道经济"为新的经济增长点。同样，要以制度建设、政策激励大力增强企业科技创新意识、提高企业科技创新能力、增强企业自身竞争力。

全力建设人才聚集高地。人才建设滞缓始终是制约新疆经济社会快速发展的核心问题，没有形成强有力的人才聚集高地，新疆任何战略目标的实现均为空谈。必须大力建设人才聚集高地，改革创新人才建设体制机制，发挥人才最大绩效，增强人才政策开放度，加快形成具有区域竞争优势的人才制度优势，构建人才聚集高地。新疆的人才发展难点，不仅是需要更多数量、更多领域的高层次尖端人才，而且是需要更多数量、更加稳定的建设新疆的实用人才，构建不同渠道、不同方式、不同使用的人才构成体系。创新人才流动，增强各领域人才高效能配置。打破体制壁垒，完善党政机关、企事业单位、社会各方面人才顺畅流动的制度体系。

扎实推进丝绸之路经济带核心区建设。丝绸之路经济带愿景已经由构想变为行动，建设构想即将以具体的政策措施和项目工程予以落实和推动。新疆必须紧紧把握好发展机遇，扎实推进“五中心、三基地、三通道和十大进出口产业集聚区”建设，要切实依靠市场主体的力量与政府推动作用的有效结合，依靠各领域整体协调发展及各动力源全面配合推动核心区建设。丝绸之路经济带核心区建设目标的实现以及政策措施的高效执行和有效落实，均离不开国家高层推动，要不断加强与中央政府的沟通，依靠中央政府推动落实发展进程。要创新与内陆省区区域合作机制，提升自我竞争力。要深刻领悟和全面落实现有政策，要用好、用准、用透现有政策，发挥政策最大效益。

第七章
丝绸之路经济带核心区建设中的新疆人口发展

人口问题是基础性、全局性和战略性问题，人口发展是影响区域可持续发展的重要因素。人口发展与经济社会发展的双向互促影响，使得人口因素成为经济、社会、生态、环境和谐发展追求中的重要影响因素和显著必然结果。在丝绸之路经济带核心区建设的重大发展机遇和重要发展目标下，在“新时代”国家实施人口均衡发展战略要求下，正确判断新疆人口与经济社会、资源环境的互动影响，准确把握人口发展的有利因素，有效应对人口发展中呈现的矛盾及潜在的风险，突出强化边疆地区人口安全，对于新疆建设丝绸之路经济带核心区、全面建成小康社会、实现社会稳定和长治久安，有着十分重大的意义。因此，新疆人口“合理化、均衡化、安全化”发展理念及政策导向，对大力支撑新疆丝绸之路经济带核心区建设，重要而迫切。

本章对新疆人口发展的研究，虽是基于丝绸之路经济带核心区建设的大背景下对新疆人口发展状况的考察，但是考察的历史时间始于新中国成立的 1949 年，这较大程度地超出本书对新疆丝绸之路经济带核心区建设的时间节点（2013—2017 年），主要原因是鉴于人口发展的历史性、复杂性、滞后性和时代性等特征，旨在较为全面地展现新疆人口发展的历史演变与现代特征，历史脉络的演变展现人口发展的积淀背景，现代特征的要求体现于复杂现代化下的风险预警。通过对新疆人口发展的基础研究与分析预测，提出丝绸之路经济带核心区建设背景下制定“合理化、均衡化、安全化”的人口发展理念和政策导向。

一、新疆人口发展现状

(一)新疆人口规模

人口规模是指一定时期内某个区域内的人口总量。1949—2016 年的 68 年间,新疆总人口从 433. 34 万人增长至 2398. 08 万人,净增长 1964. 74 万人,平均每年增长 29. 32 万人,年均增长 2. 59%。新疆人口规模总体呈现稳定线性增长(见图 7-1)。与全国同期相比,年均增长率高出 1. 18 个百分比。新疆总人口占全国总人口的比重由 1949 年的 0. 80%持续稳定上升至 2016 年的 1. 73%。

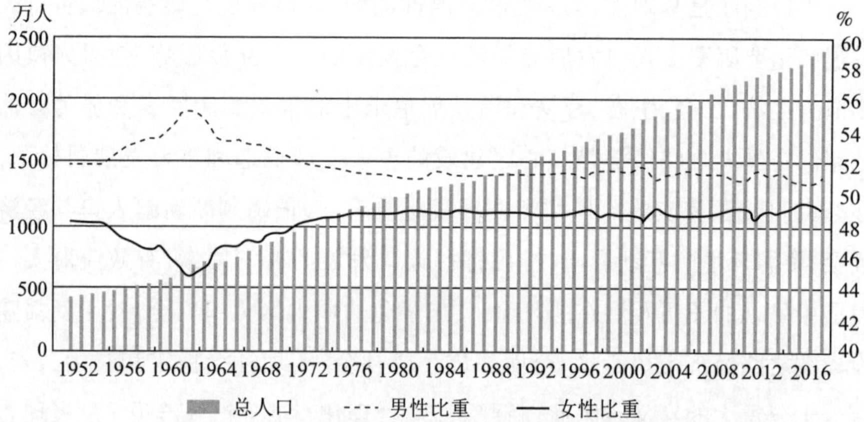

图 7-1 1949—2016 年新疆人口总量及性别比例

1949—1961 年,新疆人口进入第一个增长周期。在这 13 年中,人口总量年均增长率达到 3. 76%,共增加 276. 72 万人,年均增长 23. 06 万人。1961 年人口总量是 1949 年新中国成立时新疆总人口的 1. 64 倍。在这一时期的 1959 年,人口当年增加 66. 63 万人,除去当年人口自然增长 6. 42 万人外,人口机械增长达到 60. 21 万人,当年人口增长率达到 11. 44%,为这一时期人口增长最高水平。

1962 年,新疆出现 1949—2016 年唯一一年的人口负增长,当年人口总量减少 11 万人。1962 年的人口自然增长率为 22. 31‰,为新中国成立以来新疆最高人口自然增长率(人口出生率亦达到同期最高水平 32. 02‰,人口死亡率为同期最低水平 9.71‰),但是当年的人口规模出现负增长,主要是由于大量省际的人口机械迁移,许多在疆移民由于工厂精减职工,被遣返回原籍,经计算,1962 年新疆的机械增加人口为-26.93 万人。

1963—1984 年,新疆人口进入第二个增长周期。在这 22 年中,人口总量年均增长率达到 2.66%,共增加 645.11 万人,年均增长 29.32 万人。这一时期的人口自然增长率延续 1962 年开始进入的大于 20‰的状态,成为新疆历史上人口自然增长最快的时期。1984 年新疆人口总量是 1949 年新中国成立时新疆总人口的 3.10 倍。在这一时期,呈现人口自然增长快的特点,而在 1963 年、1982 年和 1984 年,出现人口机械负增长状态,分别减少 3.82 万人、6.06 万人和 6.97 万人。

1985—2004 年,新疆人口进入第三个增长周期。在这 20 年中,人口总量年均增长率达到 1.78%,共增加 619.03 万人,年均增长 30.95 万人。2004 年新疆人口总量是 1949 年新中国成立时新疆总人口的 4.53 倍。在这一时期的 1990 年和 2000 年,新疆人口增长最高,分别达到 75.00 万人和 74.41 万人,当年人口增长率分别达到 5.16%和 4.19%,其他年份的人口增长率稳定保持在 1.27%~1.94%。这一时期的人口增长除极值点 1990 年和 2000 年外,人口增长总体呈现稳定上升趋势。

2005—2016 年,新疆人口进入第四个增长周期。在这 12 年中,人口总量年均增长率达到 1.61%,共增加 434.97 万人,年均增长 36.25 万人。2016 年新疆人口总量是 1949 年新中国成立时新疆总人口的 5.53 倍。在这一时期,新疆人口年均增长率又呈现大于 2%的激增趋势,出现人口连续 4 年保持年均增长 35 余万人的较高增长势头,之后进入年均增长 20 余万人的稳定增长趋势,2013—2016 年再次进入年均增长 30 余万人的持续走高趋势,特别是 2015 年,增长 61.26 万人,成为 1949—2016 年的第四最高增长人口。以上分析过程中的数据及增长趋势状况详见表 7-1、图 7-2 和图 7-3。①

---

① 数据来源于各年度全国人口普查数据,数据经计算而得。

表 7-1　新疆人口增长概况

增长周期	年数（年）	年均增长率（%）	增长总量（万人）	年均增长（万人）	周期末年人口增长倍数（倍）（以 1949 年人口为基数）
（1）1949—1961 年	12	3. 76	276. 72	23. 06	1. 64
1962 年	1	-1. 56	-11. 09	-11. 09	1. 61
（2）1963—1984 年	22	2. 66	645. 11	29. 32	3. 10
（3）1985—2004 年	20	1. 78	619. 03	30. 95	4. 53
（4）2005—2016 年	12	1. 61	434. 97	36. 25	5. 53
1949—2016 年	68	2. 59	1964. 74	29. 32	5. 53

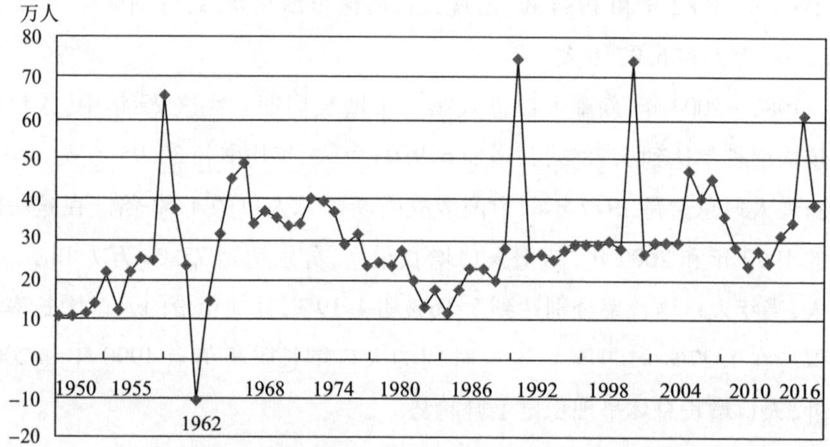

图 7-2　1950—2016 年新疆人口规模变动情况

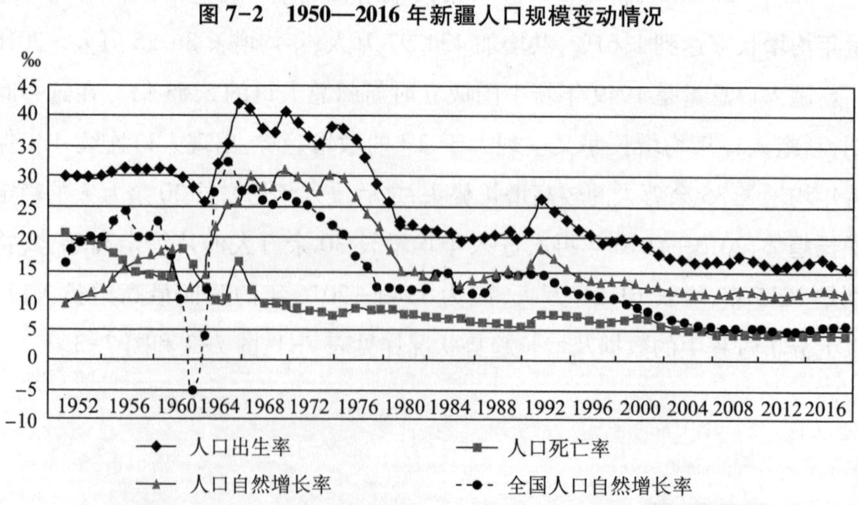

图 7-3　1949—2016 年新疆及全国人口自然增长变动状况

(二)新疆人口结构

人口结构构成,基本包括人口的年龄结构、性别结构、民族结构、城乡结构及就业结构等。

1. 新疆人口年龄结构

人口年龄结构是人口结构中一个极其重要的度量指标。新疆人口的年龄结构变化如图 7-4 所示,以全国人口普查数据为依据,新疆在这 47 年中的人口年龄结构发生了明显变化。0~5 岁人口占全疆总人口的比例由 1964 年全国第二次人口普查的 16.76%下降至 2000 年全国第五次人口普查的 8.94%,再降至 2010 年全国第六次人口普查的 8.48%;6~14 岁人口比例由 1964 年的 20.19%下降至 2000 年的 18.32%,再下降至 2010 年的 11.97%;15~64 岁人口比例由 1964 年的 58.97%上升至 2000 年的 68.06%,再上升至 2010 年的 73.07%;65 岁及以上人口比例由 1964 年的 4.08%上升至 2000 年的 4.67%,再上升至 2010 年的 6.48%。

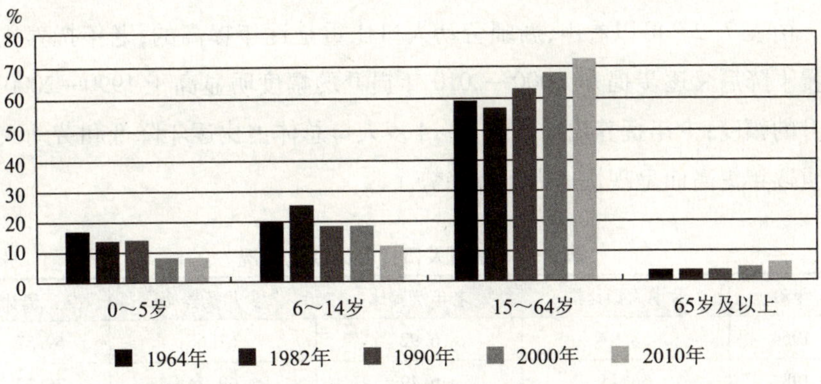

图 7-4　第二次(1964 年)至第六次(2010 年)人口普查新疆人口年龄结构

自 1964—2010 年的五次全国人口普查(见图 7-5),新疆人口结构变动趋势较为明显,占人口比例最大的 15~64 岁人口群体自 1982—2010 年人口比例稳定直线上升,且上升的幅度最大;人口比例占第二位的是 6~14 岁人口群体,自 1982 年人口比例逐年下降,且下降幅度缓于 15~64 岁人口占比的增长幅度,但下降幅度高于 0~5 岁人口占比下降的幅度;人口比例占第三位的是0~5岁人口群体,五次人口普查期间的人口占比是逐步递减的;65岁及以上人口占比是最小的,但是所占比例呈现缓慢逐步提高的趋势。

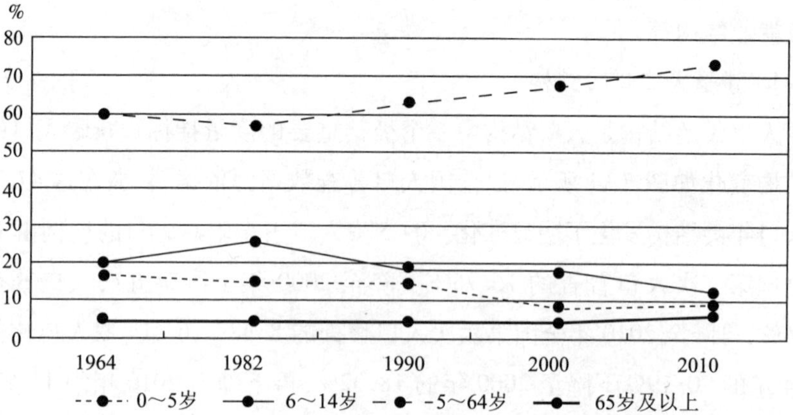

图 7-5　五次全国人口普查新疆人口年龄结构变动情况

人口抚养系数是衡量社会经济负担的一个重要指标,主要包括少儿抚养比(14岁以下人口与劳动年龄人口的比率)、老年抚养比和总抚养比。①

由表7-2② 可以看出,新疆劳动人口比重是逐年提高的;老年抚养比在缓慢下降后又逐步提升,2000—2010年提升的幅度明显高于1990—2000年提升的幅度;少年抚养比则由于0~14岁人口总体占比逐年降低和劳动人口比重逐年提高而呈现快速的下降趋势。

表 7-2　新疆人口抚养比变化情况　%

年份	劳动人口比重	老年抚养比	少儿抚养比	总抚养比
1964	58.97	6.92	62.66	69.57
1982	56.75	6.49	69.71	76.20
1990	63.04	6.20	52.43	58.63
2000	68.06	6.86	40.06	46.92
2010	73.07	8.87	27.99	36.86

① 少儿抚养比是指0~14岁人口占15~64岁劳动年龄人口的比重;老年抚养比是指65岁以上人口占15~64岁劳动年龄人口的比重;总抚养比为少儿抚养比与老年抚养比之和。

② 表7-2数据来源于各年度全国人口普查数据,经计算而得。

2. 新疆人口性别结构

国际上以 100 个女性所对应的男性的比值来描述一个国家或一个民族的性别比，一般以 103～107 为正常范围。1949—2016 年新疆人口性别结构如图 7-6 所示。在 1949—1971 年的 23 年间，新疆人口性别比自 1949 年的 107.40 逐渐上升至 1960 年历史最高性别比 123.23，再逐年降低至 1971 年的 107.03，这 23 年间的人口性别比高于正常值 107。1972—2016 年的 45 年间仅 2000 年性别比为 107.25，略高于正常值 107 外，其他年份的性别比均在正常范围之内。

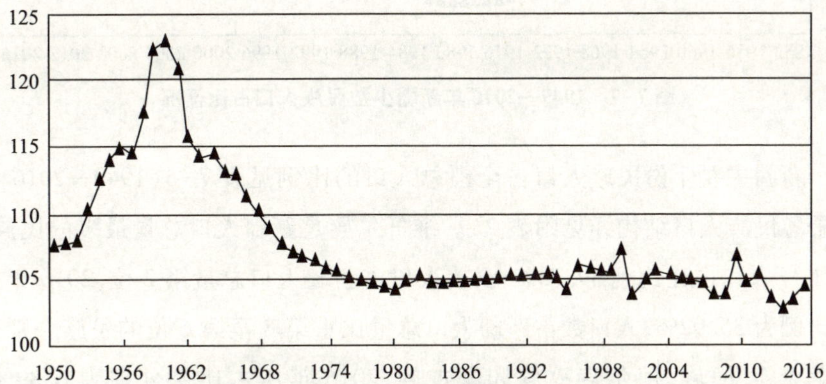

图 7-6　1949—2016 年新疆人口性别结构

3. 新疆人口民族结构

新疆是一个多民族地区。历年新疆少数民族人口占比情况如图 7-7 所示。[①] 1949—2016 年的 68 年间，新疆少数民族人口年平均占比为 66.09%。自 1965 年开始，少数民族人口比例处于比较稳定的发展阶段，1965—2016 年的少数民族人口年平均占比为 60.96%。2010 年第六次人口普查资料显示，全国 56 个民族中除基诺族外，55 个民族的人均有在新疆区域生活。其中，居住生活较早的民族有 13 个，即维吾尔、汉、哈萨克、回、蒙古、柯尔克孜、塔吉克斯坦、锡伯、乌孜别克、满、达斡尔、塔塔尔和俄罗斯。[②]

---

① 数据来源于历年《新疆统计年鉴》，以下数据无特别说明均与此同。

② 新疆维吾尔自治区人民政府新闻办公室，新疆维吾尔自治区统计局．中国新疆 2014[M].新疆科学技术出版社，2014.

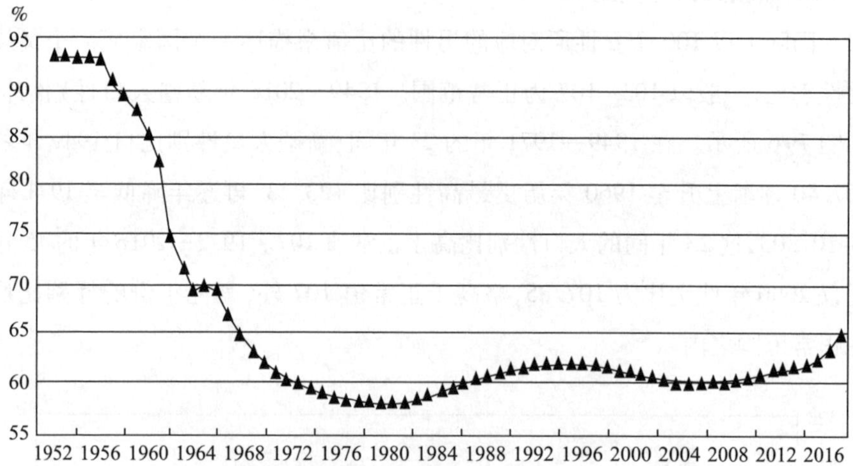

图 7-7　1949—2016 年新疆少数民族人口占比情况

新疆主要年份民族人口占全疆总人口的比例见表 7-3（1949—2016 年新疆各民族人口结构详见附表 2）。维吾尔族是新疆人口总量最多的民族，2016 年人口占比达到 49.73%；汉族人口占新疆人口总量第 2 位，2016 年人口比例为 35.92%；人口数占新疆人口总量比重第 3 至第 6 位的民族分别为哈萨克族、回族、柯尔克孜族和蒙古族，2016 年所占比例分别为 6.89%、4.43%、0.89%和 0.78%。这 6 个民族人口占新疆总人口的 98.63%。其他民族人口结构情况可见表 7-3 及附表 2。①

表 7-3　新疆主要年份人口民族结构　%

年份	维吾尔族	汉族	哈萨克族	回族	柯尔克孜族	蒙古族	锡伯族	俄罗斯族	塔吉克族	乌孜别克族	塔塔尔族	满族	达斡尔族	其他
1949	75.95	6.72	10.24	2.83	1.53	1.21	0.27	0.45	0.31	0.28	0.14	0.02	0.04	0.02
1950	75.58	6.89	10.45	2.80	1.51	1.23	0.27	0.45	0.31	0.29	0.14	0.02	0.04	0.02
1960	58.15	28.33	7.89	2.91	0.98	0.98	0.23	0.04	0.22	0.11	0.04	0.02	0.04	0.06
1970	47.85	39.54	6.31	3.92	0.82	0.91	0.21	0.01	0.19	0.07	0.02	0.03	0.03	0.09

① 本数据来源于各年度《新疆统计年鉴》，2010—2016 年“主要年份分民族人口数”中，各民族人口数总和与当年新疆年末总人口数不再一致，因此，各民族人口比例计算式为：主要年份分民族人口数中的民族人口数÷主要年份分民族人口数中当年各民族人口数之和。

续表

年份	维吾尔族	汉族	哈萨克族	回族	柯尔克孜族	蒙古族	锡伯族	俄罗斯族	塔吉克族	乌孜别克族	塔塔尔族	满族	达斡尔族	其他
1980	44.92	41.38	6.83	4.41	0.85	0.88	0.20	0.00	0.19	0.06	0.02	0.04	0.03	0.17
1990	47.41	37.58	7.45	4.51	0.94	0.93	0.22	0.05	0.22	0.07	0.03	0.11	0.04	0.43
2000	46.09	39.21	7.13	4.54	0.89	0.88	0.22	0.06	0.22	0.07	0.03	0.12	0.04	0.51
2010	46.99	38.45	6.98	4.55	0.87	0.82	0.20	0.05	0.22	0.08	0.02	0.12	0.03	0.61
2015	48.68	37.09	6.85	4.38	0.87	0.78	0.19	0.05	0.22	0.08	0.02	0.12	0.03	0.65
2016	49.73	35.92	6.89	4.43	0.89	0.78	0.19	0.05	0.22	0.08	0.02	0.12	0.03	0.65

新疆部分民族人口比例变动情况如图 7-8 所示。由于民族人口占比居新疆前四位的维吾尔族、汉族、哈萨克族和回族的人口总量占新疆总人口的97%以上(68 年间的年平均占比为 97.04%),其他各个民族每年占比均小于1%,因此,主要观察这 4 个民族 1949—2016 年的人口结构变动。以 1966 年为分水岭,1966 年之前的 1949—1959 年阶段,维吾尔族、汉族和哈萨克族的人口占比有较为明显的变动;1959—1966 年,维吾尔族和汉族的人口结构继续调整。1966 年之后,新疆各民族人口结构基本保持稳定,主要以维吾尔族和汉族的人口结构占比的相对变化为主要表现,呈现出缓慢的增减态势。

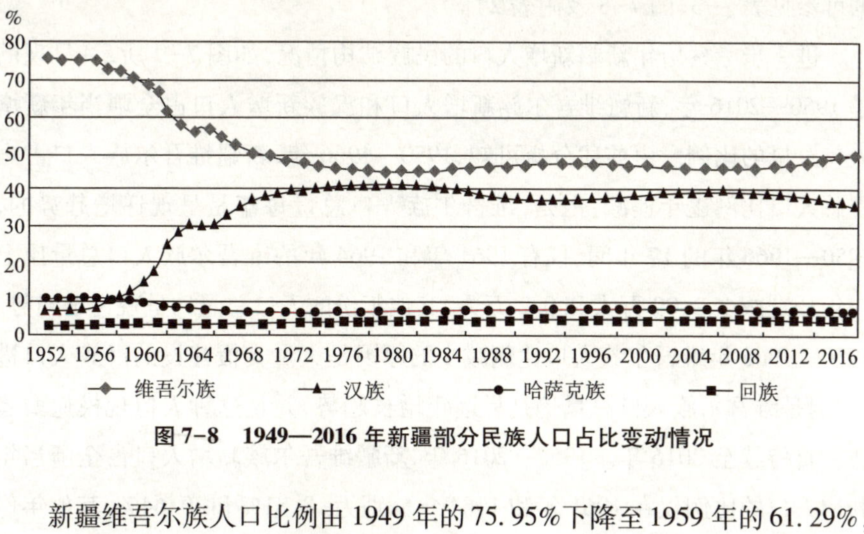

图 7-8 1949—2016 年新疆部分民族人口占比变动情况

新疆维吾尔族人口比例由 1949 年的 75.95%下降至 1959 年的 61.29%,之后再平缓下降至 1965 年的 52.15%,形成了第一个阶段的快速降低趋势。

1966—2016 年，新疆维吾尔族人口比重处于缓慢上下波动趋势，51 年间的平均占比为 46. 70%，2016 年占新疆总人口的 49. 73%（数据参见表 7-3、图 7-8 及附表 2）。

新疆汉族人口比例由 1949 年的 6. 72%上升至 1959 年的 24. 96%，之后再上升至 1965 年的 34. 96%，形成了第一个阶段的快速上升趋势。1966—2016 年，新疆汉族人口比重处于缓慢上下波动趋势，51 年间的平均占比为 39. 16%，2016 年占新疆总人口的 35. 92%。在这里，可以看到的是，汉族人口占比自 2003 年的 39. 87%，不断下降至 2016 年的 35. 92%，其中连续 8 年占比呈现持续下降趋势。特别是 2016 年汉族人口占比下降至 35. 92%，比上年同期降低 1. 17 个百分点，成为 1949 年以来人口比重降低最为显著的一年，也成为自 1967 年以来人口占比增减波动最大的一年。因此，汉族人口占比连续下降成为自 2004 年以来的走势。同时，可以看到，2016 年，汉族当年人口比上一年（同比）减少 34. 15 万人，成为新疆 1949 年以来，当年人口减少最大规模值（自 1949 年以来，汉族当年人口同比减少共出现 6 次，即：2016 年同比减少 34. 15 万人，2014 年减少 0. 55 万人，2010 年减少 9. 4 万人，1984 年减少 2. 51 万人，1982 年减少 2. 66 万人，1962 年减少 11. 23 万人，详细数据可参见表 7-3、图 7-8 及附表 2）。

进一步考察历年新疆新增人口的民族结构情况，如图 7-9 所示，呈现的是 1950—2016 年，新疆维吾尔族新增人口和汉族新增人口占全疆当年新增人口总量的比例。由前述分析可知，1950—1966 年，新疆维吾尔族人口占全疆总人口比例逐年递减，但是，维吾尔族人口总量每年是呈现递增趋势的，1950—1966 年的 17 年间，仅有 1961 年和 1964 年的维吾尔族人口总量比上一年分别减少 2. 09 万人和 0. 2 万人，其他年份的人口总量均呈现递增趋势。1950—1966 年维吾尔族人口比例减少的原因是大量支援建设的汉族人口进入，但是维吾尔族人口总量仍是呈逐年增长趋势，并且这种人口规模递增趋势一直持续至 2016 年。1950—2016 年，新疆维吾尔族新增人口占全疆当年新增人口的比例仅在 1961 年和 1964 年分别为-8. 81%和-0. 64%，其他年份均为正值，并且在 1980—1993 年的 14 年间，以及在 2003—2016 年的 14 年间，维吾尔族每年的新增人口数量是大于汉族每年的新增人口数量的。

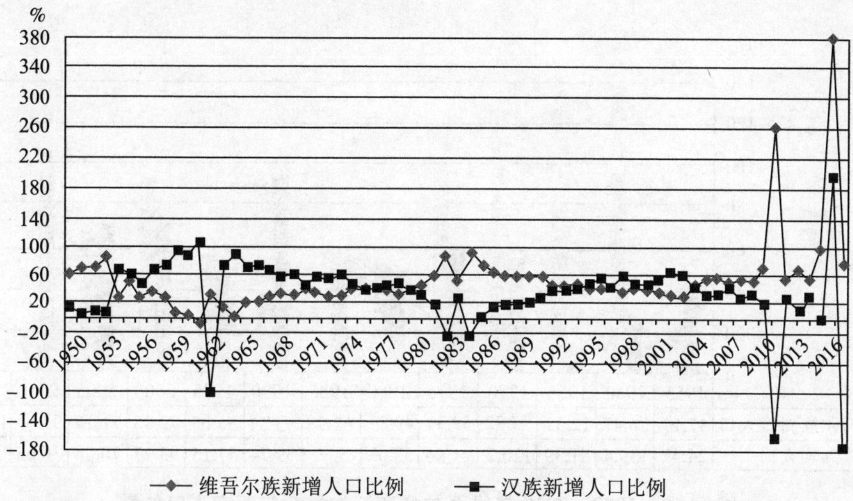

图 7-9　1950—2016 年维吾尔族和汉族新增人口占新疆当年新增人口的比例

并且在这两个 14 年中，前一个 14 年，维吾尔族年均新增人口为 13.91 万人；后一个 14 年中，维吾尔族年均新增人口为 19.69 万人。综上所述，可以得出结论：①自 1949 年以来，新疆人口总量减少只出现在 3 个年份，第一个年份是 1962 年，减少了 11.09 万人，第二个年份和第三个年份分别是在 2015 年和 2016 年，新疆各民族人口总量之和分别比上一年减少了 0.82 万人和 19.41 万人。②自 1949 年以来，新疆维吾尔族人口总量减少只出现在 2 个年份，即 1961 年和 1964 年的维吾尔族人口总量比上一年分别减少 2.09 万人和 0.2 万人。③自 1949 年以来，新疆汉族人口总量减少共出现在 6 个年份，分别是在 1962 年、1982 年、1984 年、2010 年、2014 年及 2016 年，分别比上一年减少 11.23 万人、2.66 万人、2.51 万人、9.4 万人、0.55 万人和 34.15 万人。④新疆维吾尔族人口自 1965 年到 1970 年的 5 年起，至 2015 年，已经连续 10 个 5 年，新增人口在 50 万人以上，并且在自 1995 年起的连续 4 个 5 年，每 5 年新增人口在 70 万人以上，2010 年为 93.65 万人，2015 年达到 113.18 万人，人口进入快速积累时期；而汉族人口，在 1980 年以前经历了一个高积累时期之后，进入比较明显的第二个人口积累周期，且自 2000 年起，汉族人口每 5 年新增人口规模显著下降，2010—2015 年的 5 年，增长人口仅为 28.81 万人（详细数据可见图 7-10）。

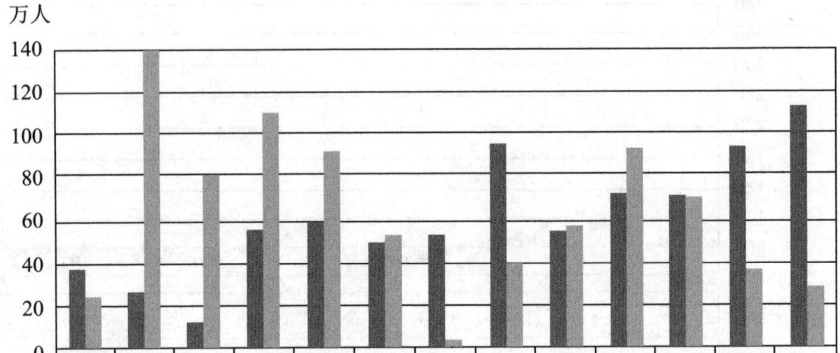

	1955	1960	1965	1970	1975	1980	1985	1990	1995	2000	2005	2010	2015
维吾尔族新增人口	37.17	26.47	12.39	55.82	59.31	49.82	62.98	95.51	55.05	72.33	71.17	93.65	113.18
汉族新增人口	24.47	139.4	81.39	110.2	91.89	53.02	3.89	39.74	57.15	93.27	70.58	36.63	28.81

图 7-10　1950—2015 年维吾尔族和汉族每 5 年新增人口数量

1949—2016 年，新疆哈萨克族、回族、柯尔克孜族和蒙古族人口分别占新疆总人口的比例如图 7-11 所示。哈萨克族人口比例由 1949 年的 10.24%明显下降至 1962 年的 6.97%，之后下降趋势趋缓，呈现围绕以 6.96%的平均值上下波动的趋势。1962 年以前哈萨克族人口比例明显下降的一个原因在于哈萨克族总人口在 1955 年、1957 年、1959 年以及 1961—1963 年连续几年的人口总量的下降。1964—2016 年，哈萨克族人口比例虽然上下波动，但每年的人口总量是呈现持续稳定递增趋势的。新疆回族人口比例由 1949 年的 2.83%缓慢上升至 1962 年的 3.36%，之后经历非常平稳的逐年递增的趋势，到 2016 年占全疆人口比例为 4.43%。回族人口特点是人口占比稳定在 4.3%左右，人口规模自 1949—2014 年保持非常稳定的持续性增长，即长期缓慢稳定增长。但在 2015 年，回族人口数量减少 4.27 万人，为新中国成立以来在疆回族人口唯一数量规模减小的年份，而且减少数量较大。新疆柯尔克孜族和蒙古族人口的结构比较相似，2 个民族的人口总量占全疆人口总量的比例均小于 1，且占比在 1949—2016 年均呈现相似的缓慢下降趋势，1949—2016 年人口占新疆总人口的平均比例分别为 0.97%和 0.94%。

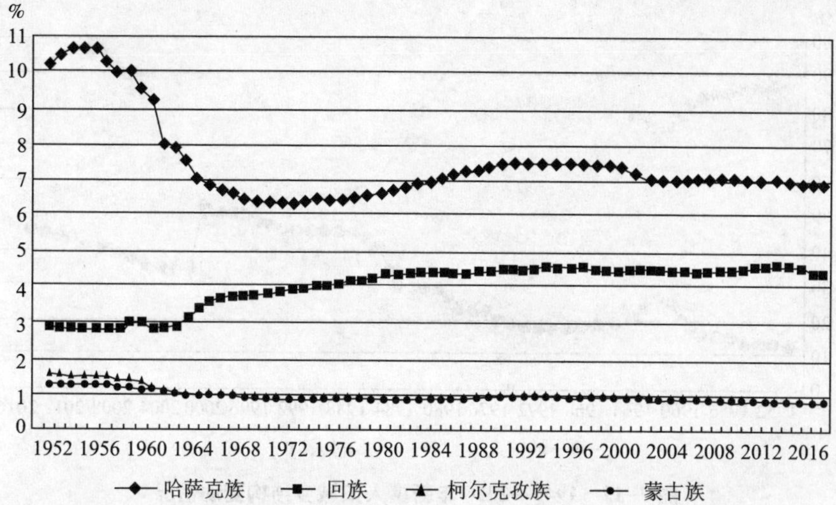

图 7-11 1949—2016 年新疆哈萨克族等 4 个民族人口结构变动情况

4. 新疆人口城乡结构

1949—2016 年,新疆城乡人口结构也随着新疆经济社会发展发生着变化。如图 7-12 所示,1949—1999 年,新疆城镇人口逐年增多,由 1949 年城镇人口仅占 12.21%上升至 1999 年的 52.34%,51 年间的年均增长率为 2.95%;在此期间,乡村人口所占比例以年均 1.21%的速度递减,由 1949 年乡村人口占全疆总人口的 87.79%下降至 1999 年的 47.66%,反映了新疆人口逐渐城镇化的过程。2000 年,由于统计口径的变更,新疆城镇人口比例下降为 33.75%,乡村人口比例上升为 66.25%;2000—2016 年,新疆城镇人口以年均 3.95%的速度递增,2016 年城镇人口比例达到 48.35%;同期,新疆乡村人口仅以年均 0.07%的速度递增,2016 年的乡村人口占比降至 51.65%。由此可以看出,相较于 1949—2000 年的任何时期,新疆城镇化水平进程加快,但与全国同期水平相比仍有差距。

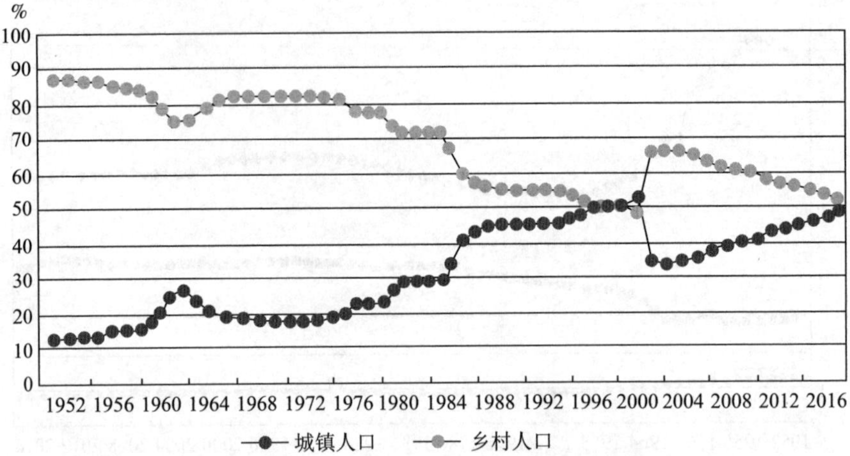

图 7-12　1949—2016 年新疆人口城乡结构变动情况

5. 新疆人口就业结构

1949—2016 年,新疆人口就业结构出现了较为明显的变化。如图 7-13 所示,1949 年,新疆 94.12%的人口从事第一产业,这与当时新疆一穷二白的工业发展状况相吻合,基本全为农业劳动者。1958—1962 年,由于历史原因,新疆与全国一样追求工业大发展,因此,呈现比较明显的第一产业就业人员比例突然下降,第二产业就业人员突然增多。其他历史年份,新疆人口就业结构呈现比较明显的第一产业就业人员逐渐下降,而第二产业就业人员比例增长缓慢,第三产业就业人员在 1979 年就超过第二产业就业人员占比,呈现出比第二产业更高增长水平的增长趋势。直至 2016 年,新疆第一产业就业人员比例仍为 43.48%,第二产业从业人员比例仅为 14.36%,第三产业就业人员比例为 42.16%。由此可以看出,新疆人口就业结构呈现"一、三、二"结构,但是,这种"一、三、二"的就业结构,不是真正意义上的第二产业充分发展后,第三产业经济结构高度化的表现,而是第三产业比重值大小比较适度,但其发展是在第一产业比重非常大、第二产业发展十分滞缓而凸显的"相对发展"状态。

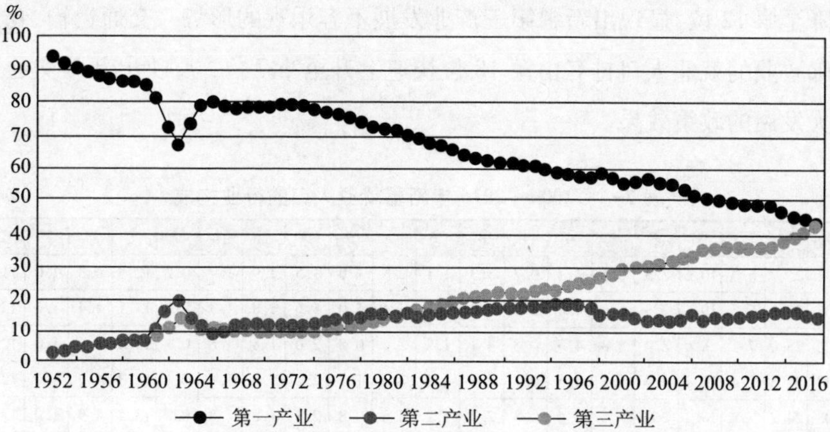

图 7-13　1949—2016 年新疆人口就业结构

从新疆就业人口（单位就业人员）的行业构成来看，第一大行业是农林牧渔业①，2004 年占全部就业人口的 25.7%，之后占比逐年下降至 2016 年的 15.2%；2015 年和 2016 年，位次下降至第二位。而公共管理、社会保障和社会组织的就业人口占比由 2004 年的 11.8%，排名第 3 位，保持逐年递增趋势，2009 年以 13.7%的占比排名升至第 2 位，2015 年和 2016 年分别以 17.0%和 18.1%的占比排名升至第 1 位。教育行业，2004 年单位就业人口占比 12.8%，排名第 2 位；2009 年，占比 13.3%，排名降至第 3 位，直至 2016 年占比 12.2%，排名始终居第 3 位。由此可以看出，农林牧渔业始终是新疆就业的传统第一大行业，自 2009 年起，公共管理、社会保障和社会组织的就业人口占比大幅提升，教育始终是新疆就业的一个重点行业，只是排名自 2009 年下降至第 3 位。因而，传统的农业就业结构没有根本转变，而行政管理部门的就业人员大幅上升。居民服务、修理和其他服务业，住宿和餐饮业，信息传输、软件和信息技术服务业，文化、体育和娱乐业，房地产业这 5 个行业的就业人员占比分别居 19 类行业的第 19 位、18 位、17 位、16 位和 15 位，这是新疆现代服务业发展滞缓的一个表现。其中，住宿和餐饮业的就业人口排名由第 9 位下降至第 18 位，批发和零售业的就业人口排名由第 7 位

① 此处就业人口的行业分布，是以单位就业人口为统计口径；如果以全社会就业人口为统计口径，农林牧渔业的行业就业占比会更低。

下降至第 12 位，显现出新疆第三产业发展不容乐观的形势。交通运输、仓储和邮政业的就业人口排名由第 18 位快速上升至第 7 位，反映出新疆交通运输大发展的政策效果。

表 7-4　2004—2016 年新疆就业人口的行业构成　%

年份	①	②	③	④	⑤	⑥	⑦	⑧	⑨	⑩	⑪	⑫	⑬	⑭	⑮	⑯	⑰	⑱	⑲
2004	25.7	6.3	10.6	2.3	6.5	4.7	0.7	3.3	1.1	2.8	1.0	1.5	1.9	1.7	0.2	12.8	4.3	1.0	11.8
2005	25.1	6.5	10.1	2.3	6.6	4.8	0.9	3.1	1.1	2.4	1.0	1.6	1.8	1.7	0.1	13.1	4.4	1.0	12.4
2006	25.0	7.1	9.7	2.4	5.8	4.5	0.8	3.1	1.2	2.4	0.8	2.0	1.8	1.8	0.1	13.4	4.6	1.0	12.5
2007	24.3	7.4	10.1	2.4	5.8	4.5	0.7	2.8	1.1	2.4	1.1	2.0	1.8	1.8	0.1	13.3	4.7	1.0	12.6
2008	24.2	7.2	10.1	2.4	5.6	4.4	0.8	2.7	1.1	2.6	0.8	2.1	1.8	1.8	0.2	13.4	4.9	1.0	13.0
2009	23.2	7.1	10.2	2.4	5.7	4.4	0.8	2.6	1.0	2.7	0.9	2.0	1.9	1.9	0.2	13.3	5.2	1.0	13.7
2010	22.9	6.9	10.2	2.4	5.9	4.4	0.7	2.5	0.9	2.8	0.9	1.9	1.9	2.0	0.2	13.3	5.4	1.0	13.8
2011	20.7	6.7	10.8	2.7	7.4	4.4	0.9	3.0	1.0	2.9	1.0	1.9	1.8	1.9	0.6	12.2	5.3	1.2	13.7
2012	19.5	6.5	10.6	2.6	7.8	2.8	4.4	1.0	0.9	2.8	1.1	1.9	2.1	1.9	0.2	12.5	5.5	1.0	15.0
2013	17.7	6.4	10.9	2.7	8.5	2.7	5.6	0.9	0.9	2.8	1.3	1.9	2.1	1.8	0.2	12.0	5.4	1.0	15.3
2014	16.7	6.1	11.4	3.0	8.0	2.6	5.5	0.8	0.9	2.8	1.4	2.3	2.1	1.8	0.2	12.0	5.5	0.9	16.0
2015	16.3	5.6	11.0	2.8	7.8	2.6	5.3	0.8	0.9	2.8	1.6	2.7	2.0	1.8	0.2	12.1	5.7	0.9	17.0
2016	15.2	5.0	11.2	3.0	7.8	2.8	5.2	0.7	0.9	2.9	1.7	2.5	2.0	1.8	0.2	12.2	5.8	0.9	18.1

注：①~⑲代表的行业分别为：①农林牧渔业；②采矿业；③制造业；④电力、热力、燃气及水生产和供应业；⑤建筑业；⑥批发和零售业；⑦交通运输、仓储和邮政业；⑧住宿和餐饮业；⑨信息传输、软件和信息技术服务业；⑩金融业；⑪房地产业；⑫租赁和商务服务业；⑬科学研究和技术服务业；⑭水利、环境和公共设施管理业；⑮居民服务、修理和其他服务业；⑯教育；⑰卫生和社会工作；⑱文化、体育和娱乐业；⑲公共管理、社会保障和社会组织。

数据来源：历年《新疆统计年鉴》，数据系年底单位就业人员数，经计算所得。

1978—2002 年[①]就业人口的行业分布如表 7-5 所示。农林牧渔业是新疆传统第一大行业，且行业就业人口所占比例由 1978 年的 72.06%，逐渐降低至 2002 年的 55.86%；批发零售贸易和餐饮业的就业人口由 1978 年占比 2.83%、排名第 5 位，逐年上升至 2002 年的占比 9.51%、排名第 2 位；制造业就业人口由 1978 年占比 8.30%、排名第 2 位，逐年下降至 2002 年占比 6.25%、排名第 3 位；其他 13 类行业的就业人口占比均较小。就业人口的行业结构从一个侧面反映了这一时期的新疆经济结构，第一产业占比大，从事农林牧渔业的人口多。工业产业逐步发展，特别是以国有企业为代表的制

① 由于 2003 年统计口径的转变，2003 年就业人口行业分布数据缺失。

造业，在20世纪80年代中后期至90年代中期，创造了较多的就业人口，是就业人口占比曾经超过10%的行业。以批发零售贸易和餐饮业为代表的第三产业发展迅速，就业群体逐步扩大，进入21世纪，也是就业人口占比曾经超过10%的行业。

表7-5　1978—2002年新疆就业人口的行业构成　　%

年份	①	②	③	④	⑤	⑥	⑦	⑧	⑨	⑩	⑪	⑫	⑬	⑭	⑮	⑯
1978	72.06	2.08	8.30	0.29	3.66	1.07	2.77	2.83	0.25	0.00	0.43	0.91	2.92	0.43	1.80	0.20
1980	70.01	2.08	8.61	0.37	3.78	1.50	2.86	3.16	0.35	0.01	0.53	0.96	3.33	0.49	1.96	0.00
1981	69.31	2.17	8.09	0.39	3.80	1.53	2.84	3.68	0.40	0.02	0.75	1.01	3.44	0.49	2.06	0.00
1982	67.91	2.35	8.12	0.40	4.35	1.46	2.94	3.93	0.40	0.02	0.70	1.03	3.55	0.49	2.17	0.19
1983	67.09	2.31	7.87	0.41	4.42	1.50	2.99	4.33	0.41	0.02	0.77	1.06	3.61	0.50	2.29	0.43
1984	65.93	2.49	7.97	0.37	4.57	1.41	3.09	4.76	0.44	0.03	0.86	1.07	3.78	0.55	2.43	0.23
1985	64.20	2.14	8.85	0.44	4.41	1.40	3.47	5.51	0.48	0.03	0.79	1.16	3.99	0.55	2.56	0.00
1986	63.28	2.08	9.26	0.49	4.59	1.32	3.38	5.28	0.53	0.03	0.82	1.20	4.15	0.56	3.02	0.00
1987	62.38	2.14	9.65	0.50	4.26	1.29	3.34	5.86	0.56	0.03	0.91	1.21	4.18	0.53	3.16	0.00
1988	61.68	2.22	9.96	0.53	4.39	1.24	3.30	5.77	0.62	0.04	1.01	1.22	4.20	0.52	3.28	0.01
1989	61.49	2.26	10.22	0.56	3.96	1.25	3.28	5.91	0.64	0.04	1.16	1.30	4.17	0.53	3.23	0.00
1990	61.27	2.23	10.48	0.57	4.11	1.27	3.26	5.67	0.68	0.04	1.07	1.29	4.15	0.50	3.43	0.00
1991	60.91	1.97	10.62	0.64	4.08	1.07	3.33	5.93	0.70	0.05	1.14	1.32	4.15	0.53	3.57	0.00
1992	59.68	1.87	10.65	0.69	4.07	1.16	3.44	6.42	0.74	0.06	1.29	1.35	4.20	0.54	3.69	0.15
1993	59.07	3.39	10.26	0.66	4.43	0.71	3.34	6.90	0.76	0.06	1.36	1.26	3.93	0.37	3.21	0.27
1994	58.41	3.34	10.18	0.70	4.16	0.70	3.37	7.56	0.74	0.06	1.47	1.20	3.96	0.38	3.13	0.65
1995	57.42	3.53	10.18	0.71	3.95	0.66	3.21	7.74	0.79	0.07	1.97	1.33	4.58	0.37	3.20	0.29
1996	57.16	3.31	9.76	0.73	3.64	0.64	3.21	8.05	0.78	0.07	1.53	1.23	4.37	0.41	3.40	1.70
1997	58.89	3.23	8.18	0.71	2.61	0.63	3.26	9.04	0.57	0.07	1.76	1.19	4.39	0.38	3.26	1.83
1998	56.95	3.36	8.46	0.84	2.93	0.52	3.41	9.76	0.72	0.13	2.12	1.32	4.76	0.40	3.60	0.72
1999	55.53	3.25	7.62	0.79	3.38	0.52	3.65	10.27	0.77	0.13	2.46	1.34	4.72	0.37	3.55	1.63
2000	55.94	1.95	7.14	0.86	4.11	0.49	3.78	10.22	0.77	0.13	2.60	1.34	4.83	0.37	3.62	1.83
2001	56.64	1.88	6.51	0.94	4.12	0.50	3.63	9.29	0.81	0.27	2.62	1.58	4.91	0.37	3.76	2.16
2002	55.86	2.00	6.25	0.93	4.48	0.50	3.63	9.51	0.81	0.27	2.71	1.53	4.84	0.37	3.72	2.61

注：①农林牧渔业；②采掘业；③制造业；④电力、煤气及水的生产和供应业；⑤建筑业；⑥地质勘查、水利管理；⑦交通运输、仓储和邮电通信业；⑧批发零售贸易和餐饮业；⑨金融、保险业；⑩房地产业；⑪社会服务业；⑫卫生体育和社会服务业；⑬教育、文化、艺术和广播、电影电视业；⑭科学研究和综合技术服务业；⑮国家机关、政党机关和社会团体；⑯其他。

数据来源：2003年《新疆统计年鉴》，数据系分行业年底就业人员数，经计算所得。

对比表7-4与表7-5，新疆就业人口的行业结构，与新疆经济发展密切相关。2000年以前，传统的农业、工业和贸易批发零售业就业人口较多；而进入21世纪,农业就业人口比重仍较大,公共管理与教育等行业的就业人口大幅度提高,新兴产业与行业发展不充分,从而显现出行业的就业人口不充分。

考察新疆各民族分行业的就业情况,如表7-6所示。2010年,新疆总人口2181.58万人,其中,维吾尔族人口占比45.84%,汉族人口占比40.48%,哈萨克族人口占比6.5%,回族人口占比4.51%。2010年,新疆各行业就业人口总计1136.77万人,其中,维吾尔族人口占比48.03%,汉族人口占比39.74%,哈萨克族人口占比5.46%,回族人口占比4.26%。即4个民族的行业就业人口占比与本民族人口占新疆总人口比例相差不大。在所有的行业分类中,从事第一大产业农林牧渔业中的维吾尔族人口占比较大,占64.92%,汉族人口占比为21.21%。由此可以看出,维吾尔族从事农林牧渔业的比例较大,排位第二的是从事教育的人口,比例为36.78%。汉族从事的行业比较广泛,所占比例均较大。哈萨克族也是从事农林牧渔业、教育、公共管理等行业的人口占比较大;回族从事住宿和餐饮业、文化体育和娱乐业的就业人口占比较大。总体而言,新疆少数民族分行业的就业结构,整体以农林牧副渔业、教育、公共管理等行业为主,从事农林牧副渔业的人口占比逐年下降,而从事教育、公共管理等行业的人口占比逐年上升。如果对比1985—2002年的相关数据[①],另一个比较明显的现象是,从事制造业、批发零售贸易和餐饮业的人口比例下降较快。

表7-6 2010年新疆分民族人口的行业就业情况 %

行业	维吾尔族	汉族	哈萨克族	回族
2010年新疆总人口分民族占比	45.84	40.48	6.50	4.51
2010年新疆分行业民族人口占比	48.03	39.74	5.46	4.26
农林牧渔业	64.92	21.21	7.03	4.03
采矿业	11.56	81.05	2.75	3.02
制造业	20.29	71.66	2.02	4.41
电力、热力、燃气及水生产和供应业	12.40	80.43	1.68	3.55

① 相关详细数据参见本章附表3所示内容。

续表

行业	维吾尔族	汉族	哈萨克族	回族
建筑业	13.82	81.31	1.04	2.57
交通运输、仓储和邮政业	20.67	67.91	2.60	6.92
信息传输、软件和信息技术服务业	14.08	76.71	1.77	5.49
批发和零售业	20.28	72.43	1.50	4.63
住宿和餐饮业	19.58	61.48	2.76	13.93
金融业	11.70	80.03	1.88	4.40
房地产业	9.67	83.59	1.12	4.21
租赁和商务服务业	23.45	69.02	1.79	4.37
科学研究和技术服务业	9.36	83.79	1.94	2.60
水利、环境和公共设施管理业	25.11	62.79	4.89	4.17
居民服务、修理和其他服务业	22.89	68.99	2.80	3.63
教育	36.78	49.12	7.70	3.18
卫生和社会工作	26.21	62.35	5.04	3.25
文化、体育和娱乐业	19.54	67.17	4.57	4.77
公共管理、社会保障和社会组织	29.71	57.06	6.12	3.43
国际组织	9.09	77.27	13.64	0.00

数据来源：新疆维吾尔自治区人民政府人口普查领导小组办公室编．新疆维吾尔自治区2010年人口普查资料[M].中国统计出版社，2012。数据经计算所得。由于资料获取性的局限，分行业分民族的统计数据仅来源于2010年的全国第六次人口普查，因而缺失当前最新数据。

（三）新疆人口分布

1. 新疆人口空间分布

2016年，新疆人口的空间分布如图7-14所示。喀什地区、伊犁州直、乌鲁木齐市、阿克苏地区及和田地区人口总量位居新疆15个地州市前列，占全疆总人口的比重分别为19.61%、12.91%、11.63%、10.89%和10.64%，5个地州市人口总量总体占比达到65.69%。与10年前的2006年相比，喀什地区人口所占比例提高1.25个百分点，伊犁州直人口占比提高0.08个百分点，乌鲁木齐市人口占比提高1.79个百分点，和田地区人口占比提高1.58个百分点，表现出人口更加集中的趋势；而阿克苏地区人口所占比例则下降0.37个百分点。2016年与2006年相比，新疆15个地州市中，乌鲁木齐、和田地区、喀什地区、克州和伊犁州直5个地州市表现出人口总量占全疆人口总量的比例呈现上升趋势。由此可以看出:第一,喀什、乌鲁木齐与和田,人口所占比例升高趋势明显,这其中,乌鲁木齐人口流动因素作用较强,而和田与喀什则是以人口出生率高为主要因素。第二,巴州,作为新疆南部地区经济发展相对较快、较好的地区,人口所占比重下降明显;而阿克苏地区,作为人口规模占新疆人口总规模10%以上的南疆经济相对较好的地区,人口比重下降趋势明显。第三,南疆三地州人口比重进一步增大,喀什、和田与克州,人口比例增高趋势非常明显。第四,新疆北疆人口和东疆人口所占比例均呈现不同程度的下降。

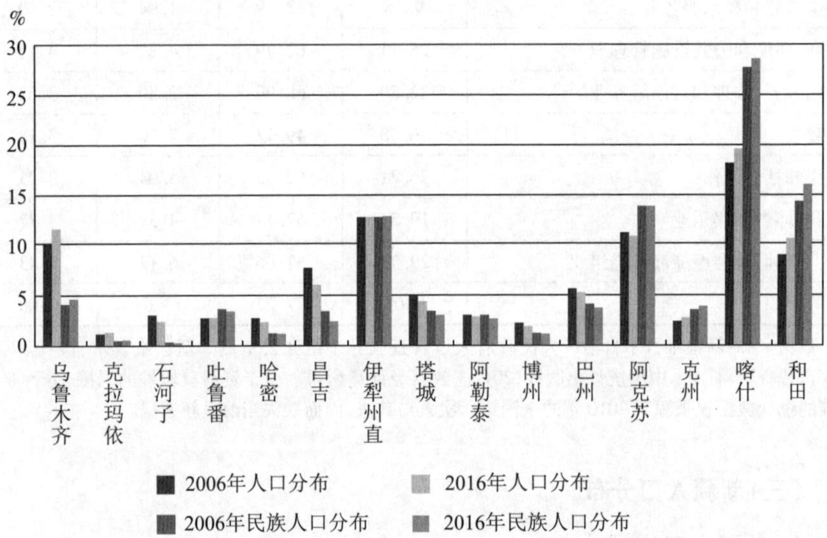

图 7-14 2006 年和 2016 年新疆人口及民族人口地域分布情况

2. 新疆少数民族人口空间分布

新疆各地州市少数民族人口占全疆少数民族人口的比例分布如图 7-14 所示。2016 年,喀什地区、和田地区、阿克苏地区和伊犁州直 4 个地州市的少数民族人口占全疆少数民族人口的比例位居前四位,占比分别为 28.60%、16.08%、13.85%和 12.93%。与 2006 年相比,这 4 个地州市的少数民族人口所占比例提高的幅度分别为 0.78 个、1.58 个、-0.02 个和 0.14 个百分点;并且这 4 个地州市的少数民族人口总量占全疆少数民族人口总量的 71.45%,与 2006 年相比,这 4 个地州市的少数民族人口比例提高 2.47 个百分点。除去以上4个地州市外，少数民族人口占全疆少数民族人口比例提升的地州市有乌鲁木齐市和克州。由此可以看出：第一，新疆少数民族人口区域集中趋势增强，乌鲁木齐和南疆三地州均呈现少数民族人口占比提升趋势，且提升趋势十分明显；第二，北疆地区中伊犁州直的少数民族人口比例略有提高。

维吾尔族和汉族是新疆人口数量较大的两个民族，这两个民族的空间地域分布如图7-15和图7-16所示。1982年、1990年、2000年和2010年分别为第三次至第六次全国人口普查数据，2016年为统计年鉴数据，因此，从统计数据来源看，1982年、1990年、2000年和2010年的统计数据具有可比性，2016年数据作为参考对比数据。

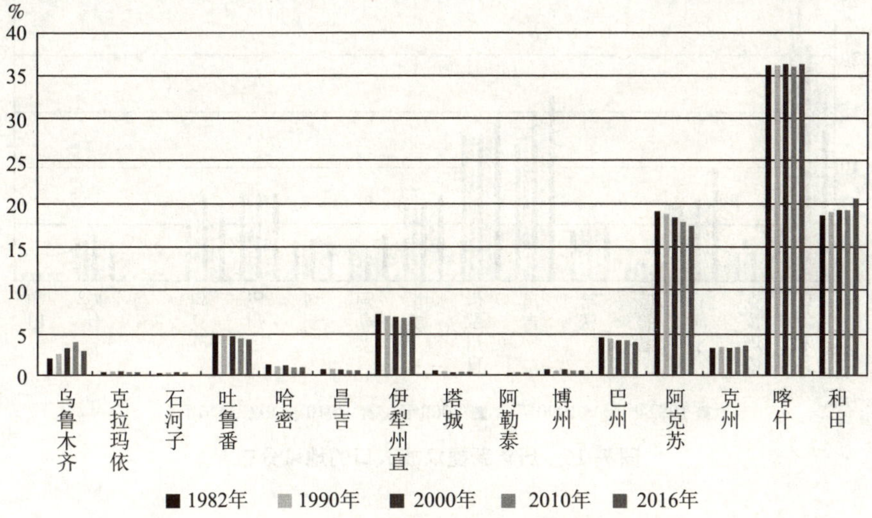

图7-15　历年新疆维吾尔族人口的地域分布

如图7-15所示，喀什地区、和田地区和阿克苏地区是新疆维吾尔族人口较为集中的地区。2016年，这4个地区维吾尔族人口占全疆维吾尔族人口总量的比重依次为36.36%、20.72%和17.59%，3个地州维吾尔族人口占全疆维吾尔族人口总量的74.67%，与1982年相比，提高0.34个百分点。在1982—2010年的四次全国人口普查中，阿克苏地区维吾尔族人口占全疆维吾尔族人口总量的比例是呈现明显下降趋势的，共下降1.15个百分点；维吾尔族人口在喀什与和田地区更为集中。克州地区维吾尔族人口占全疆维吾尔族人口总量的比例也呈缓慢上升趋势,由 1982 年的 3. 23%上升至 2010 年的 3. 40%,提高了 0. 17 个百分点。由此可以看出,经济发展较为落后的南疆三地州的维吾尔族人口比例呈现显著的上升趋势。同时,乌鲁木齐市维吾尔族人口占全疆维吾尔族人口总量的比例呈明显的提高趋势,由 1982 年的 2. 06%上升至 2010 年的 3. 88%,提高了 1. 82 个百分点。在新疆的北疆地区和东疆地区的维吾尔族人口占全疆维吾尔族人口总量的比例基本呈现下降趋势。

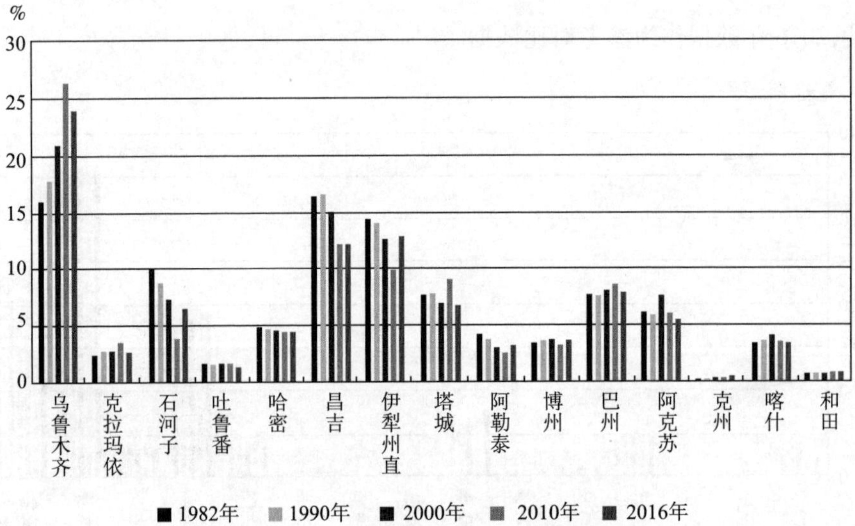

图 7-16　历年新疆汉族人口的地域分布

如图 7-16 所示,乌鲁木齐市、伊犁州直和昌吉州是新疆汉族人口较为集中的地区。2016 年,汉族人口占全疆汉族总人口的比重依次为 24. 01%、12. 84%和 12. 24%,3 个地州汉族人口占全疆汉族总人口的 49. 09%。在第三次至第六次全国人口普查中,乌鲁木齐和巴州汉族人口是呈现明显的上升趋势的,特别是乌鲁木齐市,汉族人口比例由 1982 年的 16. 04%上升至 2010 年的 26. 41%,提高了 10. 37 个百分点,增长特别显著;巴州汉族人口比例在 1982—2010 年仅提高 0. 83 个百分比,但是在 2014—2016 年的 3 年间,占比下降了 1. 12 个百分点,降幅显著。昌吉州在 1982—2010 年的四次全国人口普查中,汉族人口比例位居新疆第二,但汉族人口比例是逐年明显下降的,由1982年的16.50%下降至2010年的12.18%,2016年缓慢上升至12.24%。伊犁州直的汉族人口比例在四次全国人口普查中一直居于第三位,但汉族人口比例下降趋势明显,由1982年的14.43%下降至2010年的9.90%,2016年上升至12.84%。在其他地州市,克拉玛依市汉族人口占全疆汉族人口的比重呈现上升趋势,但上升幅度不大,但2016年,汉族人口占比较2010年有0.82个百分点的降幅;石河子市呈现非常显著下降趋势,2016年逆势上升;吐鲁番市先下降后上升,升降幅度均不大,但2016年汉族人口比例下降明显,占比水平为1.36%,低于1982年的1.73%;塔城地区是先下降后上升,2016年汉族人口比例下降明显;阿勒泰地区呈现明显的下降趋势,但2016年占比上升;博州地区缓慢上升再下降,2016年上升,但占比变化幅度不大;阿克苏地区呈现缓慢下降的趋势;克州、和田地区汉族人口占比均小于1%,克州、喀什与和田地区汉族人口比例变化均不大。由此可得出结论:在1982—2010年的四次人口普查中,第一,汉族人口向乌鲁木齐和巴州聚集的现象明显,尤以乌鲁木齐集聚显著;第二,昌吉州、伊犁州直和石河子市的汉族人口比例下降趋势十分明显;第三,其他地州市出现汉族人口下降的情况比较多,只是下降的幅度各有不同;第四,南疆三地州汉族人口比例均有十分微小幅度的提升。

二、新疆人口发展特征

纵观新疆人口发展历史,新疆人口发展具有如下特征:

(一)人口总量平稳增长,增速放缓

自1949年以来,新疆人口发展经历4个增长周期。如前文所述,分别是:1949—1961年为第1个增长周期,1963—1984年为第2个增长周期,1985—2004年为第3个增长周期,2005—2016年为第4个增长周期。这4个增长周期年均人口增长率分别是3.76%、2.66%、1.78%和1.61%,呈增速放缓趋势。

自1949年以来,新疆人口总量减少只出现在3个年份,第1个年份是

1962 年，减少了 11.09 万人，第 2 和第 3 个年份分别是 2015 年和 2016 年，新疆各民族人口总量之和分别比上一年度减少了 0.82 万人和 19.41 万人。

（二）人口结构变化不一，有喜有忧

新疆人口年龄结构变动趋势较为明显，至 2010 年，占人口比例最大的是 15~64 岁的劳动人口，劳动人口比重是逐年提高的，且劳动人口占比上升的幅度最大；0~14 岁的少年抚养比呈现快速的下降趋势；老年抚养比在缓慢下降后又逐步提升，2010 年达到 8.87%，老年抚养比在未来时间内仍会是提升趋势，但趋势和程度低于全国水平。

新疆人口性别结构保持正常水平。

新疆民族结构中，按照总量规模占比居前六位的民族依次为维吾尔族、汉族、哈萨克族、回族、柯尔克孜族和蒙古族，2016 年的人口占比分别为 49.73%、35.92%、6.89%、4.43%、0.89%和 0.78%。①自 1949 年以来，维吾尔族人口总量减少只出现在 2 个年份，即 1961 年和 1964 年的维吾尔族人口总量比上一年分别减少 2.09 万和 0.2 万。其他年份均保持持续增长态势，人口占全疆总人口比例呈现缓慢的上下波动趋势，在 1966—2016 年的 51 年平稳增长期间，维吾尔族人口平均占比为 46.70%，2016 年占比为 49.73%。②自 1949 年以来，汉族人口总量减少共出现在 6 个年份，分别是 1962 年、1982 年、1984 年、2010 年、2014 年以及 2016 年，分别比上一年减少 11.23 万人、2.66 万人、2.51 万人、9.4 万人、0.55 万人和 34.15 万人。在 1966—2016 年的 51 年平稳增长期间，汉族人口平均占比为 39.16%，2016 年占比为 35.92%。③维吾尔族人口自 1965—2015 年，已经连续 10 个 5 年新增人口在 50 万以上，并且在自 1995 年起的连续 4 个 5 年，每 5 年新增人口在 70 万以上，其中 2006—2010 年的 5 年新增人口达到 93.65 万，2011—2015 年的 5 年新增人口达到 113.18 万，人口进入快速积累时期；而汉族人口，在 1980 年以前经历了一个高积累时期之后，进入比较明显的第二个人口积累周期，但是自 2000 年起，汉族人口每 5 年新增人口规模显著下降，2011—2015 年的 5 年，增长人口仅为 28.81 万。④其他民族基本保持一定的总量增长、占比缓慢波动的趋势，仅在 2015 年，回族人口当年总量减少 4.27 万，为唯一人口总量规模减小的年份，且减少数量较大。

新疆人口城乡结构显示，新疆城镇化水平进程加快，但与全国水平相比仍有差距。

新疆人口就业结构呈现“一、三、二”结构，但是，这是源于新疆经济发展中，第一产业比重非常大、第二产业发展十分滞缓而凸显的第三产业“相对发展”状态。

（三）人口空间分布不均衡，集聚程度和流动趋势可能在发生拐点性变化

新疆人口空间分布不均衡仍呈历史性延续趋势。①目前，喀什、伊犁州直、乌鲁木齐、阿克苏及和田5个地州市，人口总量占比位居前列，占比分别为19.61%、12.91%、11.63%、10.89%和10.64%，5个地州市人口总量总体占比达到65.69%。上述5个地州市，除阿克苏外，亦呈现人口聚集程度提高的趋势。②在人口聚集程度增高地区，聚集原因不同，人口出生率较高因素对喀什、和田作用明显，而由于经济发展促进人口聚集对乌鲁木齐作用明显。③南疆三地州人口聚集程度进一步提高。④巴州和阿克苏，经济发展相对于南疆三地州较好，原先人口不断聚集的趋势正在发生变化，人口在全疆占比下降。⑤北疆人口和东疆人口所占比例均呈现不同程度的下降。

新疆少数民族人口分布中，喀什、和田、阿克苏和伊犁州直，居少数民族人口占全疆少数民族总人口比重的前四位，占比分别为28.60%、16.08%、13.85%和12.93%，4个地州市的少数民族人口占全疆少数民族人口总量的71.45%。少数民族人口区域集中趋势增强，乌鲁木齐和南疆三地州占比提升趋势十分明显；北疆地区中伊犁州直占比也略有提高。喀什、和田和阿克苏是新疆维吾尔族人口较为集中的地区，占全疆维吾尔族人口总量的74.67%；维吾尔族人口在喀什、和田和克州地区更为集中，但是阿克苏维吾尔族人口占全疆维吾尔族总人口比例逐年下降趋势明显。北疆地区和东疆地区的维吾尔族人口占全疆维吾尔族人口总量的比例基本呈现下降趋势。乌鲁木齐市、伊犁州直和昌吉是新疆汉族人口较为集中的地区，2016年，汉族人口占全疆汉族总人口的比重依次为24.01%、12.84%和12.24%，3个地州汉族人口占全疆汉族总人口的49.09%。对比1982—2010年的四次人口

普查,汉族人口向乌鲁木齐和巴州聚集的现象明显,尤以乌鲁木齐聚集显著;昌吉、伊犁州直和石河子的汉族人口比例下降趋势十分明显;其他地州市出现汉族人口下降的情况比较多,只是下降的幅度各有不同。但是对比2016年汉族人口数据,原先汉族人口占比呈提升趋势的乌鲁木齐、克拉玛依、巴州和吐鲁番,汉族人口占全疆汉族总人口比例下降,原先汉族人口占比呈下降趋势的石河子、哈密、昌吉、伊犁州直、阿勒泰和博州,汉族人口占全疆汉族总人口比例停止下降趋势,有些呈现反升势头,且反升幅度较大。即汉族人口分布更远离南疆三地州。

三、新疆人口发展预测

人口预测是根据某个区域某一期间已知人口状况,按照一定的假设和采用某种方法来推算其另一期间(或地点)可能出现的人口数量。

(一)采用一元线性回归预测

1949—2016年,新疆人口(及少数民族人口)总量均呈现线性特征非常明显的曲线模型,课题组采用1978—2016年共计39个观测值的人口数据,模拟回归分析方程,并利用该方程预测2017—2030年的新疆人口(及少数民族人口)总量。

年末总人口线性回归方程 $y=31.424x+1128.2$,其中 $R^2=0.9918$,Significance F 小于0.01,回归方程显著有效。少数民族人口线性回归方程 $y=20.441x+668.1$,其中 $R^2=0.9874$,Significance F 小于0.01,回归方程显著有效(回归方程见图7-17)。

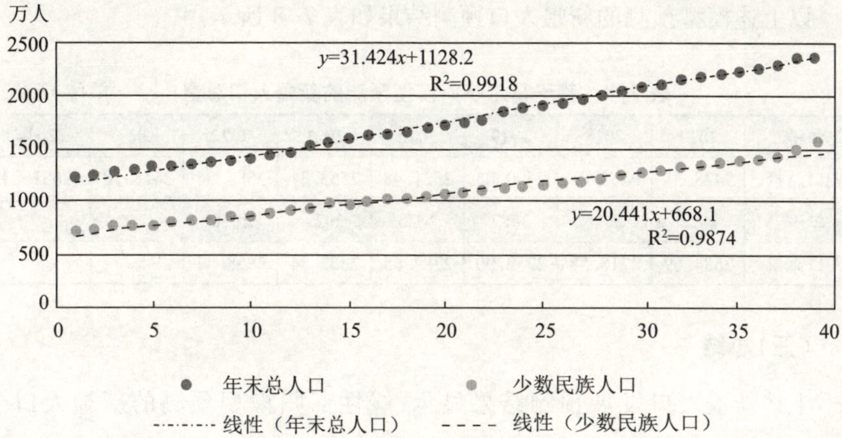

图 7-17　新疆人口线性回归分析

以上述回归分析方程为模型的新疆人口（少数民族人口）预测结果如表 7-7 所示。

表 7-7　基于线性回归预测的新疆人口（少数民族人口）总量　　单位：万人

年份	人口总量预测值	少数民族人口预测值	年份	人口总量预测值	少数民族人口预测值	年份	人口总量预测值	少数民族人口预测值
2017	2385.15	1485.73	2022	2542.27	1587.93	2027	2699.39	1690.13
2018	2416.57	1506.17	2023	2573.69	1608.37	2028	2730.81	1710.57
2019	2448.00	1526.61	2024	2605.12	1628.81	2029	2762.24	1731.01
2020	2479.42	1547.05	2025	2636.54	1649.25	2030	2793.66	1751.46
2021	2510.84	1567.49	2026	2667.96	1669.69			

（二）采用马尔萨斯模型预测

马尔萨斯模型 $p(t)=p(t_0)(1+r)^t$，式中，$p(t_0)$ 为基期年末人口数量，r 为人口自然增长率。

同样利用 1978—2016 年共计 39 个观测值的人口数据，计算出 39 年间新疆人口自然增长率为 12.62‰，并将此数据设定为未来一段时间新疆人口自然增长率。

以上述模型预测的新疆人口预测结果如表 7-8 所示。①

表 7-8　基于马尔萨斯模型预测的新疆人口总量　　单位:万人

年份	2017	2018	2019	2020	2021	2022	2023	2024
人口总量	2428. 35	2459. 01	2490. 05	2521. 48	2553. 31	2585. 54	2618. 18	2651. 23
年份	2025	2026	2027	2028	2029	2030		
人口总量	2684. 69	2718. 58	2752. 90	2787. 65	2822. 84	2858. 47		

(三)小结

上述新疆人口发展预测结果显示:线性回归模型预测的新疆人口于 2020 年达到 2479 万人,2030 年达到 2794 万人;马尔萨斯模型预测的新疆人口于 2020 年达到 2521 万人,2030 年达到 2858 万人。

由于统计口径的问题,新疆人口总量自 2010 年开始,有不同程度的差异,因此,对调整后的新疆人口总量进行基于线性回归模型的新的预测,得到新疆人口总量如表 7-9 所示。

表 7-9　基于数据调整的线性回归预测的新疆人口总量　　单位:万人

调整观测值人口总量	1978~2009 年	2010 年	2011 年	2012 年	2013 年	2014 年	2015 年	2016 年
	详见附表 1	2164. 44	2202. 66	2226. 05	2266. 62	2322. 55	2321. 72	2302. 32
预测人口总量	2017 年	2018 年	2019 年	2020 年	2021 年	2022 年	2023 年	2024 年
	2371. 65	2402. 57	2433. 50	2464. 42	2495. 35	2526. 27	2557. 20	2588. 12
预测人口总量	2025 年	2026 年	2027 年	2028 年	2029 年	2030 年		
	2619. 05	2649. 97	2680. 89	2711. 82	2742. 74	2773. 67		

数据调整后的预测结果是,新疆人口于 2020 年达到 2464 万人,2030 年达到 2774 万人。这个预测结果更倾向于注重对 2010—2016 年数据的考量。而基于马尔萨斯模型预测的新疆人口,更注重基于新疆人口自然增长率的变化,因此,诸如国家开放二胎政策的变化以及能对人口自然增长率产生影响的因素,对新疆未来人口总量变化更具影响力。

① 由于缺乏 1978—2016 年少数民族人口自然增长率的数据,故没有对未来年份少数民族人口数据做预测。

四、新疆人口发展的政策建议

新疆人口发展历史及其呈现的变化特征，有着与全国人口变化相同的特征与起因，也呈现着新疆人口个性特征显著的表现和缘由，同时还表现出与全国人口变化特征相同，但影响因素不同的特性。例如：当前全国人口发展中人口结构优化和人口素质提升问题，也是新疆人口发展面临的主要问题；全国普遍出现的劳动年龄人口持续减少，新疆则突出表现为汉族劳动人口下降，而少数民族劳动人口提升的特征；新疆人口自然增长率明显高于全国水平，且没有呈现显著的下降趋势；全国人口迁移流动已经成为我国人口变动的重要因素，新疆也是如此，并且呈现出省际外迁人口增多、疆内人口流动性总体趋降的特点。对于当前加快丝绸之路经济带核心区建设、全面建成小康社会、实现新疆社会稳定和长治久安的重任，新疆人口发展既具有关键要素的推动作用，又呈现出当前关键时期的特有表现。因此，制定以人口"合理化、均衡化、安全化"为核心的治理理念和政策原则，对新疆人口发展具有十分重大的意义。

（一）保持人口总量稳定提升趋势，建设核心区人口聚集高地

核心区建设，既是地域空间范围内区域经济发展"增长极"，也是空间视域下各种经济发展要素的集中、流动、交换等在空间范畴下的动态发展过程，而诸多劳动力、资本、土地、技术、管理等经济发展要素中，人是最基本的要素，是最具创造力和承载力的要素，是经济发展的动力来源。因此，大力促进"合理化、均衡化、安全化"的人口发展，对核心区建设具有强大的支撑作用。

保持人口规模总量持续、稳定、适度的增长态势具有十分重要的意义和作用。适度的人口规模与经济社会发展进步具有相互影响、相互促进作用。以保持人口总量稳步提升、均衡发展为目标，注重提高促进人口机械增长水平，增强人口聚集能力，加大新疆人才吸引力度，大力建设丝绸之路经济带核心区人口聚集高地。①正确定位新疆发展引人引智的层次和水平，将有限的财力、物力和人力发挥最大效用，改变以往唯清华、北大、复旦、浙大等

一类名牌大学毕业生才是人才的惯性思维,杜绝动辄前往北上广一线城市进行大学招聘的一贯行为,要切合实际、正确定位招聘单位的用人标准和招聘指向,提高招聘录用效率,降低招录综合成本。同时,要建立新疆人才招聘的良好形象与口碑,杜绝高福利高待遇允诺、低标准低效率落实的不理性行为。②国内新一轮人才争夺战的激烈开展,对新疆人口及人才发展的启示在于,聚集一定素质和一定规模的人口数量,对地区发展至关重要,新疆亦应出台更加开放的户籍政策和更加宽泛的人才标准,以更加全面、更具保障能力的配套措施促进高素质人才落户新疆,转变人才引进中拼"高工资高福利高待遇"的观念,而是要加大"低度的生活成本、宜居的生活环境、多样的就业选择、无限的发展空间"的宣传力度,增强人才吸引力度。③切实大幅度提高新疆的工资标准及待遇,建立牢固的稳定新疆人口的物质基础。虽然大幅度提升新疆工资标准及福利待遇的资金投入规模较大,但是,相对于庞大的新疆建设投入或未来阶段人口发展方面的再投入,目前的资金投入成本应该还是相对较小的,而且时间点是关键的。④切实保护和推动促进各类中小企业的生产经营活动,只有企业(特别是中小企业)的发展繁荣、活力无限,才能提供良好的就业环境和就业基础,增强人口聚集的动力。

(二)保持人口结构合理均衡发展,全面提升保障水平

人口结构合理性、均衡性、安全性的发展原则,必须建立在经济、教育、医疗、住房、就业等全面的、多方位的、全覆盖的、多保障的综合体系的建立健全上。在这里,仅提出亟待加强的工作要点:①切实注重少数民族妇女的文化教育和综合素质的培养与提高,转变妇女群体的生产和生活观念,强化少数民族妇女融入现代生活的意识,并重点培养其自身适应现代生活的能力与本领,提高妇女就业率,切实降低妇女离婚率,对晚婚、晚育及一婚的少数民族妇女及对子女教育优异、有突出影响和示范效应的少数民族妇女(特别是农村少数民族妇女),拟定并出台奖励政策和奖励细则,扩大少数民族妇女影响力。②严格执行国家现行生育政策,加大监督查处超生力度,切实降低三婚及以上多婚造成的人口高出生率。③切实提高南疆及各地区基层部门和单位的工资标准及福利待遇水平,增强物质保障能力,提升人口吸引

力度。④充分利用好具有新疆户籍，在疆生产、生活经历的大中专毕业生和部队复转军人，出台政策细则，提升继续留疆意愿和增强前往南疆工作吸引力度。

（三）科学把握趋势强化人口安全，提升风险防范能力

国家人口发展规划（2016—2030年）中要求“科学把握未来人口变动趋势，积极应对和防范人口安全风险”。注重强化边疆地区人口安全，增强有效支撑国家重大区域战略实施的保障基础。建议：①建立人口预测预报工作机制，每年根据最新统计数据对人口预测模型进行修正和优化，对人口规模及人口结构进行预测，定期发布人口形势展望报告，提出人口发展建议。②增强监测实施全面两孩政策成效。③加强南疆地区妇女人群的信息采集、权益保护和发展评估工作，增强其参与社会活动、融入现代文化的能力及生命健康质量，营造尊重女性的社会氛围。④推动人口信息化建设，以国家人口基础信息库建设为契机，加快新疆人口基础信息的互联互通、动态更新和综合集成，加强人口数据开发和开放利用，强化人口数据支撑。

附表

附表1　新疆人口发展状况

年份	年底总人口（万人）	少数民族人口（万人）	性别比重（%）		人口出生率（‰）	人口死亡率（‰）	人口自然增长率（‰）
			男性	女性			
1949	433.34	404.24	51.78	48.22	30.02	20.82	9.2
1950	443.9	413.32	51.83	48.17	30.09	19.92	10.17
1951	454.63	423.17	51.86	48.14	30.12	19.41	10.71
1952	465.17	432.57	51.91	48.09	30.16	18.83	11.33
1953	478.36	445.15	52.42	47.58	30.63	17.78	12.85
1954	500.08	452.18	52.94	47.06	31.31	16.8	14.51
1955	511.78	456.73	53.26	46.74	30.67	14.4	16.27
1956	533.17	468.02	53.50	46.50	31.1	14.2	16.9
1957	558.01	475.86	53.39	46.61	31.48	14	17.48
1958	582.35	482.53	54.03	45.97	31.03	13	18.03

续表

年份	年底总人口（万人）	少数民族人口（万人）	性别比重（%）		人口出生率（‰）	人口死亡率（‰）	人口自然增长率（‰）
			男性	女性			
1959	648.98	487	55.04	44.96	29.87	18.84	11.03
1960	686.33	491.88	55.20	44.80	28.13	15.67	12.46
1961	710.06	491.11	54.77	45.23	25.16	11.71	13.45
1962	698.97	491.25	53.64	46.36	32.02	9.71	22.31
1963	713.12	495.28	53.28	46.72	35.14	9.43	25.71
1964	744.18	499.64	53.40	46.60	42.26	16.35	25.91
1965	789.1	513.26	53.08	46.92	41.65	11.08	30.57
1966	837.99	528.05	53.03	46.97	38.08	9.39	28.69
1967	871.84	541.14	52.65	47.35	37.16	9.19	27.97
1968	908.42	557.17	52.46	47.54	40.73	9.23	31.5
1969	943.55	572.48	52.15	47.85	38.81	8.66	30.15
1970	976.58	590.46	51.83	48.17	36.63	8.17	28.46
1971	1009.91	605.32	51.70	48.30	35.02	7.71	27.31
1972	1049.69	622.78	51.60	48.40	38.36	7.92	30.44
1973	1089.08	639.56	51.55	48.45	38.01	7.84	30.17
1974	1125.82	659.48	51.35	48.65	35.87	8.66	27.21
1975	1154.53	676.52	51.36	48.64	33.1	8.74	24.36
1976	1185.8	694.91	51.24	48.76	28.96	7.58	21.38
1977	1208.97	707.73	51.18	48.82	26.06	8.24	17.82
1978	1233.01	720.11	51.11	48.89	22.55	7.69	14.86
1979	1255.97	734.21	51.08	48.92	22.54	8.33	14.21
1980	1283.24	752.21	51.03	48.97	21.28	7.62	13.66
1981	1303.05	768.06	51.20	48.80	21.09	7.46	13.63
1982	1315.9	783.57	51.32	48.68	21.16	6.65	14.51
1983	1333.3	796.16	51.15	48.85	19.31	6.97	12.34
1984	1344.08	809.45	51.14	48.86	19.76	6.45	13.31
1985	1361.14	826.22	51.19	48.81	19.80	6.39	13.41
1986	1383.64	845.01	51.20	48.80	20.54	6.13	14.41
1987	1406.33	863.35	51.18	48.82	21.03	5.96	15.07
1988	1426.42	879.41	51.22	48.78	19.72	5.99	13.73
1989	1454.16	901	51.23	48.77	21.15	5.77	15.38

续表

年份	年底总人口（万人）	少数民族人口（万人）	性别比重（%）		人口出生率（‰）	人口死亡率（‰）	人口自然增长率（‰）
			男性	女性			
1990	1529.16	954.5	51.34	48.66	26.41	7.81	18.60
1991	1554.57	970.36	51.34	48.66	24.45	7.86	16.59
1992	1580.63	986.63	51.34	48.66	22.80	7.84	14.96
1993	1605.26	1001.59	51.36	48.64	21.53	7.68	13.85
1994	1632.7	1016.22	51.35	48.65	20.82	7.43	13.39
1995	1661.35	1029.54	51.05	48.95	18.90	6.45	12.45
1996	1689.29	1046.01	51.48	48.52	19.45	6.60	12.85
1997	1718.08	1057.94	51.40	48.60	19.66	6.55	13.11
1998	1747.35	1073.24	51.39	48.61	19.74	6.93	12.81
1999	1775.00	1087.85	51.32	48.68	18.76	6.96	11.80
2000	1849.41	1124.33	51.75	48.25	17.57	5.40	12.17
2001	1876.19	1133.99	50.86	49.14	16.82	5.69	11.13
2002	1905.19	1145.62	51.20	48.80	16.30	5.43	10.87
2003	1933.95	1162.85	51.41	48.59	16.01	5.23	10.78
2004	1963.11	1182.86	51.30	48.70	16.00	5.09	10.91
2005	2010.35	1214.69	51.22	48.78	16.42	5.04	11.38
2006	2050.00	1237.84	51.22	48.78	15.97	5.03	10.94
2007	2095.19	1271.26	51.19	48.81	16.79	5.01	11.78
2008	2130.81	1294.48	50.87	49.13	16.05	4.88	11.17
2009	2158.63	1316.94	50.88	49.12	15.99	5.43	10.56
2010	2181.58	1349.29	51.66	48.34	14.85	4.14	10.71
2011	2208.71	1364.29	51.10	48.90	14.99	4.42	10.57
2012	2232.78	1385.49	51.29	48.71	15.32	4.48	10.84
2013	2264.30	1404.24	50.87	49.13	15.84	4.92	10.92
2014	2298.47	1438.96	50.66	49.34	16.44	4.97	11.47
2015	2359.73	1498.63	50.83	49.17	15.60	4.54	11.06
2016	2398.08	1571.16	51.09	48.91	15.34	4.26	11.08

附表 2　新疆人口民族结构

%

年份	维吾尔族	汉族	哈萨克族	回族	柯尔克孜族	蒙古族	锡伯族	俄罗斯族	塔吉克族	乌孜别克族	塔塔尔族	满族	达斡尔族	其他
1949	75.95	6.72	10.24	2.83	1.53	1.21	0.27	0.45	0.31	0.28	0.14	0.02	0.04	0.02
1950	75.58	6.89	10.45	2.80	1.51	1.23	0.27	0.45	0.31	0.29	0.14	0.02	0.04	0.02
1951	75.40	6.92	10.62	2.82	1.50	1.20	0.27	0.46	0.31	0.28	0.14	0.02	0.04	0.02
1952	75.26	7.01	10.63	2.83	1.49	1.23	0.27	0.46	0.31	0.28	0.14	0.02	0.04	0.02
1953	75.42	6.94	10.59	2.81	1.48	1.22	0.27	0.46	0.30	0.28	0.14	0.03	0.04	0.02
1954	73.33	9.58	10.19	2.88	1.42	1.21	0.26	0.37	0.30	0.26	0.13	0.02	0.04	0.02
1955	72.81	10.76	9.93	2.89	1.34	1.18	0.27	0.15	0.30	0.21	0.07	0.02	0.04	0.02
1956	70.99	12.22	10.11	3.06	1.38	1.20	0.28	0.13	0.27	0.21	0.07	0.02	0.04	0.02
1957	69.30	14.72	9.51	2.98	1.33	1.13	0.27	0.10	0.28	0.21	0.07	0.03	0.04	0.03
1958	67.54	17.14	9.22	2.88	1.14	1.12	0.25	0.10	0.26	0.19	0.06	0.03	0.04	0.03
1959	61.29	24.96	7.99	2.85	1.10	1.01	0.24	0.06	0.24	0.12	0.04	0.02	0.04	0.04
1960	58.15	28.33	7.89	2.91	0.98	0.98	0.23	0.04	0.22	0.11	0.04	0.02	0.04	0.06
1961	55.91	30.84	7.50	3.15	0.95	0.93	0.24	0.03	0.22	0.10	0.04	0.02	0.04	0.03
1962	57.29	29.72	6.97	3.36	0.96	0.95	0.24	0.02	0.23	0.10	0.04	0.03	0.04	0.05
1963	56.42	30.55	6.81	3.59	0.95	0.96	0.24	0.02	0.22	0.09	0.03	0.03	0.04	0.06
1964	54.04	32.86	6.74	3.64	0.93	0.98	0.24	0.02	0.22	0.10	0.03	0.04	0.04	0.14
1965	52.15	34.96	6.64	3.65	0.90	0.95	0.23	0.01	0.22	0.09	0.03	0.04	0.04	0.11
1966	50.33	36.99	6.43	3.72	0.87	0.92	0.22	0.01	0.20	0.08	0.03	0.03	0.04	0.12
1967	49.45	37.93	6.37	3.76	0.85	0.92	0.22	0.01	0.20	0.08	0.02	0.03	0.03	0.12
1968	48.74	38.67	6.33	3.82	0.85	0.91	0.22	0.01	0.20	0.07	0.02	0.03	0.03	0.09
1969	48.09	39.33	6.34	3.85	0.85	0.89	0.22	0.01	0.20	0.07	0.02	0.03	0.03	0.08
1970	47.85	39.54	6.31	3.92	0.82	0.91	0.21	0.01	0.19	0.07	0.02	0.03	0.03	0.09
1971	47.26	40.06	6.37	3.95	0.81	0.91	0.21	0.01	0.19	0.06	0.02	0.03	0.03	0.09
1972	46.55	40.67	6.45	4.01	0.80	0.89	0.22	0.01	0.18	0.06	0.02	0.03	0.03	0.08
1973	45.98	41.28	6.41	4.01	0.81	0.87	0.21	0.01	0.18	0.06	0.02	0.03	0.03	0.10
1974	45.73	41.42	6.43	4.08	0.80	0.88	0.21	0.01	0.18	0.06	0.02	0.03	0.03	0.12
1975	45.62	41.40	6.51	4.13	0.82	0.87	0.21	0.01	0.18	0.06	0.02	0.03	0.03	0.12
1976	45.50	41.40	6.56	4.16	0.82	0.89	0.21	0.01	0.19	0.06	0.03	0.03	0.03	0.12
1977	45.32	41.46	6.61	4.26	0.80	0.88	0.21	0.00	0.19	0.06	0.02	0.03	0.03	0.11
1978	45.05	41.60	6.66	4.31	0.84	0.87	0.21	0.00	0.18	0.06	0.03	0.03	0.03	0.12
1979	44.92	41.54	6.75	4.36	0.84	0.89	0.21	0.00	0.19	0.06	0.03	0.04	0.03	0.15
1980	44.92	41.38	6.83	4.41	0.85	0.88	0.20	0.00	0.19	0.06	0.02	0.04	0.03	0.17
1981	45.12	41.06	6.87	4.41	0.85	0.89	0.20	0.01	0.20	0.06	0.03	0.04	0.03	0.24
1982	45.50	40.45	6.95	4.37	0.87	0.89	0.21	0.02	0.21	0.08	0.03	0.06	0.03	0.34

续表

年份	维吾尔族	汉族	哈萨克族	回族	柯尔克孜族	蒙古族	锡伯族	俄罗斯族	塔吉克族	乌孜别克族	塔塔尔族	满族	达斡尔族	其他
1983	45.55	40.29	7.05	4.40	0.87	0.89	0.21	0.03	0.20	0.07	0.03	0.06	0.03	0.32
1984	45.91	39.78	7.18	4.38	0.89	0.90	0.21	0.03	0.21	0.07	0.03	0.07	0.03	0.33
1985	46.24	39.30	7.25	4.41	0.91	0.91	0.21	0.03	0.21	0.07	0.02	0.07	0.04	0.33
1986	46.48	38.93	7.30	4.42	0.91	0.93	0.22	0.04	0.21	0.07	0.03	0.08	0.04	0.35
1987	46.66	38.61	7.35	4.45	0.93	0.93	0.22	0.04	0.22	0.07	0.03	0.09	0.04	0.36
1988	46.80	38.35	7.40	4.49	0.93	0.95	0.22	0.04	0.22	0.07	0.03	0.09	0.04	0.36
1989	46.95	38.04	7.48	4.53	0.95	0.94	0.22	0.05	0.22	0.07	0.03	0.10	0.04	0.38
1990	47.41	37.58	7.45	4.51	0.94	0.93	0.22	0.05	0.22	0.07	0.03	0.11	0.04	0.43
1991	47.36	37.58	7.47	4.53	0.94	0.93	0.23	0.05	0.22	0.08	0.03	0.11	0.04	0.43
1992	47.29	37.58	7.48	4.57	0.95	0.93	0.23	0.05	0.23	0.08	0.03	0.12	0.04	0.44
1993	47.28	37.61	7.45	4.56	0.96	0.93	0.23	0.05	0.22	0.08	0.03	0.12	0.04	0.44
1994	47.14	37.76	7.45	4.53	0.96	0.93	0.23	0.05	0.23	0.08	0.03	0.12	0.04	0.45
1995	46.95	38.03	7.45	4.50	0.95	0.92	0.23	0.05	0.23	0.08	0.03	0.12	0.04	0.42
1996	46.86	38.08	7.44	4.50	0.95	0.92	0.23	0.05	0.23	0.08	0.03	0.12	0.04	0.47
1997	46.68	38.42	7.40	4.49	0.95	0.92	0.23	0.05	0.23	0.08	0.03	0.12	0.04	0.38
1998	46.58	38.58	7.37	4.48	0.94	0.91	0.23	0.05	0.23	0.08	0.03	0.12	0.04	0.38
1999	46.48	38.71	7.35	4.47	0.94	0.91	0.23	0.05	0.23	0.08	0.03	0.12	0.04	0.38
2000	46.09	39.21	7.13	4.54	0.89	0.88	0.22	0.06	0.22	0.07	0.03	0.12	0.04	0.51
2001	45.87	39.56	7.03	4.50	0.91	0.86	0.22	0.06	0.22	0.07	0.03	0.12	0.04	0.52
2002	45.62	39.87	7.00	4.49	0.90	0.86	0.22	0.06	0.21	0.07	0.03	0.12	0.04	0.52
2003	45.62	39.87	6.99	4.48	0.90	0.86	0.21	0.06	0.21	0.08	0.03	0.12	0.03	0.53
2004	45.73	39.75	7.04	4.46	0.87	0.86	0.21	0.06	0.22	0.07	0.02	0.12	0.03	0.55
2005	45.94	39.58	7.03	4.44	0.85	0.85	0.21	0.06	0.22	0.08	0.02	0.12	0.03	0.57
2006	45.92	39.62	7.00	4.44	0.86	0.85	0.20	0.06	0.22	0.08	0.02	0.12	0.03	0.58
2007	46.06	39.32	7.08	4.50	0.87	0.85	0.20	0.06	0.21	0.08	0.02	0.12	0.03	0.59
2008	46.14	39.25	7.09	4.47	0.87	0.85	0.20	0.05	0.21	0.08	0.02	0.12	0.03	0.60
2009	46.42	38.99	7.02	4.54	0.88	0.83	0.20	0.05	0.22	0.08	0.02	0.12	0.03	0.60
2010	46.99	38.45	6.98	4.55	0.87	0.82	0.20	0.05	0.22	0.08	0.02	0.12	0.03	0.61
2011	47.08	38.34	7.00	4.56	0.88	0.81	0.19	0.05	0.21	0.08	0.02	0.12	0.03	0.62
2012	47.30	38.06	7.00	4.60	0.87	0.81	0.19	0.05	0.22	0.08	0.02	0.12	0.03	0.65
2013	47.40	37.94	6.99	4.61	0.88	0.81	0.19	0.05	0.22	0.08	0.02	0.12	0.03	0.64
2014	48.53	37.01	6.88	4.56	0.87	0.80	0.19	0.05	0.22	0.08	0.02	0.12	0.03	0.64
2015	48.68	37.09	6.85	4.38	0.87	0.78	0.19	0.05	0.22	0.08	0.02	0.12	0.03	0.65
2016	49.73	35.92	6.89	4.43	0.89	0.78	0.19	0.05	0.22	0.08	0.02	0.12	0.03	0.65

附表 3　部分年份新疆少数民族分行业职工人数占比

%

行业分类	1985 年	1990 年	1995 年	1996 年	1997 年	1998 年	1999 年	2000 年	2001 年	2002 年	新行业分类	2003 年	2004 年
农林牧渔业	29.8	27.2	25.1	24.6	24.2	23.8	23.6	23.3	21.7	21.2	农林牧渔业	21.60	20.88
采掘业	4.9	4.8	5.4	5.1	5.1	4.7	5.2	2.8	2.7	2.8	采矿业	4.10	4.29
制造业	11.4	13.4	12.4	12.4	12.0	10.3	9.8	9.1	8.2	7.4	制造业	7.14	6.41
电力、煤气及水的生产和供应业	1.0	1.1	1.3	1.4	1.5	1.6	1.6	1.6	1.9	1.9	电力、燃气及水的生产和供应业	2.00	1.94
建筑业	4.5	3.4	2.4	2.2	2.2	2.2	2.1	3.4	3.4	3.6	建筑业	2.01	2.15
地质勘查业水利管理业	2.2	2.0	1.2	1.2	1.3	1.3	1.3	1.4	1.6	1.6	交通运输、仓储和邮政业	3.44	2.84
交通运输仓储和邮电通信业	4.3	4.3	3.9	3.8	3.6	3.4	3.5	3.4	3.3	3.4	信息传输、计算机服务和软件业	0.52	0.57
批发零售贸易和餐饮业	10.1	9.2	9.4	9.2	9.0	7.9	6.7	5.7	4.7	4.1	批发和零售业	3.82	3.29
金融、保险业	1.7	1.9	1.9	1.8	1.8	1.8	1.9	1.8	2.0	1.9	住宿和餐饮业	0.73	0.70
房地产业	0.4	0.1	0.1	0.1	0.1	0.2	0.1	0.2	0.4	0.4	金融业	2.05	2.07
社会服务业	0.7	1.6	1.9	1.8	1.9	2.2	2.1	2.4	2.5	2.7	房地产业	0.42	0.47
卫生体育和社会福利业	3.3	3.8	4.4	4.4	4.6	5.0	5.2	5.5	5.8	5.8	租赁和商务服务业	0.81	0.95
教育、文化艺术和广播电影电视业	16.3	16.8	18.7	18.9	19.6	21.6	22.5	24.0	25.5	25.9	科学研究、技术服务和地质勘查业	1.30	1.48
科学研究和综合技术服务业	0.6	0.4	0.5	0.5	0.6	0.6	0.6	0.7	0.7	0.7	水利环境和公共设施管理业	2.22	2.38

续表

行业分类	1985 年	1990 年	1995 年	1996 年	1997 年	1998 年	1999 年	2000 年	2001 年	2002 年	新行业分类	2003 年	2004 年
国家机关政党机关和社会团体	8. 9	10. 2	11. 3	11. 9	12. 0	13. 1	13. 3	14. 0	14. 9	15. 5	居民服务和其他服务业	0. 10	0. 09
其他	0. 0	0. 0	0. 2	0. 6	0. 5	0. 3	0. 4	0. 6	0. 7	1. 0	教育	23. 75	24. 40
											卫生、社会保障和社会福利业	5. 88	5. 95
											文化、体育和娱乐业	1. 75	1. 69
											公共管理和社会组织	16. 37	17. 42

注:本表中 2002 年以前数据的行业分类为老口径,1999 年以后少数民族为单位从业人员。

数据来源:新疆五十年 1955—2005[M].中国统计出版社,2005. 数据经计算所得。

第三篇

贸易投资·开放篇

第八章

新疆与中亚五国的贸易合作与投资发展

中国日益成为经济全球化发展的推动者、践行者和受益者，全球第二大经济体的发展与崛起，得益于中国对外开放战略及贸易投资大国地位的不断巩固。中国已经连续8年保持全球货物贸易第一大出口国和第二大进口国，经济发展理念日益影响和推动着世界经济走向。

中亚地区是中国“一带一路”建设的重要指向区域，与中亚国家经贸往来的畅通与便利，更加具有标志性意义。中国坚持打开国门搞建设，主动参与和推动经济全球化进程，发展更高层次的开放型经济，坚持“奉行互利共赢的开放战略”及“谋求开放创新、包容互惠的发展前景”的中国理念、中国行动和中国贡献。

一、新疆与中亚五国的贸易合作概况

新疆紧紧追随国家发展步伐，大力推进“共商共建共享”原则下的丝绸之路经济带核心区建设，大力发展与周边国家的经贸合作往来与对外投资，中亚五国成为新疆重要的贸易伙伴。

（一）新疆与中亚五国贸易合作规模

新疆与中亚五国的进出口贸易总额（以美元计）概况如图8-1所示。2006—2016年的11年间，新疆与中亚五国进出口贸易由74.0亿美元上升至120.0亿美元。在这11年间，进出口贸易总体趋势分为三个波段，第一波段是以2009年为节点的2006—2009年的波动期，主要为2008年全球金融危机及2009年新疆经济发展不稳定因素下的进出口贸易较大幅度的回落阶段。这一为期 3 年的阶段,新疆与中亚五国的进出口贸易额曾于 2008 年达到 188 亿美元,呈现较大程度的增长态势。第二波段为 2009—2015 年的缓慢回升及再次下降阶段,这一阶段的影响因素主要是中亚地区货币贬值冲击下的经济乏力,以及世界能源资源市场疲软和俄罗斯经济发展滞缓对中亚国家的影响。在这一为期 6 年的阶段中,新疆与中亚五国的进出口贸易额于 2013 年达到 188. 8 亿美元,为 11 年间的最高进出口贸易额。第三波段为 2016 年起始的缓慢复苏阶段,呈现出世界经济复苏背景下的新疆与中亚五国进出口贸易总额缓慢上升。

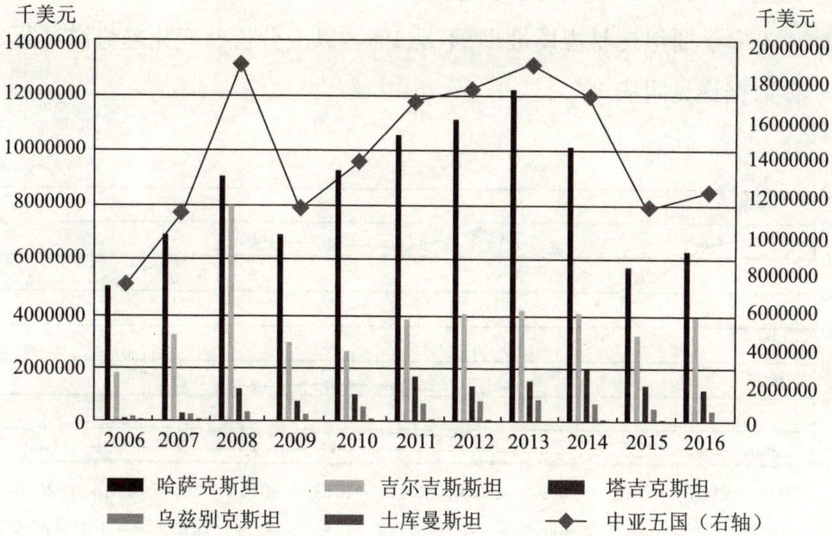

图 8-1　2006—2016 年新疆与中亚五国进出口贸易情况

由图 8-1 所示新疆与中亚五国进出口贸易情况可以看出,哈萨克斯坦是新疆重要的贸易伙伴,虽然其与新疆进出口贸易总额占中亚五国中的比重由 2006 年的 67. 8%下降至 52. 7%(见图 8-2),但是,哈萨克斯坦对新疆经贸的重要性仍是不言而喻的,其经贸规模直接影响了新疆对外贸易的总趋势。吉尔吉斯斯坦在中亚五国中,与新疆的经贸规模处于第二位,其所占比例由 2006 年的 25. 1%上升至 2016 年的 32. 8%。哈萨克斯坦与吉尔吉斯斯坦两国与新疆的经贸规模在中亚五国中的占比由 2006 年的 92. 9%下降至 2016 年的 85. 5%,处于绝对规模优势地位。塔吉克斯坦与新疆进出口贸易规模占中亚五国的规模比重由 2006 年的 2. 9%上升至 2016 年的 10. 6%,逐年递增趋势明显。乌兹别克斯坦与新疆进出口贸易规模占中亚五国的比重由 2006 年的 3. 6%上升至 2016 年的 3. 9%,11 年间的平均规模占比 4%,波动不显著。土库曼斯坦与新疆进出口贸易交易量较小,占中亚五国的比重由 2006 年的 0. 6%上升至 2015 年的 0. 8%,2012 年、2013 年和 2016 年这 3 年没有进出口交易,11 年平均交易规模占比仅为 0. 5%。由以上数据分析可以看出,新疆与中亚五国进出口贸易在波动中呈上升趋势,哈萨克斯坦和吉尔吉斯斯坦是新疆举足轻重的贸易伙伴,塔吉克斯坦逐渐占据 10%的贸易规模比重。乌兹别克斯坦与新疆进出口规模占比变化不大,基本保持 4%占比。而土库曼斯坦交易规模最小,不足 1%。以上分析及变化趋势详见图 8-2,具体数据详见附表 1。

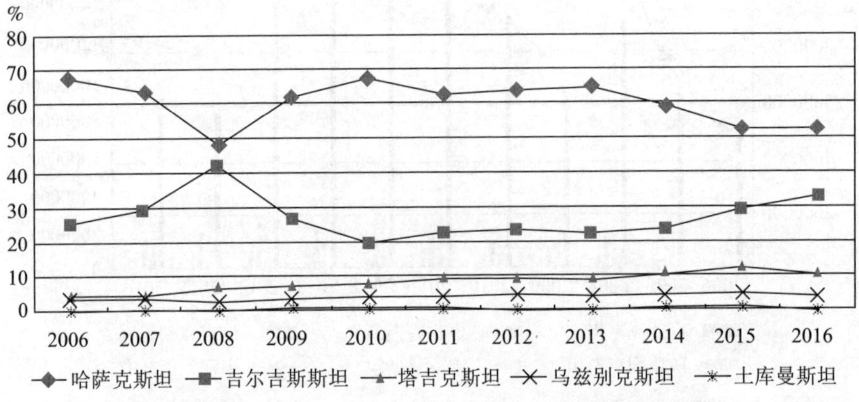

图 8-2　2006—2016 年新疆与中亚五国进出口贸易占比情况

新疆与中亚五国的经贸往来历史悠久,且交易规模和贸易环境始终决定着新疆对外经贸总规模及对外开放的总格局。自 2006 年以来,新疆与中亚五国的进出口贸易额占新疆全部进出口贸易额的比重由 2006 年的 81. 3%下降至 2016 年的 66. 8%,总体呈现连续下降的趋势(见图 8-3)。这一方面呈现出新疆进出口贸易伙伴多元化趋势明显,特别是在 2014 年,新疆与中亚五国进出口贸易下滑的情况下,新疆进出口贸易总规模仍呈增长态势;另一方面也反映出新疆与中亚五国贸易规模波动仍总体影响着新疆进出口贸易的总趋势。

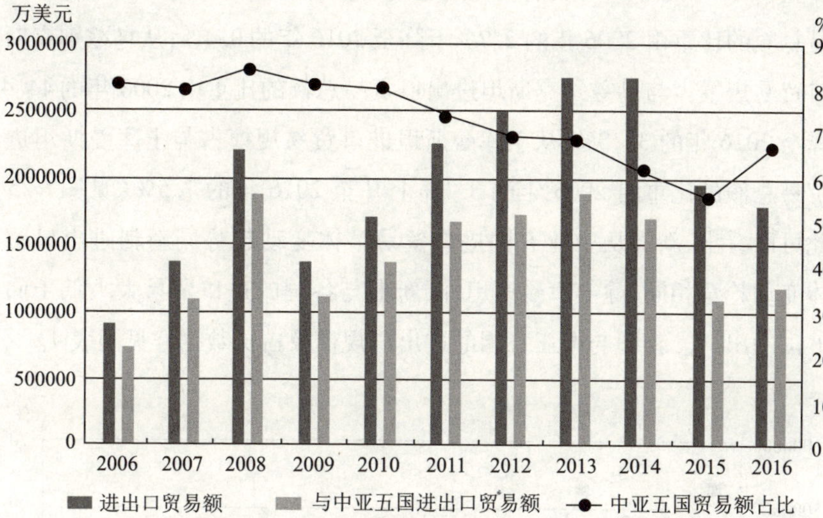

图 8-3　2006—2016 年新疆进出口贸易及其与中亚五国进出口贸易情况

新疆独特的地理区位，一直是新疆外向型经济发展的最持久和最具影响力的优势。但是，伴随着中国向西开放战略及“一带一路”建设的大力推进，中国与中亚国家经贸往来日益密切，中国各省市区与中亚地区交往日加频繁和更加有效，直接表现为新疆与中亚五国的交易规模占中国与中亚五国的交易规模的比重呈现极为显著的逐年下滑趋势，占比由 2006 年的 61.4%下降至 2015 年的历史最低点 33.7%，2016 年缓慢上升至 39.9%（详见图 8-4）。这说明，在当前丝绸之路经济带建设全面推进中，新疆并没有很好地跟紧国家战略指向及抓住经济发展机遇，原有的与中亚地区传统经贸优势很快淹没在全国向西外向型经济发展的激流中。

新疆进出口贸易以出口占优，对中亚五国的出口贸易额占对中亚五国进出口贸易总额的比重由 2006 年的 79.0%上升至 93.3%。这充分说明了新疆成为中国对中亚地区的窗口，但也表明由中亚地区进口的货物在新疆消费的程度越来越低，至 2016 年进口占比仅为 6.7%，呈现出新疆的市场活跃度越发不足。新疆从哈萨克斯坦进口贸易规模占与哈萨克斯坦进出口贸易总额的比重由 2006 年的 26.1%下降至 2016 年的 9.3%；从吉尔吉斯斯坦进口贸易规模占与吉尔吉斯斯坦进出口贸易总额的比重由2006年的5.9%下降至2016年的1.6%；从塔吉克斯坦进口贸易规模占与塔吉克斯坦进出口贸易总额的比重由2006年的2.7%下降至2016年的0.4%；从乌兹别克斯坦进口贸易规模占与乌兹别克斯坦进出口贸易总额的比重由2006年的44.4%下降至2016年的33.3%；从土库曼斯坦进口贸易规模占与土库曼斯坦进出口贸易总额的比重由2006年的3.1%上升至2016年的7.5%（见图8-5）。由此可以看出，新疆从中亚五国进口贸易整体变动趋势同新疆进出口贸易整体变动趋势相同，除土库曼斯坦外，新疆与各国的进口贸易大大低于向中亚五国的出口。新疆与中亚五国的进出口规模及占比数据详见附表4。

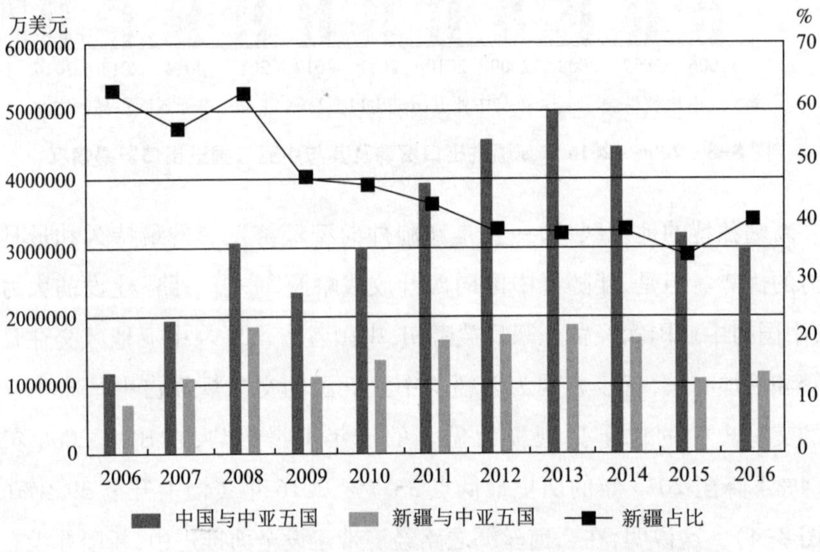

图8-4　2006—2016年中国及新疆与中亚五国进出口贸易情况

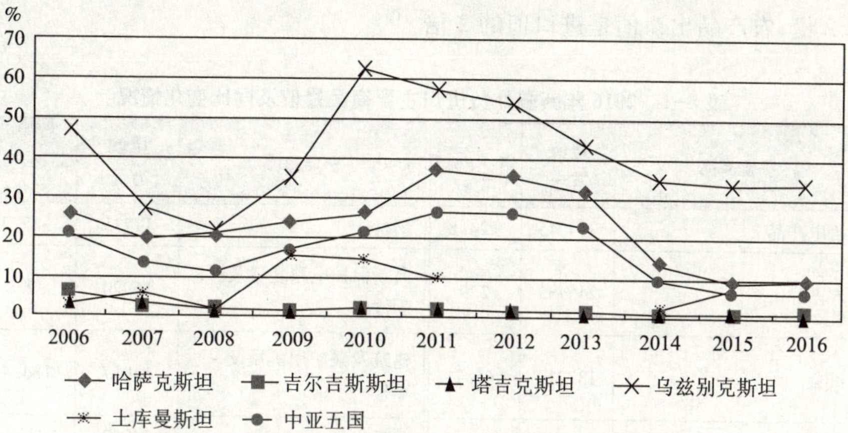

图 8-5 2006—2016 年新疆从中亚五国进口贸易情况

(二)新疆进出口贸易商品结构

2016 年,新疆外贸进口主要商品量值及同比变化情况如表 8-1 所示。机电产品、农产品、纸浆、纺织机械及零件和未锻轧铜及铜材是新疆进口商品人民币量值占前 5 位的商品,占主要进口商品量值比重分别为 23.5%、16.8%、9.4%、8.8%和 5.9%。机电产品产值比重最大,但相较于 2015 年,仍呈现 24.8%的同比下降。其他排名前 4 位的农产品、纸浆、纺织机械及零件和未锻轧铜及铜材,同比均呈递增趋势。高新技术产品以 6.02 亿元人民币、占比 4.1%的水平居进口商品第 6 位,同比呈现 40.1%的下降趋势。

2016 年,新疆外贸出口主要商品量值及同比变化情况如表 8-2 所示。服装及衣着附件,机电产品,鞋类,纺织纱线、织物及制品和农产品是新疆出口商品量值占前 5 位的商品,占主要出口商品量值比重分别为 23.2%、21.1%、13.5%、6.9%和 4.3%。服装及衣着附件商品量值占比最大,达到 272.5 亿元,同比增长 30.1%;机电产品为第二大出口商品,量值达到 247.5 亿元,同比减少 20.8%;鞋类和纺织纱线、织物及制品均保持 3.6%和 14.1%的同比增长水平;农产品同比下降 6.8%。在 30 种主要出口商品中,17 种商品量值同比呈现下降态势。

由以上新疆外贸进出口商品结构可以看出,机电产品和农产品在新疆外贸的进口及出口中,都占有比较大的份额,机电产品出口值是进口值的

7.2倍，农产品出口值是进口值的2倍。①

表8-1 2016年新疆外贸进口主要商品量值及同比变化情况

主要商品	量值（万元）	同比（%）	主要商品	量值（万元）	同比（%）
机电产品	344045	-24.8	钢材	17735	-32.7
农产品	246435	2.9	通断保护电路装置及零件	16920	-2.8
纸浆	137910	66.2	建筑及采矿用机械及零件	14087	184.4
纺织机械及零件	129218	42.6	羊毛	14052	43.3
未锻轧铜及铜材	86870	5150.8	食用植物油	11602	-28.2
高新技术产品	60205	-40.1	煤及褐煤	10694	1
鲜、干水果及坚果	41762	-15.8	汽车	10622	-21
铁矿砂及其精矿	38818	76.3	氧化铝	10293	-69.8
牛皮革及马皮革	38667	17.2	初级形状的塑料	6954	-74.6
粮食	35931	82.2	酒类	6739	260.4
计量检测分析自控仪器及器具	34786	-16.6	未锻轧铝及铝材	5774	13.6
锯材	33646	14.1	铜矿砂及其精矿	5556	-80.5
医疗仪器及器械	31702	0.9	医药品	5471	77.6
棉花	31417	-50.9	乙二醇	5096	.
纺织纱线、织物及制品	28314	-32.3	机械提升搬运装卸设备及零件	4527	-0.3

数据来源：中华人民共和国乌鲁木齐海关。

表8-2 2016年新疆外贸出口主要商品量值及同比变化情况

主要商品	量值（万元）	同比（%）	主要商品	量值（万元）	同比（%）
服装及衣着附件	2724682	30.1	鲜、干水果及坚果	135207	0.7
机电产品	2475225	-20.8	塑料制品	127161	-34.5
鞋类	1580466	3.6	圣诞用品	103605	3.8

① 由于数据的不可获得性，本节中未讨论新疆与中亚五国进出口贸易的商品结构。

续表

主要商品	量值（万元）	同比（%）	主要商品	量值（万元）	同比（%）
纺织纱线、织物及制品	808651	14.1	轴承	90488	49.1
农产品	501642	-6.8	玻璃制品	58186	-27.3
灯具、照明装置及零件	428638	-31.2	汽车	48390	-42.9
文化产品	352774	13.9	床垫、寝具及类似品	39826	26.1
箱包及类似容器	352441	13	电线和电缆	39521	21.2
陶瓷产品	321106	-50.2	家具及其零件	37946	-61.9
汽车零配件	298546	-6.9	风力发电机组	37213	11.5
钢材	227339	-14.1	手用或机用工具	33603	-8.5
番茄酱	226552	-10.3	通断保护电路装置及零件	33433	-22.9
初级形状的聚氯乙烯	215105	39	花岗岩石材及制品	33071	-9
高新技术产品	192742	-3.9	塑料编织袋（周转袋除外）	32291	-6.2
玩具	135299	1351.1	体育用品及设备	29441	-33.7

数据来源：中华人民共和国乌鲁木齐海关。

（三）新疆进出口贸易总额及贸易方式

新疆进出口贸易情况如附表5及图8-6所示，2006—2016年新疆进出口贸易总额情况历经两个波动期：2006—2009年为第一个波动期，2009年为此波动期的最低点，这与新疆和中亚五国贸易发展走势相同，是因2008年全球金融危机及2009年新疆经济发展不稳定因素影响下的进出口贸易较大幅度的回落阶段；2010—2016年为第二个波动期，主要原因同样是由于国际经济与贸易发展乏力，中亚地区饱受货币贬值冲击，世界能源资源市场疲软和俄罗斯经济发展滞缓对中亚国家的影响。同时，由于新疆自身经济发展存在的影响，新疆进出口贸易目前仍呈现2014年发展高点后的回落阶段，进出口贸易总额及出口贸易均呈现下降趋势，这与2016年新疆与中亚五国的贸易缓慢回升有所不同。

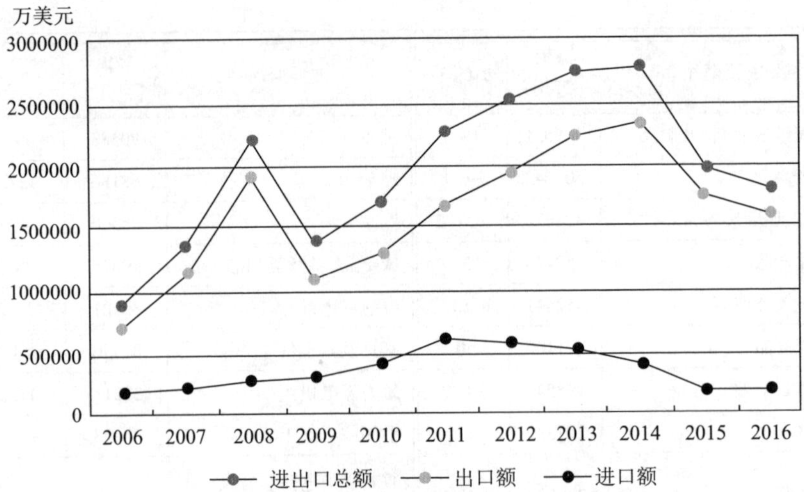

图 8-6　2006—2016 年新疆进出口贸易情况

新疆进出口贸易的主要方式为一般贸易和边境贸易。新疆出口以边境贸易为主,2006—2016 年年均占比为 61. 4%,占比呈现由 2006 年的 73. 1%上升至 2008 年最高点的 81. 7%,之后经历连续 4 年的下滑至 2012 年最低点的 46. 1%,之后进入缓慢回升阶段,2016 年回升至占出口总额的 67. 7%。新疆进口也以边境贸易为主,2006 年新疆进口边境贸易占比达到 64. 4%,但是,伴随着新疆进口贸易额自 2012 年呈现逐年下降趋势,2014 年进口贸易中边境贸易迅速下降,由 2013 年的占比 70. 4%下降至 32. 9%,再下降至 2015 年的 12. 4%和 2016 年的 13. 3%。由此可以看出,新疆进口边境贸易下滑严重,出口边境贸易呈现缓慢回升态势。新疆进出口贸易方式及占比情况如图 8-7 所示。

以 2015 年和 2016 年为例,按照贸易方式分,新疆外贸进出口详情如表 8-3 所示。在此,特别考察加工贸易占比情况。2015 年和 2016 年,新疆出口加工贸易占比均不足 1%,且 2016 年仍在缩小,仅为 0. 2%;进口加工贸易,2015 年占比为 5. 3%,2016 年下降至 2. 3%。由此可见,加工贸易在新疆进出口贸易方式中,是个非常薄弱的环节。

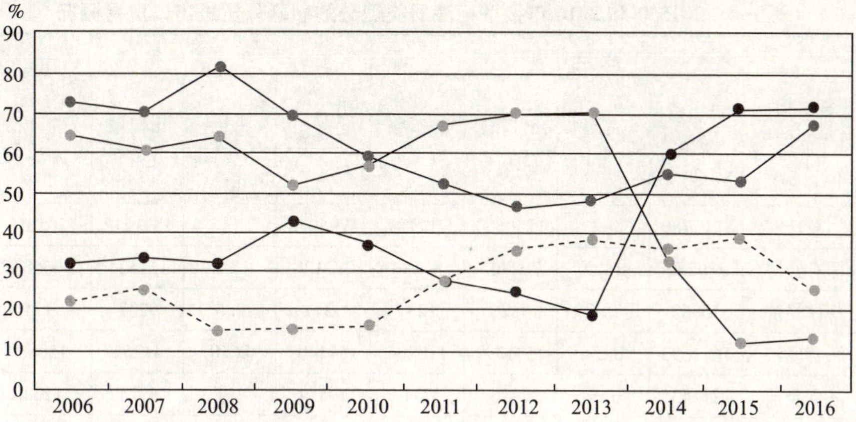

图 8-7　2006—2016 年新疆进出口主要贸易方式概况

表 8-3　2015 年和 2016 年新疆外贸进出口贸易方式概况

按贸易方式分	2015 年					2016 年				
	进出口总额（万美元）	出口额（万美元）	进口额（万美元）	占比（%）	占比（%）	进出口总额（万美元）	出口额（万美元）	进口额（万美元）	占比（%）	占比（%）
总计	1967789	1750600	217189			1796328	1591212	205116		
一般贸易	837606	682147	155459	39. 0	71. 6	555617	409431	146186	25. 7	71. 3
加工贸易	26307	14779	11528	0. 8	5. 3	7691	2905	4786	0. 2	2. 3
边境小额贸易	961946	935045	26901	53. 4	12. 4	1104375	1077017	27358	67. 7	13. 3
其他贸易	141930	118629	23301	6. 8	10. 7	128645	101859	26786	6. 4	13. 1

数据来源:《新疆统计年鉴 2017》。

(四)新疆进出口贸易按登记注册类型分

按登记注册类型分,可以考察新疆进出口贸易的经济类型,由表 8-4 可以看出,新疆私营经济在进出口贸易中贡献了巨大力量,并且私营经济占比提升至 2016 年的 86. 0%,国有经济则下降至 12. 4%。

表 8-4　2015 年和 2016 年按登记注册类型分的新疆外贸进出口贸易概况

按登记注册类型分	2015 年				2016 年			
	进出口总额（万美元）	占比（%）	出口额（万美元）	进口额（万美元）	进出口总额（万美元）	占比（%）	出口额（万美元）	进口额（万美元）
总计	1967789		1750600	217189	1796328		1591212	205116
国有经济	289282	14.7	202702	86580	222138	12.4	161534	60604
集体经济	10063	0.5	8826	1237	9371	0.5	9237	134
私营经济	1641693	83.4	1531399	110294	1544409	86.0	1413520	130889
三资企业	25143	1.3	7426	17717	19554	1.1	6724	12830
其他经济	1608	0.1	247	1361	856	0.0	197	659

数据来源:《新疆统计年鉴 2017》。

（五）新疆地州市进出口贸易概况

新疆 15 个地州市积极践行丝绸之路经济带核心区建设,大力发展外向型经济,但由于新疆经济发展滞缓因素的影响及各地州发展实力的不同,进出口贸易表现不同。乌鲁木齐市、伊犁州直、喀什地区及以阿拉山口市为核心的博州地区,是新疆外向型经济发展优势地区。2016 年,乌鲁木齐市,作为新疆首府城市及经济社会发展中心城市,在新疆进出口贸易中,位居第一,进出口总额占新疆进出口总额的 27.3%,进口额占新疆进口总额的 34.0%,外向型经济发展地位突出。以霍尔果斯市为引领的伊犁州直属县（市）进出口总额占新疆进出口总额的 25.1%,略低于乌鲁木齐市 2.2 个百分点;伊犁州直出口优势明显,出口额占新疆总出口额的比重为 27.7%,超过乌鲁木齐 1.3 个百分点;但是,伊犁州直进口额仅占新疆总进口额的 5.4%,可见,伊犁州直属县（市）向西贯通优势明显,但是返程进口仍较为欠缺。喀什地区进出口贸易总额占新疆进出口贸易总额的比重为 15.9%,位居第三,且出口贸易明显,出口额占新疆出口贸易总额的比重为 17.7%,同样进口贸易发展非常滞缓。可见,喀什周边市场难以与新疆及内陆省区形成互补模式。以阿拉山口市为龙头的博尔塔拉蒙古自治州,大力推动口岸强州发展战略,进出口贸易总额占新疆进出口贸易总额的比重为 6.0%,与其提出的口岸强州目标仍有较大差距。博州以进口为显著,占新疆进口比重达到26.6%，但出口比重仅为3.3%，这与向西进军欧洲形成的每周一列的西进班列形成较为鲜明的差距，可见，欧洲班列仍以内陆省区为主；博州进口仍以大宗贸易为主。2016年新疆地州市外贸进出口及其占比情况见表8-5。

表8-5　2016年新疆地州市外贸进出口及其占比情况

	进出口总额（万美元）	出口额（万美元）	进口额（万美元）	进出口总数占比（%）	出口额占比（%）	进口额占比（%）
总计	1796328	1591212	205116			
乌鲁木齐市	490258	420620	69638	27.3	26.4	34.0
克拉玛依市	13179	6330	6849	0.7	0.4	3.3
石河子市	37551	35788	1763	2.1	2.2	0.9
吐鲁番市	2147	1909	238	0.1	0.1	0.1
哈密市	54593	51284	3309	3.0	3.2	1.6
昌吉回族自治州	114107	101541	12566	6.4	6.4	6.1
伊犁州直属县（市）	451544	440512	11032	25.1	27.7	5.4
塔城地区	56857	53925	2932	3.2	3.4	1.4
阿勒泰地区	94949	86937	8012	5.3	5.5	3.9
博尔塔拉蒙古自治州	107613	53021	54592	6.0	3.3	26.6
巴音郭楞蒙古自治州	39347	14621	24726	2.2	0.9	12.1
阿克苏地区	15495	13772	1723	0.9	0.9	0.8
克孜勒苏柯尔克孜自治州	30502	26846	3656	1.7	1.7	1.8
喀什地区	286317	282347	3970	15.9	17.7	1.9
和田地区	1869	1759	110	0.1	0.1	0.1

数据来源：《新疆统计年鉴2017》。

二、新疆与中亚五国的投资发展概况

对外直接投资与经济增长的关系研究，常见于理论研究，实证研究也多有涉及，研究结论较多集中于对外直接投资促进经济增长，对外直接投资增长率与经济增长率存在因果关系。对外直接投资的经济效应，主要集中在对外直接投资促进母国经济增长、两国贸易、增加就业以及技术等方面。①

新疆作为推动中国向西开放、承载丝绸之路经济带愿景的核心区，与中亚国家的经济贸易往来历史悠久，经济贸易合作的共性和互补性兼具。伴随着新疆经济发展水平的逐步提升及与中亚五国进出口贸易的快速发展，新疆“走出去”步伐加快，投资发展行为日益活跃。中亚五国首先成为新疆对外投资的重要目标国。

(一)新疆对外投资发展概况②

新疆通过对外直接投资，可以获取经济发展所必需的各类资源，诸如能源资源、技术资源、人力资源等，促使企业“走出去”的能力得到锻炼和提升，并对促进各类经济发展要素的流动起到推动作用，进而进一步转化成为新疆经济发展的动力源泉。据《中国对外直接投资统计公报》数据，新疆维吾尔自治区及新疆生产建设兵团2003—2016年对外非金融类直接投资流量如图8-8所示。③ 2003年，新疆对外直接投资流量仅27万美元，新疆生产建设兵团为94万美元；至2016年，新疆对外直接投资流量达到117150万美元，成为自2003年以来的14年间最高对外直接投资额，也是14年来居第二高对外直接投资额(2015年为61077万美元)的1.9倍；新疆对外非金融类直接投资流量总体呈现明显的上升趋势，且2016年增长非常迅速。新疆生产建设兵团2003年对外非金融类直接投资流量为94万美元，是当年新疆维吾尔自治区对外非金融类直接投资流量27万美元的3.5倍；2016年，新疆生产建设兵团对外非金融类直接投资流量为8544万美元，仅是当年新疆维吾尔自治区对外非金融类直接投资流量117150万美元的7.3%；自2003年以来的14年，除2007年新疆生产建设兵团对外非金融类直接投资流量增长迅速外，基本呈现总体的缓慢下降趋势，且与新疆维吾尔自治区相比，对外直

---

① 申恩威，王婉如．对外直接投资理论综述[R]//冯雷，夏先良主编．中国国际商务理论前沿(7)[M].北京：社会科学文献出版社，2014.

② 鉴于数据的可获得性，本节讨论的是新疆对外直接投资情况，而不是新疆对中亚国家的直接投资情况。

③ 数据来源：2011年度、2016年度《中国对外直接投资统计公报》。当期对外直接投资流量等于当期对外直接投资总额减去当期境外企业对境内投资者的反向投资。对外直接投资额是指境内投资者在报告期内直接向其境外企业实现的投资，包括股权投资、收益再投资及债务工具三部分。

接投资差距扩大迅速。综上所述,新疆对外投资[①]发展呈现显著的增长趋势(新疆对外非金融类直接投资流量详细数据见附表 8)。

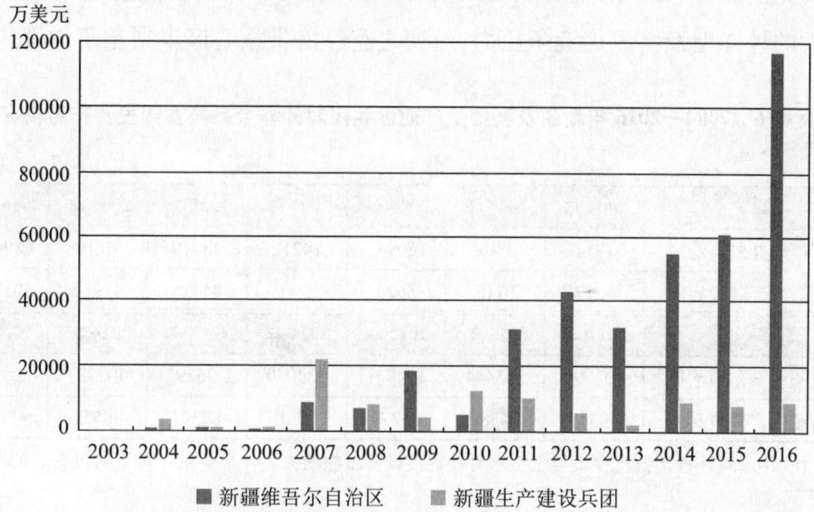

图 8-8　2003—2016 年新疆维吾尔自治区及兵团对外非金融类直接投资流量情况

新疆对外投资流量和存量均呈现上升趋势(见表 8-6),新疆对外投资发展实现了长足的进步。但是,新疆与全国其他 30 个省市区相比,对外直接投资流量和存量占内陆省区地方总量及全国总量的比例均较小,如图 8-9 所示,反映了 2003—2016 年新疆对外直接投资流量在全国 31 个省市区及在西部 12 个省市区对外投资占比情况。由此可以看出,除 2004 年和 2007 年外,新疆对外投资规模占全国及占西部省区市的比重均是较小的(详细数据参见附表 9)。14 年来,占全国 31 个省市区当年投资流量规模平均比重仅为 1.7%,占西部 12 个省区市平均比重仅为 14.6%。投资流量规模占比缩小趋势比较明显。在西部省区市中,新疆投资流量规模位居中等水平,在 2004 年和 2007 年,新疆位居西部第一,甘肃省和云南省各有 4 次位居西部省区市当年投资流量第一,四川和重庆各两次位居西部第一。新疆当年对外投资规模优势并不显著,同是西部、边疆、民族地区的云南省,投资规模优于新疆;

① 这里的新疆对外投资是指新疆维吾尔自治区与新疆生产建设兵团对外投资之和。

而同是西部省区且为内陆省区的甘肃省，投资规模也优于新疆。伴随着中国“一带一路”愿景的推进及向西开发开放战略的实施，全国各省区市对外投资竞争能力快速增强，特别是四川省及重庆市发展更为迅速，新疆面临着更大的外向型经济发展竞争压力，丝绸之路经济带核心区谋划竞争加剧。

表 8-6　2004—2016 年新疆及新疆生产建设兵团对外非金融类直接投资存量情况

单位：万美元

	2004 年	2005 年	2006 年	2007 年	2008 年	2009 年	2010 年
新疆维吾尔自治区	1811	4301	8994	14212	38419	51601	68983
新疆生产建设兵团	5217	6718	5628	35905	44416	44910	50598
	2011 年	**2012 年**	**2013 年**	**2014 年**	**2015 年**	**2016 年**	
新疆维吾尔自治区	103390	145444	174951	234030	296592	400533	
新疆生产建设兵团	59319	64589	65279	75701	84391	38552	

注：年末对外直接投资存量等于年末对外直接投资总额减去境外企业累计对境内投资者的反向投资。

数据来源：2011 年度、2016 年度《中国对外直接投资统计公报》。

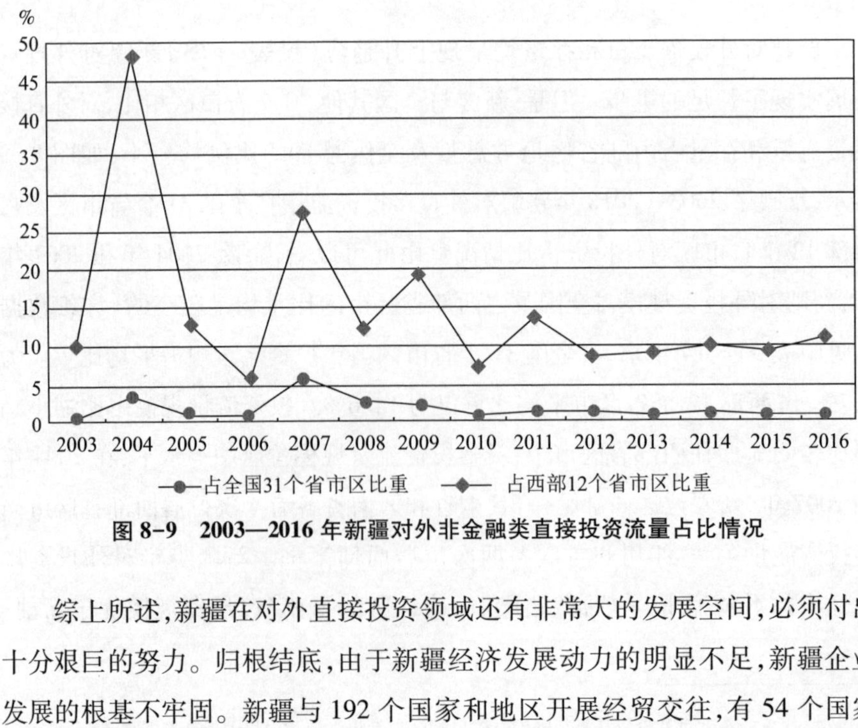

图 8-9　2003—2016 年新疆对外非金融类直接投资流量占比情况

综上所述，新疆在对外直接投资领域还有非常大的发展空间，必须付出十分艰巨的努力。归根结底，由于新疆经济发展动力的明显不足，新疆企业发展的根基不牢固。新疆与 192 个国家和地区开展经贸交往，有 54 个国家和地区来疆投资兴业，在53个国家和地区开展投资合作。截至2016年底，新疆累计外经贸企业备案登记1.3万余家，进出口超亿美元的企业有40余家，其中15家进入中国民营企业进出口500强。2016年，新疆对"一带一路"国家进出口额达148.7亿美元，占全疆外贸总额的82.8%；实际利用"一带一路"国家投资1.9亿美元，占全疆利用外资总额的47.5%。对"一带一路"国家实际投资1.36亿美元，占全疆境外投资总额的16.03%；对"一带一路"国家承包工程营业额8.5亿美元，占全疆境外承包工程营业总额的68.7%。新疆不但与中亚国家保持着较快的经贸投资合作，而且与格鲁吉亚和白俄罗斯保持着密切经贸往来。企业"走出去"步伐加快，境外园区建设稳步推进。2017年1—6月，新疆实现进出口总额90.47亿美元，同比增长34.0%，增速比上年同期提高27.2个百分点。其中：出口总额77.75亿美元，同比增长34.8%，增速比上年同期提高26.6个百分点；进口总额12.72亿美元，同比增长29.3%，增速比上年同期提高30.6个百分点。[①] 进出口贸易形势出现大幅度增长趋势。

新疆大力推动深化在农业、能源、金融等领域的外向型发展之路，大力支持企业通过集群式发展、产业化经营"走出去"。截至2017年6月，新疆有境外投资企业558家，中方协议投资总额88.93亿美元，其中，产能合作项目43个，中方协议投资额43.99亿美元。项目分布在50多个国别方向，主要集中在哈萨克斯坦、吉尔吉斯斯坦、塔吉克斯坦、乌兹别克斯坦、土库曼斯坦等中亚五国和中国香港。特变电工股份有限公司在塔吉克斯坦能源项目以及其在全球60多个国家和地区提供涵盖电网、电源建设的成套项目，将中国电力标准、装备制造及装备制造服务业引领世界发展方向，使特高压输电成为继高铁、核电之后的第三张国家名片。2017年8月，特变电工在安哥拉承建的超大型输变电项目正式竣工。其他诸如新疆广汇石油有限公司在哈萨克斯坦斋桑、南依玛谢夫油气田项目，新疆三宝实业集团在哈萨克斯坦东哈州畜禽养殖项目，新疆中泰新丝路农业投资有限公司在塔吉克斯坦棉纺

① 新疆统计局. 2017年上半年新疆国民经济运行情况新闻发布稿[EB/OL]. http://mp. weixin. qq. co
m/s/FGZ_jAf1oEIaly9xW78q4w.

产业一体化项目,新疆元坤金谷农业科技有限公司在哈萨克斯坦农产品流通项目,新疆金风科技股份有限公司控股金风国际(香港)有限公司增资德国金风风能有限公司项目,均有序开展。华菱集团在格鲁吉亚兴建工业园区和国际经济特区,成为格鲁吉亚投资规模最大的外企之一。新疆美克化工股份有限公司实现通过中欧班列整车向世界最大化学品生产企业巴斯夫所在的德国路德维希港出口液体化学品,开创了新疆石油石化产业正式打开欧洲市场的新局面。中外运新疆公司中巴贸易车队于 2016 年 11 月首次成功穿越巴基斯坦西部实现中巴经济走廊的真正贯通。一大批有实力、有活力的新疆民营企业借助丝绸之路经济带建设,开创了更加广阔的市场。

新疆上至各级政府,下至各类企业,均对丝绸之路经济带核心区建设充满了期待,对新疆日益提升的国家发展地位及建设所处的发展优势给予渴望,迫切寻求自我发展机遇,积极尝试参与丝路建设。但是,由于众多企业均存在自身发展问题,诸如科技创新能力不足,产品附加值低,国外市场环境陌生,项目缺乏可行性研究和前期调研,缺乏相关服务信息,从而畏惧心理强烈,不敢轻易涉足周边国家贸易与投资。同时,已经“走出去”的企业,面临的困难较多,很多企业形容自己的经营状态是处于“坚守”状况。这些困难包括:海外项目信用保险费用过高,新疆地方财政补贴力度有限,企业负担过重;企业资金回流慢,限制多;投资安全风险大。即使是对新疆具有重大建设发展意义的中巴经济走廊和中蒙俄经济走廊,新疆企业参与难,获取“资本、技术、市场、信息等生产资源”的意识和能力严重不足。电子商务、现代物流、大数据应用开启的全新贸易时代,还未根本撼动新疆企业的传统贸易发展方式,跨境电子商务难度大、物流成本过高、政策落实周期较长等问题制约着企业与经济发展的活力。

(二)中国对中亚五国投资发展概况

中国改革开放以来,经济发展已经深度融入全球经济一体化的进程。在全球经济发展中日益发挥重要作用的对外直接投资行为,越发得到各个国家的重视,并以其不断扩大的规模和流向更加深刻地影响着世界经济的发展。

根据邓宁投资发展周期理论,“一国作为 FDI 投资国(FDI 流出减流入)地位与该国经济发展水平密切相关,具有周期性规律,呈现出阶段性特征”①,并给出投资发展周期阶段的 GDP 标准。联合国贸发会议(2006 年)重新界定了各阶段人均 GDP 的分界点。投资发展周期阶段的 GDP 标准如表 8-7 所示。朱华(2012)通过实证分析认为,中国 FDI 处于投资发展周期的第三阶段,中国 OFDI 的发展先于而不是滞后于人均 GDP 的发展;并认为,在全球化背景下后发国家通过资产获得型 FDI 一定程度上弥补了企业所有权优势的不足。②

表 8-7　投资发展周期阶段的 GDP 标准　　单元:美元

GDP 阶段标准	Ⅰ	Ⅱ	Ⅲ	Ⅳ	Ⅴ
Dunning(1981)	<400	400~1500	2000~4750	>5000	
UNCTAD(2006)	<2500	2500~10000	10000~25000	25000~36000	>36000

注:Dunning 标准为人均 GDP 值。

数据来源:本表根据朱华(2012)文章整理所得。

进入 2014 年,中国人均 GDP 达到 7590 美元(见附表 6),经济发展水平得到进一步提升,在 2015 年世界经济论坛发布的《全球竞争力报告 2015—2016》中,中国已经进入效率驱动的经济发展阶段,即第二阶段。③ 在投资发展周期理论中处于 UNCTAD(2006)的第二发展阶段,Dunning(1981)的第四发展阶段,具有对外投资程度相对大、所有权优势明显的投资特征。

中国对外直接投资活动开展的历史虽然不长,但是发展迅速,2010 年后进入快速发展时期,企业“走出去”的意愿和能力都大为增强。自 2003 年官方权威发布对外投资相关统计数据以来,中国对外直接投资连续 12 年增长,2002—2014 年的年均增长速度达到 37.5%,为中国经济增长与发展奠定了

---

① 朱华.投资发展周期理论与中国 FDI 发展阶段定位研究[J].经济学动态,2012.5:37.

② 朱华.投资发展周期理论与中国 FDI 发展阶段定位研究[J].经济学动态,2012.5:42,47.

③ 2015 经济发展论坛.全球竞争力报告 2015—2016[R].全球竞争力报告指出,经济发展共分三个阶段,第一至第三发展阶段分别是因子驱动的经济发展阶段、效率驱动的经济发展阶段和创新驱动的经济发展阶段。哈萨克斯坦属于从第一阶段向第二阶段过渡的经济发展阶段;吉尔吉斯斯坦、塔吉克斯坦属于因子驱动的经济发展阶段,即第一阶段。中国及中亚五国经济发展基本概况如本章末附表 6 所示。

坚实的基础。2014 年中国对外直接投资分别占全球当年流量、存量的 9.1%和 3.4%,流量连续三年位列按全球国家(地区)排名的第三,占比较上年提升 1.5 个百分点,存量位居第八,排名较上年前行 3 位。① 中国当前对外直接投资的一大亮点就是:欧盟、美国、澳大利亚等发达国家和地区已经成为中国对外直接投资的首选投资目的地。

相较而言,中国对中亚国家的对外直接投资占中国对外直接投资的比例很小,在历史最高时期的对外直接投资流量比例仅为 3.9%(2012 年),直接投资存量占比更小,仅为 1.5%(2012 年)。2003—2014 年,中国对中亚国家的直接投资占中国对亚洲及世界投资的比重见图 8-10(流量图)和图 8-11(存量图)。由图 8-11 可以看出,中国对中亚国家直接投资存量占中国对亚洲及中国对世界对外直接投资存量的比重分别由 2003 年的 0.2%和 0.1%上升至 2014 年的 1.7%和 1.1%,即对中亚国家直接投资存量总体呈现递增趋势。②

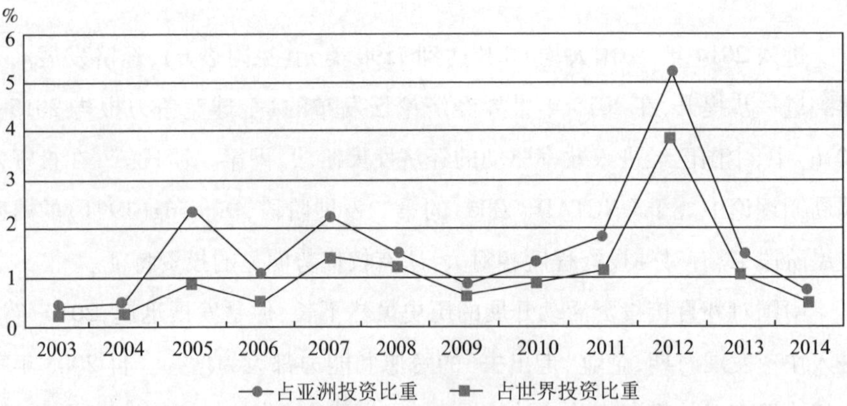

图 8-10　2003—2014 年中国对中亚国家直接投资流量占对亚洲及世界投资的比重

① 本段数据引自《2014 年度中国对外直接投资统计报告》,第 6 页和第 4 页。

② 中国对中亚国家的对外直接投资流量及存量统计数据均出自 2011 年度和 2014 年度《中国对外直接投资统计公报》,以下无特别说明均与此同。

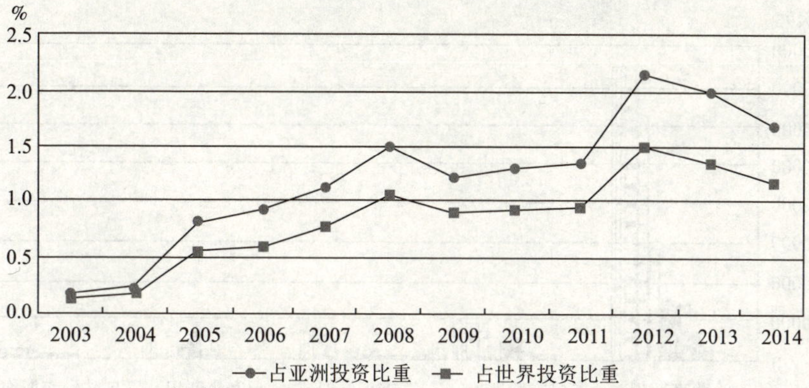

图 8-11　2003—2014 年中国对中亚国家直接投资存量占对亚洲及世界投资的比重

中国对中亚五国直接投资流量情况如图 8-12 所示。中国对哈萨克斯坦对外直接投资较其他 4 个国家规模大，特别是 2012 年，对外直接投资流量达到 299599 万美元，主要分布在采矿业、交通运输业、专业技术服务和建筑业等领域，使得哈萨克斯坦成为当年中国对外直接投资流量排名第 3 位的国家，占比达到 3.4%（当年中国香港排名第 1，占比 58.4%；美国排名第 2，占比 4.6%）。2014 年，中国对哈萨克斯坦对外直接投资流量为-4007 万美元，主要是境外企业对境内投资主体的负债减少（即债务工具为减项）。2014 年，哈萨克斯坦是中国对外直接投资存量排名第 12 位的国家，存量达 754107 万美元，占比 0.8%（中国对中亚五国直接投资存量情况见图 8-13）。

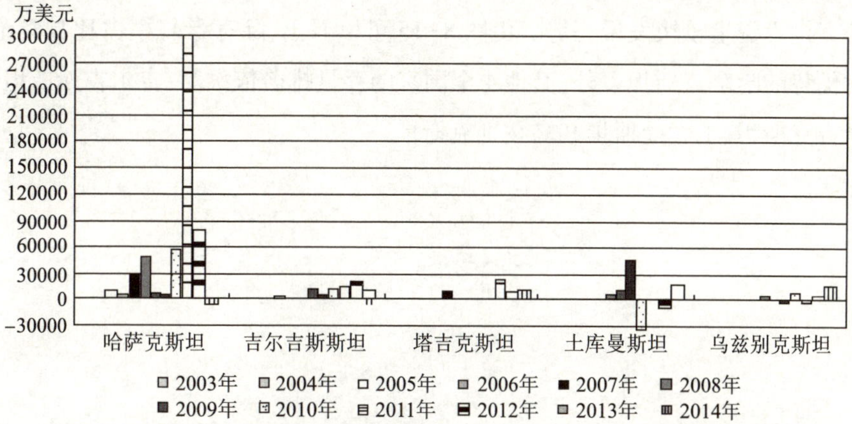

图 8-12　2003—2014 年中国对中亚五国对外直接投资流量情况

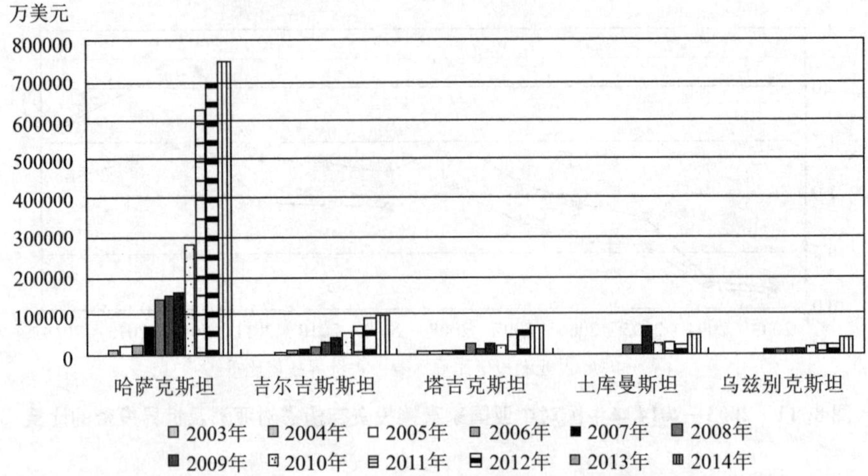

图 8-13　2003—2014 年中国对中亚五国对外直接投资存量情况

虽然对外直接投资规模比不上哈萨克斯坦，但是，中国对吉尔吉斯斯坦、塔吉克斯坦、土库曼斯坦和乌兹别克斯坦的直接投资均呈现整体上升趋势。特别是 2014 年，中国对塔吉克斯坦、土库曼斯坦、乌兹别克斯坦的投资均实现较快的增长。

图 8-14 及图 8-15 分别反映了中国对中亚五国对外直接投资流量和存量占对中亚五国直接投资总流量和总存量的比重。由图 8-14 可以看出，中国对土库曼斯坦的对外直接投资呈现较快的增长，特别是在 2014 年全球经济依旧低迷的状态下，中国对塔吉克斯坦、土库曼斯坦和乌兹别克斯坦的对外直接投资呈较快发展态势。由图 8-15 可以看出，除存量规模占比具有绝对优势的哈萨克斯坦以外，其他 4 个国家的存量排名依次为：吉尔吉斯斯坦、塔吉克斯坦、土库曼斯坦和乌兹别克斯坦。

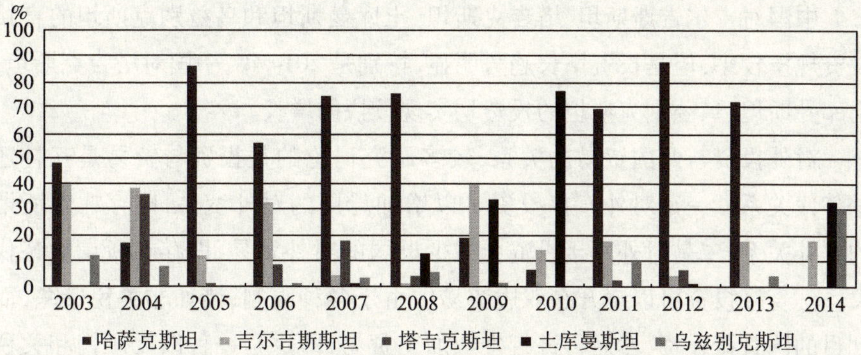

图 8-14　2003—2014 年中国对中亚五国对外直接投资流量占中亚投资总流量的比重

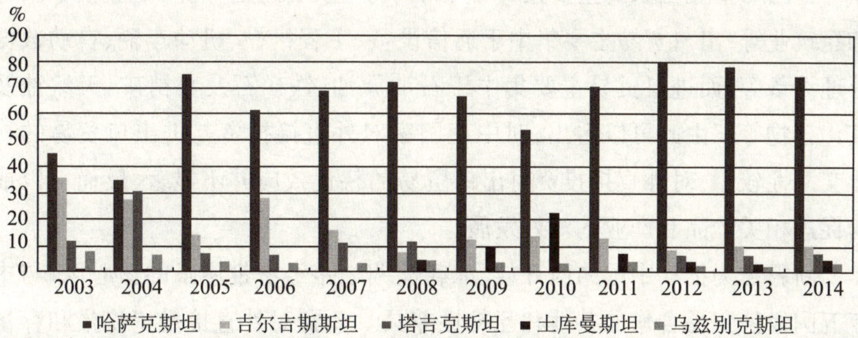

图 8-15　2003—2014 年中国对中亚五国对外直接投资存量占中亚投资总存量的比重

综上所述,中国对外直接投资发展十分迅速,2002—2014 年的年均增长速度达到 37.5%,为中国经济增长与发展奠定了坚实的基础。欧盟、美国、澳大利亚等发达国家和地区已经成为中国对外直接投资的首选投资目的地。但是,中亚国家未能成为中国目前众多企业所瞩目的热点投资地区,未能成为中国海外并购热选的目的地,中国对中亚国家的对外直接投资比重仍较小。中国对中亚国家的对外直接投资占中国对外直接投资的比重十分小,在历史最高时期的对外直接投资流量比例仅占 3.9%(2012 年),直接投资存量占比更小,仅为 1.5%(2012 年)。

在中亚五国中,中国对哈萨克斯坦对外直接投资规模远远大于其他 4 个中亚国家,主要分布在采矿业、交通运输业、专业技术服务和建筑业等领域。2014 年,哈萨克斯坦是中国对外直接投资存量排名第 12 位的国家,存量达 754107 万美元,占比 0.8%。

中国对吉尔吉斯斯坦、塔吉克斯坦、土库曼斯坦和乌兹别克斯坦的直接投资规模较小,但是投资增长趋势明显,特别是 2014 年,中国对塔吉克斯坦、土库曼斯坦、乌兹别克斯坦的投资均实现较快的增长。

对外投资与两国贸易的关系,较多研究讨论的是投资与贸易是互补还是替代关系。一是对外直接投资可以增加母国的对外贸易,即存在着所谓的互补关系;二是对外直接投资会减少母国的对外贸易,即存在所谓的替代关系。直接投资可以绕开在双边贸易中由于各种限制,诸如非关税壁垒,而到目的国直接投资,然后再进行生产加工贸易,即这是一种以反倾销和关税为代表的贸易壁垒诱发式的投资行为。

中国对中亚国家的主要投资集中于采矿业、交通运输业、专业技术服务和建筑业等,出口贸易主要集中于通信设备、工程机械、机动车辆、自动数据处理设备等,而进口贸易主要集中于石油原油、铁矿石及其精矿、天然铀及其化合物等。由此可以看出,对中亚国家对外直接投资与进出口贸易的行业交叉性较小,对外直接投资对出口贸易的替代效应并不显著,反而可以成为促进相关产品和产业的对外发展。

新疆作为推动中国向西开放、承载丝绸之路经济带愿景的核心区,与中亚五国经济贸易合作的共性和互补性兼具。新疆对外直接投资流量和存量均逐年提升。但是,与内陆省区相比,新疆对外直接投资流量和存量占内陆省区地方总量最高分别为 1.9%和 1.4%,对外直接投资流量和存量占全国总量的比例更小,最高分别占比是 0.6%和 0.4%,新疆对外投资能力远远不足。

综合以上分析,并依据中亚国家经济发展结构及新疆经济发展的阶段性和结构性,可以得出如下结论:

(1)中国对外直接投资增长迅速,欧盟、美国、澳大利亚等发达国家和地区是中国对外直接投资的首选目的地。

(2)中国对中亚国家的对外直接投资占中国对外直接投资总量很小,历史最高点也不足 4%,仍有很大发展空间。

(3)新疆对外直接投资占中国对外直接投资总量非常小,历史最高点不足 0.6%,投资规模与能力远远不足。

(4)中国对中亚国家的直接投资不会产生显著的出口贸易替代效应,相反可以促进相关产品和产业的对外开拓发展。

附表

附表 1 2006—2016 年新疆与中亚五国进出口贸易总额概况

		哈萨克斯坦	吉尔吉斯斯坦	塔吉克斯坦	乌兹别克斯坦	土库曼斯坦	中亚五国	哈萨克斯坦占比(%)	吉尔吉斯斯坦占比(%)	塔吉克斯坦占比(%)	乌兹别克斯坦占比(%)	土库曼斯坦占比(%)
2006 年	美元值(千)	5014717	1857293	218104	266313	43281	7399708	67.8	25.1	2.9	3.6	0.6
	同比(%)	-0.02	148.59	119.63	93.26	219.44						
2007 年	美元值(千)	6973766	3250207	377166	335543	39561	10976243	63.5	29.6	3.4	3.1	0.4
	同比(%)	39.07	75	72.93	26	-8.59						
2008 年	美元值(千)	9071139	7972671	1254555	436376	77410	18812151	48.2	42.4	6.7	2.3	0.4
	同比(%)	30.1	145.3	232.58	30.03	95.67						
2009 年	美元值(千)	6897513	2972672	867707	386053	72429	11196374	61.6	26.6	7.7	3.4	0.6
	同比(%)											
2010 年	美元值(千)	9259186	2657251	1075737	621407	128832	13742413	67.4	19.3	7.8	4.5	0.9
	同比(%)	32.9	-11.4	23.5	59.4	74.3						
2011 年	美元值(千)	10596639	3805561	1722292	741400	118240	16984132	62.4	22.4	10.1	4.4	0.7
	同比(%)	14.4	43.2	60.1	19	-8.4						
2012 年	美元值(千)	11167358	4038988	1407376	831110		17444832	64.0	23.2	8.1	4.8	0.0
	同比(%)	5.4	6.1	-18.3	12.1							
2013 年	美元值(千)	12254934	4172895	1585021	871943		18884793	64.9	22.1	8.4	4.6	0.0
	同比(%)	9.7	3.3	12.6	4.9							

续表

		哈萨克斯坦	吉尔吉斯斯坦	塔吉克斯坦	乌兹别克斯坦	土库曼斯坦	中亚五国	哈萨克斯坦占比(%)	吉尔吉斯斯坦占比(%)	塔吉克斯坦占比(%)	乌兹别克斯坦占比(%)	土库曼斯坦占比(%)
2014年	美元值(千)	10129534	4097761	2011635	764564	132908	17136402	59.1	23.9	11.7	4.5	0.8
	同比(%)	-17.3	-1.8	26.9	-12.4	-12.5						
2015年	美元值(千)	5747889	3237372	1393077	527256	91530	10997124	52.3	29.4	12.7	4.8	0.8
	同比(%)	-43.3	-21	-30.7	-31.1	-31.1						
2016年	美元值(千)	6328557	3941743	1266896	464539		12001735	52.7	32.8	10.6	3.9	0.0
	同比(%)	10.1	21.7	-9.1	-11.9							

数据来源:乌鲁木齐海关。

附表 2　2006—2016 年新疆从中亚五国进口贸易概况

		哈萨克斯坦	吉尔吉斯斯坦	塔吉克斯坦	乌兹别克斯坦	土库曼斯坦	中亚五国	哈萨克斯坦占比(%)	吉尔吉斯斯坦占比(%)	塔吉克斯坦占比(%)	乌兹别克斯坦占比(%)	土库曼斯坦占比(%)
2006年	美元值(千)	1307149	109920	5930	126294	1352	1550645	84.3	7.1	0.4	8.1	0.1
	同比(%)	-33.77	8.58	-35.02	30.93	40.65						
2007年	美元值(千)	1349138	109213	2379	91952	2220	1554902	86.8	7.0	0.2	5.9	0.1
	同比(%)	3.21	-0.64	-59.87	-27.19	64.19						
2008年	美元值(千)	1900059	109427	6065	97236	1196	2113983	89.9	5.2	0.3	4.6	0.1
	同比(%)	40.85	0.19	154.9	5.68	-46.13						

续表

年份	指标	哈萨克斯坦	吉尔吉斯斯坦	塔吉克斯坦	乌兹别克斯坦	土库曼斯坦	中亚五国	哈萨克斯坦占比(%)	吉尔吉斯斯坦占比(%)	塔吉克斯坦占比(%)	乌兹别克斯坦占比(%)	土库曼斯坦占比(%)
2009年	美元值(千)	1650806	44558	4894	134786	11213	1846257	89.4	2.4	0.3	7.3	0.6
	同比(%)											
2010年	美元值(千)	2430974	68887	15167	391743	18938	2925709	83.1	2.4	0.5	13.4	0.6
	同比(%)	46.8	52	207.9	187.9	65.3						
2011年	美元值(千)	3931650	84847	38342	424415	11839	4491093	87.5	1.9	0.9	9.5	0.3
	同比(%)	61.5	22.8	152	7.9	-37.5						
2012年	美元值(千)	4027952	50903	40156	446393		4565404	88.2	1.1	0.9	9.8	0.0
	同比(%)	2.4	-40.1	4.1	5.1							
2013年	美元值(千)	3885522	38975	9228	380191		4313916	90.1	0.9	0.2	8.8	0.0
	同比(%)	-3.5	-23.6	-77	-14.9							
2014年	美元值(千)	1341997	38023	10447	265208	2776	1658451	80.9	2.3	0.6	16.0	0.2
	同比(%)	-65.5	-2.6	13.2	-30.3	-30.3						
2015年	美元值(千)	486370	37652	15111	175361	6875	721369	67.4	5.2	2.1	24.3	1.0
	同比(%)	-63.8	-1.5	44.6	-34	147.7						
2016年	美元值(千)	585309	63271	5474	154632		808686	72.4	7.8	0.7	19.1	0.0
	同比(%)	20.2	67.1	-63.8	-11.8							

数据来源：乌鲁木齐海关。

附表 3　2006—2016 年新疆向中亚五国出口贸易概况

年份	项目	哈萨克斯坦	吉尔吉斯斯坦	塔吉克斯坦	乌兹别克斯坦	土库曼斯坦	中亚五国	哈萨克斯坦占比（%）	吉尔吉斯斯坦占比（%）	塔吉克斯坦占比（%）	乌兹别克斯坦占比（%）	土库曼斯坦占比（%）
2006 年	美元值（千）	3707568	1747372	212174	140019	41929	5849062	63.4	29.9	3.6	2.4	0.7
	同比（%）	21.87	170.53	135.28	238.68	233.09						
2007 年	美元值（千）	5624628	3140994	374787	243591	37341	9421341	59.7	33.3	4.0	2.6	0.4
	同比（%）	51.71	79.76	76.64	73.97	-10.94						
2008 年	美元值（千）	7171080	7863244	1248490	339140	76214	16698168	42.9	47.1	7.5	2.0	0.5
	同比（%）	27.52	150.34	233.07	39.23	104.1						
2009 年	美元值（千）	5246707	2928114	862812	251267	61216	9350116	56.1	31.3	9.2	2.7	0.7
	同比（%）											
2010 年	美元值（千）	6828212	2588364	1060570	229663	109894	10816703	63.1	23.9	9.8	2.1	1.0
	同比（%）	28.5	-12.4	22.4	-9.6	75.9						
2011 年	美元值（千）	6664989	3720714	1683950	316985	106401	12493039	53.3	29.8	13.5	2.5	0.9
	同比（%）	-2.4	43.7	58.8	38	-3.3						
2012 年	美元值（千）	7139406	3988085	1367221	384718		12879430	55.4	31.0	10.6	3.0	0.0
	同比（%）	7.1	7.2	-18.8	21.4							
2013 年	美元值（千）	8369412	4133921	1575793	491751		14570877	57.4	28.4	10.8	3.4	0.0
	同比（%）	17.2	3.7	15.3	27.8							
2014 年	美元值（千）	8787537	4059739	2001188	499356	130132	15477952	56.8	26.2	12.9	3.2	0.8
	同比（%）	5	-1.8	27	1.5	-12						

续表

		哈萨克斯坦	吉尔吉斯斯坦	塔吉克斯坦	乌兹别克斯坦	土库曼斯坦	中亚五国	哈萨克斯坦占比(%)	吉尔吉斯斯坦占比(%)	塔吉克斯坦占比(%)	乌兹别克斯坦占比(%)	土库曼斯坦占比(%)
2015年	美元值(千)	5261519	3199721	1377966	351895	84656	10275757	51.2	31.1	13.4	3.4	0.8
	同比(%)	-40.1	-21.2	-31.1	-29.5	-35						
2016年	美元值(千)	5743248	3878472	1261423	309907		11193050	51.3	34.7	11.3	2.8	0.0
	同比(%)	9.2	21.2	-8.5	-11.9							

数据来源：乌鲁木齐海关。

附表4　2006—2016年新疆与中亚五国进出口贸易占比概况

	新疆从各国进口占比(%)						新疆向各国出口占比(%)					
	哈萨克斯坦	吉尔吉斯斯坦	塔吉克斯坦	乌兹别克斯坦	土库曼斯坦	中亚五国	哈萨克斯坦	吉尔吉斯斯坦	塔吉克斯坦	乌兹别克斯坦	土库曼斯坦	中亚五国
2006年	26.1	5.9	2.7	47.4	3.1	21.0	73.9	94.1	97.3	52.6	96.9	79.0
2007年	19.3	3.4	0.6	27.4	5.6	14.2	80.7	96.6	99.4	72.6	94.4	85.8
2008年	20.9	1.4	0.5	22.3	1.5	11.2	79.1	98.6	99.5	77.7	98.5	88.8
2009年	23.9	1.5	0.6	34.9	15.5	16.5	76.1	98.5	99.4	65.1	84.5	83.5
2010年	26.3	2.6	1.4	63.0	14.7	21.3	73.7	97.4	98.6	37.0	85.3	78.7
2011年	37.1	2.2	2.2	57.2	10.0	26.4	62.9	97.8	97.8	42.8	90.0	73.6
2012年	36.1	1.3	2.9	53.7		26.2	63.9	98.7	97.1	46.3		73.8
2013年	31.7	0.9	0.6	43.6		22.8	68.3	99.1	99.4	56.4		77.2
2014年	13.2	0.9	0.5	34.7	2.1	9.7	86.8	99.1	99.5	65.3	97.9	90.3

续表

	新疆从各国进口占比(%)						新疆向各国出口占比(%)					
	哈萨克斯坦	吉尔吉斯斯坦	塔吉克斯坦	乌兹别克斯坦	土库曼斯坦	中亚五国	哈萨克斯坦	吉尔吉斯斯坦	塔吉克斯坦	乌兹别克斯坦	土库曼斯坦	中亚五国
2015 年	8.5	1.2	1.1	33.3	7.5	6.6	91.5	98.8	98.9	66.7	92.5	93.4
2016 年	9.2	1.6	0.4	33.3		6.7	90.8	98.4	99.6	66.7		93.3

附表 5　2006—2016 年新疆进出口贸易总额概况

单位:万美元

	进出口总额	出口额	出口额				进口额	进口额			
			一般贸易	边境贸易	一般贸易占比(%)	边境贸易占比(%)		一般贸易	边境贸易	一般贸易占比(%)	边境贸易占比(%)
2006 年	910327	713923	158842	522038	22.2	73.1	196404	61915	126429	31.5	64.4
2007 年	1371623	1150311	294000	806885	25.6	70.1	221312	75418	134778	34.1	60.9
2008 年	2221680	1929925	290237	1576911	15.0	81.7	291755	92279	187279	31.6	64.2
2009 年	1382771	1082325	168078	754206	15.5	69.7	300446	128702	157390	42.8	52.4
2010 年	1712834	1296981	208909	767478	16.1	59.2	415853	154567	236745	37.2	56.9
2011 年	2282225	1682886	476788	881882	28.3	52.4	599339	170863	401754	28.5	67.0
2012 年	2517075	1934686	700915	891987	36.2	46.1	582389	144347	408382	24.8	70.1
2013 年	2756191	2226980	850994	1063308	38.2	47.7	529211	100235	372450	18.9	70.4
2014 年	2766930	2348255	849589	1284704	36.2	54.7	418675	250380	137849	59.8	32.9
2015 年	1967789	1750600	682147	935045	39.0	53.4	217189	155459	26901	71.6	12.4
2016 年	1796328	1591212	409431	1077017	25.7	67.7	205116	146186	27358	71.3	13.3

数据来源:《新疆统计年鉴 2017》。

附表 6　中国和中亚国家经济发展基本概况

国家	GDP（亿美元）		GDP 增长率（%）					人均 GDP（美元）		人均国民总收入（美元）		评价
	2013 年	2014 年	2013 年	2014 年	1990—1999 年	2000—2009 年	2010—2014 年	2013 年	2014 年	2013 年	2014 年	
中国	94906.0	103548.3	7.7	7.3	9.5	10.2	8.5	6991.9	7590.0	6710	7400	中高等收入国家
哈萨克斯坦	2318.8	2178.7	6.0	4.4	-5.0	7.3	5.9	13611.5	12601.7	11560	11850	中高等收入国家
吉尔吉斯斯坦	73.4	74.0	10.9	3.6	-4.0	4.7	3.9	1282.4	1269.1	1220	1250	中低等收入国家
塔吉克斯坦	85.1	92.4	7.4	6.7	-10.0	8.4	7.1	1048.7	1114.0	1000	1080	中低等收入国家
土库曼斯坦	410.1	479.3	10.2	10.3	0.1	7.3	11.1	7826.8	9031.5	6880	8020	中高等收入国家
乌兹别克斯坦	568.0	626.4	8.0	8.1	-0.4	6.5	8.2	1878.0	2036.7	1940	2090	中低等收入国家

数据来源：世界银行数据库（2016 年 2 月数据更新）。GDP 为当年现价美元；人均 GDP 亦为当年现价；人均国民总收入（GNI）为按图表集法衡量值（现价美元）。

附表 7　2003—2014 年中国分地区对外直接投资情况

单位：万美元

指标	地区	2003 年	2004 年	2005 年	2006 年	2007 年	2008 年	2009 年	2010 年	2011 年	2012 年	2013 年	2014 年
投资流量	世界	285465	549799	1226117	1763397	2650609	5590717	5652899	6881131	7465404	8780353	10784371	12311986
	亚洲	150503	301399	448417	766325	1659315	4354750	4040759	4489046	4549445	6478494	7560426	8498803
	中亚国家	610	1371	10953	8165	37725	65615	34500	57983	45398	337705	109895	55070
投资存量	世界	3322222	4477726	5720562	7502555	11791050	18397071	24575538	31721059	42478067	53194058	66047840	88264242
	亚洲	2660346	3347955	4095431	4797804	7921793	13131699	18554720	22814597	30343470	36440706	44740828	60096561
	中亚国家	4409	7001	32527	44641	88091	194205	225591	291797	403319	782365	889297	1009391

数据来源：2011 年度、2014 年度《中国对外直接投资统计公报》。

附表 8　2003—2016 年新疆及新疆生产建设兵团对外非金融类直接投资流量情况

单位:万美元

	2003 年	2004 年	2005 年	2006 年	2007 年	2008 年	2009 年
新疆维吾尔自治区	27	216	861	172	8535	6934	18057
新疆生产建设兵团	94	3284	896	684	21139	7999	3877
	2010 年	**2011 年**	**2012 年**	**2013 年**	**2014 年**	**2015 年**	**2016 年**
新疆维吾尔自治区	4776	31474	43123	31579	54832	61077	117150
新疆生产建设兵团	12111	9768	5189	1742	8780	7679	8544

注:当期对外直接投资流量等于当期对外直接投资总额减去当期境外企业对境内投资者的反向投资。对外直接投资额是指境内投资者在报告期内直接向其境外企业实现的投资,包括股权投资、收益再投资以及债务工具三部分。

数据来源:2011 年度、2016 年度《中国对外直接投资统计公报》。

附表 9　2003—2016 年新疆对外非金融类直接投资流量及其占比情况

单位:万美元

	2003 年	2004 年	2005 年	2006 年	2007 年	2008 年	2009 年
新疆	121	3500	1757	856	29674	14933	21934
全国地方合计	75714	97282	205748	239705	525341	587633	960250
西部 12 个省区市合计	1153	7287	13868	15297	106155	122589	114699
新疆占全国比重(%)	0. 16	3. 60	0. 85	0. 36	5. 65	2. 54	2. 28
新疆占西部比重(%)	10. 49	48. 03	12. 67	5. 60	27. 95	12. 18	19. 12
	2010 年	**2011 年**	**2012 年**	**2013 年**	**2014 年**	**2015 年**	**2016 年**
新疆	16887	41242	48312	33321	63612	68756	125694
全国地方合计	1774542	2356036	3420576	3641489	5472587	9360410	15051198
西部 12 个省区市合计	237554	305542	552633	365503	651904	745016	1155330
新疆占全国比重(%)	0. 95	1. 75	1. 41	0. 92	1. 16	0. 73	0. 84
新疆占西部比重(%)	7. 11	13. 50	8. 74	9. 12	9. 76	9. 23	10. 88

数据来源:2011 年度、2016 年度《中国对外直接投资统计公报》。

第九章

新疆与中亚五国贸易便利化水平测度

中国已成为哈萨克斯坦的第一大贸易伙伴，乌兹别克斯坦、吉尔吉斯斯坦的第二大贸易伙伴。中国与中亚密切的经济联系为中亚参与实施"一带一路"提供了现实支撑。其他两国目前和中国进出口贸易均较弱，有较大的发展空间。在"一带一路"的进程中，在国内外互助友好的意愿下，在促进政策的支持下，中国和中亚五国的贸易都将得到长足发展。

1997 年，亚洲开发银行倡议建立中亚区域经济合作组织（CAREC），2002 年提升为部长级合作。其宗旨是以合作谋发展，通过促进交通运输、贸易、能源和其他重要领域的区域合作，促进成员国经济社会发展，CAREC 成员国为：中国、哈萨克斯坦、吉尔吉斯斯坦、乌兹别克斯坦、塔吉克斯坦、阿塞拜疆、阿富汗、蒙古、土库曼斯坦和巴基斯坦。该组织的贸易便利化计划于 2002 年启动，2007 年通过的《综合贸易便利化协定》、2011 年通过的《CAREC2020》以及后来的《武汉行动计划》都对中亚区域经济合作进行过明确的规划，指出了贸易便利化合作中存在的相关问题。

中亚五国是新疆的近邻，其中哈萨克斯坦、吉尔吉斯斯坦和塔吉克斯坦这三国均与新疆接壤，有着 3300 多公里的共同边界。随着我国经济政策向西部倾斜及西部大开发的深入，新疆以其独特的地缘优势和经济后劲在与中亚的贸易发展越来越受到各方面的关注。近年来，新疆与中亚五国的贸易规模不断扩大，进出口商品结构进一步优化，边境贸易依存度排序依次为哈萨克斯坦、吉尔吉斯斯坦、塔吉克斯坦、乌兹别克斯坦和土库曼斯坦。

鉴于贸易便利化对一国贸易、经济的影响越来越显著，从贸易便利化的角度出发,以中国和中亚五国为研究对象,进行贸易便利化的理论分析及实证研究,即进行基于层次分析法的新疆与中亚五国贸易便利化水平测度。

一、贸易便利化概述

(一)贸易便利化的定义

贸易便利化一词在各种文献中已屡见不鲜,但迄今在世界范围内尚无一个被普遍接受的统一定义。如表 9-1 所示,各个国际组织对贸易便利化给出了众多定义。尽管国际组织各自的表述有所不同,但基本精神是一致的,即简化和协调贸易程序,加速要素跨境的流通。近年来,人们更多地从广义范围(即影响贸易交易的整个环境)来考虑贸易便利化问题。在实践中,各种促进贸易便利化的措施大都体现在通过简化贸易程序和手续、协调适用的法律和规定、基础设施的标准化和改善等,为国际贸易活动创造一个简化的、透明的、协调的、可预见的环境。

表 9-1　贸易便利化定义整理

国际组织	全称	定义
WTO	世界贸易组织	贸易便利化主要指简化和协调国际贸易手续,这些手续是指涉及国际贸易中货物流动所需要的收集、提供、传递和处理的活动、实践和手续(WTO 多哈回合贸易便利化谈判工作重心,集中在海关通关和跨境制度上)
WCO	世界海关组织	贸易便利化主要指海关程序的简化及标准化,同时将贸易便利化与贸易安全紧密联系在一起,力求两者的平衡
UNECE	联合国欧洲经济委员会	贸易便利化是指通过全面的和综合的方法来降低贸易交易过程的复杂性及交易成本,确保进行贸易便利化的行为是建立在国际广泛接受的标准、规范以及最优方法的基础之上,并且这些行为是有效率的、透明的和可预见的
UNCTAD	联合国贸发会议	贸易便利化是指通过对海关运输(尤其是过境运输)电子商务等领域的关注,消除海关通过规定程序费用运输规则和章程、交易方式对国际贸易的阻碍,为国际贸易创造一个简化的、协调的、透明的、可预见的环境
APEC	亚太经合组织	贸易便利化通常是指通过简化程序、协调标准、使用新技术和其他的方法来减少或将减少程序和管理上阻碍贸易的措施(2002 年的定义)

资料来源:根据百度学术整理。

（二）贸易便利化研究综述

1. 国内研究综述

国内学者多从我国的视角出发研究贸易便利化，特别是对于中亚区域的研究多是从新疆出发。

王海燕（2008）认为，中亚区域贸易投资便利化还处于起步阶段，起点低，速度慢，地区经济发展和区域合作程度差异较大，中国与这些国家的贸易合作应该因地制宜、有的放矢。

胡颖（2009）通过回顾中亚国家贸易收益的发展进程，认为中亚国家在海关通关、贸易物流、商务环境等方面有所提升，从而促进了贸易便利的发展，但总体上进展缓慢，贸易便利化发展水平参差不齐，一定程度上制约了区域内的贸易增长。

艾塞提江和郭羽诞（2012）利用引力模型对 2002—2009 年中亚五国与其主要贸易伙伴的双边贸易面板数据进行回归分析，测算了贸易自由化和便利化程度对中亚贸易的影响，认为海关效率低下以及基础设施差严重阻碍了贸易发展。

陈杰（2012）基于新疆的视角，通过问卷调查分析法和 DELPH 法，对中国和哈萨克斯坦农产品贸易便利化问题进行研究，认为国内规制环境和海关环境是阻碍两国农产品贸易快速扩大的最主要原因。

欧葵（2014）对 CAREC 成员国贸易便利化的研究现状进行了回顾，并对 CAREC 各成员国贸易便利化水平进行了比较，对它们的便利化指数进行了计算，提出我国的贸易便利化水平较高，哈萨克斯坦和阿塞拜疆的贸易便利化基本处于同一水平，而其他几国的贸易便利化水平较低，尤其是吉尔吉斯斯坦的便利化水平亟待提高。

李茜（2015）通过引力模型的构建，基于 2004—2013 年中国与中亚 10 国的面板数据分析了贸易便利化水平的提升对中国与中亚各国间贸易流量的影响。结果显示，中国和中亚各国的双边贸易额与贸易便利化水平、各国的 GDP 成正比，与两国之间的距离成反比，从 2013 年贸易便利化指数（TFI）来看，中国（0.6）>哈萨克斯坦（0.5）>塔吉克斯坦（0.46）>吉尔吉斯斯坦

(0.45),该结果符合基础的引力模型的结论。

综合以上学者对贸易便利化的测评,虽然采用不同的方法,但基本围绕相同的几个关键性评价指标。

2. 国外研究综述

国外运用更成熟的计量模型,研究的也是发展相对成熟的国际组织。但无论国内还是国外,对于中亚区域很少从贸易便利化指数的定量上去研究。如 Wilson、Mann 和 Otsuki (2003) 以港口效率、海关环境、规制环境以及电子商务为指标,测算了这些贸易便利化指标对贸易流量的影响。John S. Wilson、Catherine L. Mann、Tsunehiro Otsuki(2005) 利用面板数据测算了贸易便利化和贸易流量之间的关系,结果表明在法律和行政方面的改革可以促进贸易。Ben Shepherd、Wilson(2009) 通过回顾东盟成员的贸易便利化的进展和指标,利用重力模型,发现东南亚地区的贸易流量对运输基础设施、信息和通信技术特别敏感,表明通过对贸易便利化的改革能获得重大的经济效益。H. Brooks、Douglas、F. Stone、Susan (2010) 利用一般均衡分析,对 APEC 组织成员之间的贸易便利化以及软硬基础设施建设进行了探讨,认为适度降低贸易成本可以带来显著的收益。Alberterportugal - Perez、John S. Wilson (2012) 通过估计基础设施的软硬指标,评估了发展中国家的出口表现,最后得出结论,通过贸易便利化改革尤其是对基础设施的投资和监管改革,可以提高发展中国家的出口表现。Jesus、Felipe、Utsav、Kumar(2012) 使用引力模型,研究贸易便利化和贸易收益之间的关系。他们估计了中亚国家通过贸易便利化的改善所得到的贸易收益,最后得出由于中亚国家提高贸易便利化使得贸易有明显的收益,特别是阿塞拜疆的贸易收益从 28% 提升到 63%。

二、贸易便利化指标体系构建与测度

贸易便利化测度指标体系旨在通过量化贸易便利化的具体内涵,将抽象概念具体为可测变量,设定不同层级的相关指标进行统计分析,保证贸易便利化水平评估的完整性和科学性。本指标体系采用了全球竞争力报告(GCR)、世界竞争力年鉴(UCY)以及透明国际组织等权威调查数据,从贸易便利化的定义出发,借鉴并整合了前人的评价指标,通过构建综合测评指标体系来对贸易便利化的量化做一个新的尝试。

(一)贸易便利化测度指标体系构建

依据贸易便利化的含义,并借鉴前人的评价指标体系研究成果,本书所构建的指标体系,以贸易便利化水平为目标层,从海关效率、执行合同、腐败程度、政府规章、交通运输 5 个准则层入手,共包含 5 个一级指标和 14 个二级指标。这些指标是在众多指标中提炼出的具有代表性的重要指标,基本涵盖了贸易便利化所涉及的重要内容,力求多角度、多层次地反映贸易便利化水平的特征,并全面测评贸易便利化在各个方面的水平差异,以便对样本国家的贸易便利化水平进行测度和比较。具体指标如表 9-2 所示。

表 9-2 贸易便利化测评指标体系

	一级指标	二级指标	数据来源	序列号	单位	取值范围
贸易便利化评价指标体系 TFI	海关效率 B_1	进口所需文件数 C_{11}	DB 2015		份	
		进口耗时 C_{12}			天	
		进口费用 C_{13}			美元	
		海关烦琐度 C_{14}	GCR 2015—2016	6.13	6.13	
	执行合同 B_2	合同执行费用 C_{21}	DB 2015		美元	
		合同执行耗时 C_{22}			天	
	腐败程度 B_3	清廉指数 C_{31}	2014 CPI	2014 CPI		
		贿赂与额外支出 C_{32}	GCR 2015—2016	1.05	评分	1~7
		司法独立 C_{33}		1.06	评分	1~7
	政府规章 B_4	严格的管制 C_{41}	GCR 2015—2016	1.09	评分	1~7
		行政诉讼效率 C_{42}		1.11	评分	1~7
		政策透明度 C_{43}		1.12	评分	1~7
	交通运输 B_5	港口设施质量 C_{51}	GCR 2015—2016	2.04	评分	1~7
		航空运输设施质量 C_{52}		2.05	评分	1~7

注:序列号即原始数据在报告或年鉴中的条目编号。

1. 海关效率

贸易便利化旨在创造简化、协调、透明、可预见的贸易环境,而海关作为国际供应链上的关键环节,在贸易便利化过程中占有不可替代的重要地位,也是各国贸易便利化改革的重点内容。海关效率主要包含4个二级指标，即进口所需文件数、进口耗时、进口费用及海关烦琐度。进口所需文件数、进口耗时、进口费用3项数据能够完整反映一国海关的进口业务效率。

进口所需文件数：记录每批进口货物所需的所有文件。假定双方已达成协议并签署合同。政府各部、海关当局、港口和集装箱码头管理部门、卫生和技术监管机构以及银行所要求的清关文件均已考虑在内。由于支付方式为信用证，银行发放或获得信用证所要求的所有文件也已考虑在内。每年更新的文件以及无须在每次装运时更新的文件（如年完税证明）不包括在内。

进口耗时：周转时间（天数），以日历天作为时间记录单位。每个程序的时间计算从启动之时开始直至程序完成时截止。如果付出额外的成本能够加快某一道程序，则将选择最快捷的合法程序。假定出口商和进口商都没有浪费时间，两者均承诺毫不拖延地完成剩余的每道程序。可以并行完成的程序在计量时视为同期。程序之间的等待时间（如卸货过程）也计算在衡量指标内。

进口费用：（每货柜美元）以对20英尺货柜征收的美元费用计量。包括所有与完成货物进出口手续相关的费用。这些费用包括文件费用、清关和技术管理费用、报关费、码头装卸费和内陆运输费。成本计量不包括关税或贸易税，仅官方成本记录在案。

2. 执行合同

执行合同指标反映的是经济体在与他国进行贸易的过程中，出现合同纠纷的处理机制与执行效率。执行合同指标包括执行合同费用和执行合同耗时两个方面。

履行合同所需时间（天）：是指向法庭提起诉讼直到最终判决下达，在部分案例中则是直到做出付款为止的这段时间的日历数。

履行合同所需费用（美元）：是指向法庭提起诉讼直到最终判决下达的过程中产生的费用。

3. 腐败程度

腐败程度指标主要测评的是一国政府在国境管理进出口征税等方面的

透明度。该指标分为 3 个二级指标，即清廉指数、贿赂与国外支出、司法独立。

清廉指数：反映的是全球各国商人、学者及风险分析人员对世界各国腐败状况的观察和感受。采用百分制，100 分表示最廉洁；0 分表示最腐败；80~100 分表示比较廉洁；50~80 分为轻微腐败；25~50 分为严重腐败；0~25 分则为极端腐败。

贿赂与国外支出：在进口和出口有关的付款或贿赂，以及跨越公用事业、年度纳税、公开合同和许可证、获得有利的司法决定这五个方面之外的非法的额外支出（1=非常常见的；7=从未发生）。

司法独立：独立的司法制度是如何影响政府、个人或公司的（1 =不独立所有；7 =完全独立）。

4. 政府规章

政府规章指标可以衡量一国宏观政策环境的透明度和规范性，根据这一指标的内容，设定 3 个二级指标，即严格的管制、行政诉讼效率和政策透明度。

严格的管制：指企业需要遵守国家行政要求的繁重程度，符合公共行政的要求（如许可证、法规、报告）有多少负担（1=极为负担；7=繁重）。

行政诉讼效率：在国家法律框架下对政府法规具有挑战性的企业诉讼效率如何（1 =极低效率；7 =非常有效）。

政策透明度：企业对影响自身活动的政府政策变化和相关规则等信息的获取是否容易（1 =极其困难；7 =非常容易）。

5. 交通运输

交通运输指标区别于海关效率，更侧重于考察一国对外贸易中的港口基础设施条件及运输能力，良好的交通运输是一国实现贸易便利的重要条件。交通运输指标包含港口设施质量和航空运输设施这两项二级指标。同类数据中的公路铁路运输状况，对国际贸易量的影响不如以上两项直接，因此不予列入指标体系。

港口设施质量：评价港口的质量（内陆国家，评估港口）（1 =在世界上最坏的情况下极不发达；7 =在全球最广泛和有效）。

航空运输设施质量:评估航空运输的质量(1 =极不发达的世界上最坏的;7 =广泛和有效的在世界上最好的)。

(二)贸易便利化水平测度

1. 数据来源

贸易便利化测度指标体系所需数据主要基于2015年的世界贸易情况。主要数据来源于世界经济论坛的《全球竞争力报告2015—2016》(The Global Competitiveness Report 2015-2016,以下简称GCR),世界银行发布的《2015营商环境报告》(Doing Business 2015 Going Beyond Efficiency),以及透明国际公布的《腐败感知指数2014》。土库曼斯坦和乌兹别克斯坦两国的数据缺失。

《全球竞争力报告2015—2016》,通过制度建设、基础设施、宏观经济环境、商品市场效率等12个方面,衡量全球140个经济体在促进生产力发展和社会繁荣方面的能力。报告对全球140个经济体进行了调查分析和排名。本书主要选取其中关于政府规章和交通运输两方面的数据。

《2015营商环境报告》由世界银行公布。所有经济体按其营商环境的宽松程度排名,从1到189,1为最佳。营商指数排名高,说明该国政策法规环境有利于企业经营。统计了189个经济体,涉及11个领域,选取的数据截止日期为2014年6月1日。本书主要选取了报告中跨境贸易的相关指标数据。

《腐败感知指数2014》由全球著名的非营利性反腐败组织透明国际发布,该组织根据世界各地企业界及民众对当地贪污情况观感整合出的清廉指数(Corruption Perceptions Index,简称CPI),成为衡量国家腐败程度的重要参考标准。本书将其作为腐败程度下的一个二级指标。

本书研究样本为与中国新疆存在进出口贸易的中亚五国。由于土库曼斯坦和乌兹别克斯坦这两国的数据较难获得,因此我们在本书中没有计算这两国。

2. 原始数据

由以上数据来源获取的原始数据如表9-3所示。

表 9-3　中哈吉塔四国贸易便利化测度原始数据

	一级指标	二级指标	中	哈	吉	塔
贸易便利化评价指标体系 TFI	海关效率 B_1	进口所需文件数 C_{11}	5	12	11	6
		进口耗时 C_{12}	24	67	73	10
		进口费用 C_{13}	800	5265	6000	720
		海关烦琐度 C_{14}	4.2	4.2	3.5	3.9
	执行合同 B_2	合同执行费用 C_{21}	16.2	22	37	25.5
		合同执行耗时 C_{22}	452.8	370	260	430
	腐败程度 B_3	清廉指数 C_{31}	36	29	27	23
		贿赂与额外支出 C_{32}	4.0	4.0	2.6	3.9
		司法独立 C_{33}	3.9	3.8	2.9	4.1
	政府规章 B_4	严格的管制 C_{41}	4.0	3.7	3.5	4.2
		行政诉讼效率 C_{42}	3.5	3.7	3.0	3.8
		政策透明度 C_{43}	4.5	4.7	3.8	4.2
	交通运输 B_5	港口设施质量 C_{51}	4.5	4.2	1.5	2.1
		航空运输设施质量 C_{52}	4.8	2.9	2.9	4.1

注：四个国家的清廉指数均在 25~50 内，表示比较腐败，但中国相对较好，因此中国标准化后的值为 1，只能说明在这四个国家里是最清廉的。

数据来源：《全球竞争力报告 2015—2016》。

3. 基于层次分析法的贸易便利化水平测度

层次分析法是将与决策有关的元素分解成总目标、评价准则、备选方案等不同层次，在此基础之上进行定性和定量分析的决策方法。根据定性指标模糊量化方法得到判断矩阵，用求解判断矩阵特征向量的办法，求得每一层次的各元素对上一层次某元素的优先权重，最后再用加权和的方法递阶归并各备择方案对总目标的最终权重，此最终权重最大者即为最优方案。这里所谓“优先权重”是一种相对的量度，它表明各备选方案在某一特点的评价准则或子目标下优越程度的相对量度，以及各子目标对上一层目标而言重要程度的相对量度。

采用 Excel 对贸易便利化测度指标体系的各项指标进行层次分析。

(1) 建立递阶层次结构。

第一层决策目标层，此层只有一个元素，即决策问题的具体目标，我们所构建的评价指标体系的预定目标为贸易便利化的评价指标,因此置于决策目标层。

第二层为中间层要素,此层作为第一层级的指标,是对决策目标的分解,具有确定指标大类的作用,对具体指标的划分起到指引作用,本书依照贸易便利化的含义对其评价指标形成初步判断,确定了海关效率、执行合同、腐败程度、政府规章和交通运输 5 个要素。

第三层为备选方案,此层作为第二层级的指标,是对中间层要素的具体化,需要结合指标的可测性和科学性进行设置。本书在 5 个一级指标的基础上,根据可靠的数据来源设定了 14 个二级指标,构成完整的贸易便利化测度指标体系层级,如图 9-1 所示。

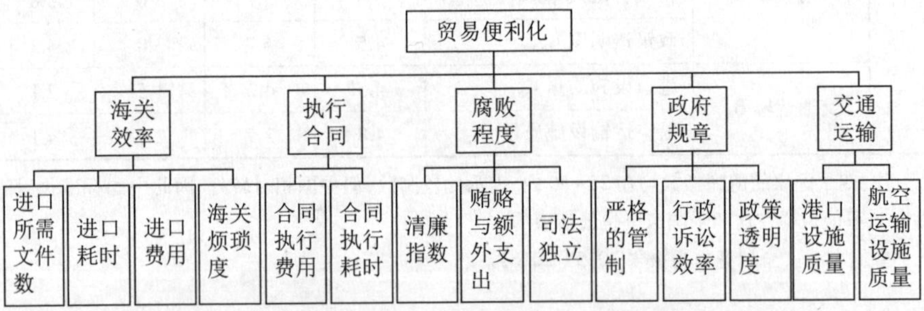

图 9-1 跨境贸易便利化测度指标体系递阶层次模型

(2)构造两两比较判断矩阵并计算权重。

构造判断矩阵,用两两重要性程度之比的形式表示出两个方案的相应重要性程度等级。如对某一准则,对其下的各个方案进行两两对比,并按其重要性程度评定等级,记为第 i 和第 j 因素的重要性之比,表 9-4 列出 9 个重要性等级及其赋值。按两两比较结果构成的矩阵称作判断矩阵。

$$\begin{bmatrix} B_{11} & B_{12} & B_{13} & B_{14} \\ B_{21} & B_{22} & B_{23} & B_{24} \\ B_{31} & B_{32} & B_{33} & B_{34} \\ B_{41} & B_{42} & B_{43} & B_{44} \end{bmatrix}$$

计算权重向量,为了从判断矩阵中提炼出有用信息,达到对事物的规律性的认识,为决策提供科学依据,就需要计算判断矩阵的权重向量。

利用规范列平均法(和法)计算各项指标在整个评价指标体系中的权重,计算公式如下。

$$\omega_i = \frac{\sum_{j=1}^{n} B_{ij}}{\sum_{k=1}^{n}\sum_{j=1}^{n} B_{kj}}$$

表 9-4　判断尺度表

定义	判断尺度量化值
同等重要	1
稍微重要	3
较强重要	5
强烈重要	7
极端重要	9
两相邻判断的中间值	2,4,6,8
表示因素 i 与 j 比较得判断 B_{ij},则 j 比 i 比较的判断 $B_{ji} = 1/B_{ij}$	倒数

经过查阅大量有关贸易便利化的文献资料,以及向专家进行相关咨询,确定贸易便利化指标对促进双边贸易的不同影响程度。对海关效率、执行合同、腐败程度、政府规章和交通运输 5 个因素进行了两两比较,得出结论:在贸易便利化评价指标体系中,海关效率与交通运输相比,前者介于同等重要和稍微重要之间;交通运输与政府规章相比,前者介于同等重要和稍微重要之间;政府规章与腐败程度相比,前者介于同等重要和稍微重要之间;执行合同,腐败程度介于同等重要和稍微重要之间。将上述结论,结合判断尺度表得到相应的判断矩阵。表 9-5 为贸易便利化测度指标判断矩阵图。

表 9-5　贸易便利化评价指标判断赋值及权重计算

	海关效率	执行合同	腐败程度	政府规章	交通运输	ω_i
海关效率	1	9	6	4	2	0.4747
执行合同	1/9	1	1/2	1/4	1/6	0.0424

续表

	海关效率	执行合同	腐败程度	政府规章	交通运输	ω_i
腐败程度	1/6	2	1	1/2	1/4	0.0751
政府规章	1/4	4	2	1	1/2	0.1420
交通运输	1/2	6	4	1/2	1	0.2658

表述为判断矩阵如下：

$$\begin{bmatrix} 1 & 9 & 6 & 4 & 2 \\ 0.11 & 1 & 0.5 & 0.25 & 0.17 \\ 0.17 & 2 & 1 & 0.5 & 0.25 \\ 0.5 & 6 & 4 & 0.5 & 1 \end{bmatrix}$$

(3)一致性检验。

判断矩阵是计算权重的根据，会导致权重计算的失真。因此对所有判断的相容性进行检验，保证判断矩阵的一致性。如果出现不一致，则应该对元素的重要程度进行重新调整和评估。

采用和积法解判断矩阵，求其特征向量和特征根。对判断矩阵 A 的每一列正规化，$a_{ij}{}^{*}=a_{ij}/(\sum_{k=1}^{n}a_{kj})$，$(i,j=1,2,\cdots,n)$。再按行加总，记 $\bar{W}_i=\sum_{j=1}^{n}a*_{ij}$，对其正规化，得到权重向量 W，其分量 $W_i=\frac{\bar{W}_i}{\sum_{j=1}^{n}\bar{W}_j}$，$(i,j=1,2,\cdots,n)$。再依 $\lambda_{\max}=\sum_{i=1}^{n}\left[(AW)_i/nW_i\right]$，求得最大特征根 $\lambda_{\max}$。其中，$(AW)_i$ 表示 AW 的第 i 个分量，$AW=\lambda_{\max}W$ 存在。

同时进行一致性检验，具体做法如下：$CR=CI/RI<0.1$，其中 $CI=(\lambda_{\max}-n)/(n-1)$，$n$ 为指标数；$\lambda_{\max}$ 为判断矩阵最大特征根；RI 为当指标数为 n 时的平均随机一致性指标。

若 $CR<0.1$，则认为判断矩阵具有相容性，基于此判断得出的 ω 值可以接受。本文由 Excel 电子表格得出 $\lambda_{\max}=5.0333$，$CR=0.0074<0.1$，因此认为该判断矩阵具有满意一致性。同样的方法依次计算 C 层二级指标相对于 B 层一级指标元素所占的权重。计算结果如表 9-6 至表 9-10 所示。

表 9-6　有关海关效率各项指标的权重

海关效率	进口所需文件数	进口耗时	进口费用	海关烦琐度	ω_i
进口所需文件数	1	7	5	1	0.4270
进口耗时	0.1429	1	1	0.1429	0.0669
进口费用	0.2	1	1	0.2	0.0791
海关烦琐度	1	7	5	1	0.4270

注：一致性检验：$\lambda_{max}=4.0142$，$CR=0.0053<0.1$。

表 9-7　有关执行合同各项指标的权重

执行合同	合同执行费用	合同执行耗时	ω_i
合同执行费用	1	0.3333	0.2500
合同执行耗时	3	1	0.7500

注：一致性检验：$\lambda_{max}=2$，$CR=0.0000<0.1$。

表 9-8　有关腐败程度各项指标的权重

	清廉指数	贿赂与额外支出	司法独立	ω_i
清廉指数	1	3	3	0.6000
贿赂与额外支出	0.3333	1	1	0.2000
司法独立	0.3333	1	1	0.2000

注：一致性检验：$\lambda_{max}=3$，$CR=0.0000<0.1$。

表 9-9　有关政府规章各项指标的权重

政府规章	严格的管制	行政诉讼效率	政策透明度	ω_i
严格的管制	1	4	2	0.5714
行政诉讼效率	0.25	1	0.5	0.1429
政策透明度	0.5	2	1	0.2857

注：一致性检验：$\lambda_{max}=3$，$CR=0.0000<0.1$。

表 9-10　有关交通运输各项指标的权重

交通运输	港口设施质量	航空运输设施质量	ω_i
港口设施质量	1	3	0.7500
航空运输设施质量	0.3333	1	0.2500

注：一致性检验：$\lambda_{max}=2$，$CR=0.0000<0.1$。

在全部指标通过一致性检验后，再计算二级指标相对于目标层的合成权重，最终得出具有满意一致性的贸易便利化水平测度指标体系权重表，如表 9-11 所示。

表 9-11　贸易便利化水平指标体系权重

<table>
<tr><th></th><th>一级指标</th><th>二级指标</th><th>权重 W_i</th></tr>
<tr><td rowspan="15">贸易便利化评价指标体系 TFI</td><td rowspan="4">海关效率 B_1（0.4747）</td><td>进口所需文件数 C_{11}</td><td>0.2027</td></tr>
<tr><td>进口耗时 C_{12}</td><td>0.0318</td></tr>
<tr><td>进口费用 C_{13}</td><td>0.0376</td></tr>
<tr><td>海关烦琐度 C_{14}</td><td>0.2027</td></tr>
<tr><td rowspan="2">执行合同 B_2（0.0424）</td><td>合同执行费用 C_{21}</td><td>0.0106</td></tr>
<tr><td>合同执行耗时 C_{22}</td><td>0.0318</td></tr>
<tr><td rowspan="3">腐败程度 B_3（0.0751）</td><td>清廉指数 C_{31}</td><td>0.0451</td></tr>
<tr><td>贿赂与额外支出 C_{32}</td><td>0.0150</td></tr>
<tr><td>司法独立 C_{33}</td><td>0.0150</td></tr>
<tr><td rowspan="3">政府规章 B_4（0.1420）</td><td>严格的管制 C_{41}</td><td>0.0811</td></tr>
<tr><td>行政诉讼效率 C_{42}</td><td>0.0203</td></tr>
<tr><td>政策透明度 C_{43}</td><td>0.0406</td></tr>
<tr><td rowspan="2">交通运输 B_5（0.2658）</td><td>港口设施质量 C_{51}</td><td>0.1993</td></tr>
<tr><td>航空运输设施质量 C_{52}</td><td>0.0664</td></tr>
</table>

（4）建立贸易便利化水平综合评价模型。

在得出 C 层二级指标相对于目标层的总权重 W_{ij}（$i=1,2,\cdots,5;j=1,2,\cdots,5$）后，再结合二级指标规范化后的指标层 C_{ij}（$i=1,2,\cdots,5;j=1,2,\cdots,5$），利用加权和的方法得出该国贸易便利化指标体系 TFI。

建立贸易便利化综合评价模型：

$$TFI=W_{11}C_{11}+W_{12}C_{12}+W_{13}C_{13}+W_{14}C_{14}+W_{21}C_{21}+W_{22}C_{22}+W_{31}C_{31}+W_{32}C_{32}+W_{33}C_{33}+W_{41}C_{41}+W_{42}C_{42}+W_{43}C_{43}+W_{51}C_{51}+W_{52}C_{52}$$

因为选取的原始数据取值范围与测算方法存在一定差异，所以采用数学方法进行二次处理，运用公式 $Y_i=X_i/X_{\max}$ 处理使数值范围统一在 0~1 范围内，其中 X_i 代表原始数据值，$X_{\max}$ 代表该项指标所能得到的最大值，Y_i 代表经过指数化的最终数据。经过处理后，可以发现所得到的最后参数全都为原始参数值的真实反映，得分越高的国家所得参数也将越大。然后，经过处理后的新参数全在 0~1 间，1 代表该指标的最高水平，0 代表该指标的最低水平，确保了各国间贸易便利化指数的可比性。

另外，有 5 个负向指标，即进口所需文件数、进口耗时、进口费用、合同执行费用和合同执行耗时，先将其取倒数变成正向指标，之后再进行标准化。原始数据标准化结果详见表 9-12。

评价指标体系中各二级指标赋权结果如表 9-13 所示；各一级指标赋权结果如表 9-14 所示。

表 9-12 中哈吉塔四国贸易便利化测度指标数据的标准化

一级指标	二级指标	中	哈	吉	塔
海关效率 B_1	进口所需文件数 C_{11}	1.0000	0.4167	0.4545	0.8333
	进口耗时 C_{12}	0.4167	0.1493	0.1370	1.0000
	进口费用 C_{13}	0.8999	0.1368	0.1202	1.0000
	海关烦琐度 C_{14}	1.0000	1.0000	0.8333	0.9286
执行合同 B_2	合同执行费用 C_{21}	1.0000	0.7364	0.4378	0.6353
	合同执行耗时 C_{22}	0.5742	0.7027	1.0000	0.6046
腐败程度 B_3	清廉指数 C_{31}	1.0000	0.8056	0.7500	0.6389
	贿赂与额外支出 C_{32}	1.0000	1.0000	0.6500	0.9750
	司法独立 C_{33}	0.9512	0.9268	0.7073	1.0000
政府规章 B_4	严格的管制 C_{41}	0.9524	0.8810	0.8333	1.0000
	行政诉讼效率 C_{42}	0.9211	0.9737	0.7895	1.0000
	政策透明度 C_{43}	0.9574	1.0000	0.8085	0.8936
交通运输 B_5	港口设施质量 C_{51}	1.0000	0.9333	0.3333	0.4667
	航空运输设施质量 C_{52}	1.0000	0.6042	0.6042	0.8542

表 9-13 各二级指标便利化水平情况

二级指标	中	哈	吉	塔
进口所需文件数	0.2027	0.0845	0.0921	0.1689
进口耗时	0.0133	0.0047	0.0044	0.0318
进口费用	0.0338	0.0051	0.0045	0.0376
海关烦琐度	0.2027	0.2027	0.1689	0.1882

续表

二级指标	中	哈	吉	塔
合同执行费用	0.0106	0.0078	0.0046	0.0067
合同执行耗时	0.0183	0.0223	0.0318	0.0192
清廉指数	0.0451	0.0363	0.0338	0.0288
贿赂与额外支出	0.0150	0.0150	0.0098	0.0146
司法独立	0.0143	0.0139	0.0106	0.0150
严格的管制	0.0772	0.0714	0.0676	0.0811
行政诉讼效率	0.0187	0.0198	0.0160	0.0203
政策透明度	0.0389	0.0406	0.0328	0.0363
港口设施质量	0.1993	0.1860	0.0664	0.0930
航空运输设施质量	0.0664	0.0401	0.0401	0.0567

表 9-14 各一级指标便利化水平情况

一级指标	中	哈	吉	塔
海关效率	0.2498	0.0943	0.1010	0.2383
执行合同	0.2133	0.2105	0.1736	0.2142
腐败程度	0.0784	0.0737	0.0754	0.0627
政府规章	0.1102	0.1051	0.0942	0.1164
交通运输	0.3046	0.2667	0.1394	0.1860

根据贸易便利化综合评价模型和上述数据，计算贸易便利化的评价指数 TFI，最终得出结果如表 9-15 所示。国内外相关学者通常将贸易便利化水平综合指数得分划分为四个等级：0.6 分以下表示不便利，0.6~0.7 表示一般便利，0.7~0.8 表示比较便利，0.8 分以上表示非常便利。

表 9-15 中哈吉塔四国贸易便利化水平测度结果及排名

	中国	哈萨克斯坦	吉尔吉斯斯坦	塔吉克斯坦
TFI	0.9562	0.7504	0.5835	0.7983
排名	1	3	4	2
便利情况	非常便利	比较便利	不便利	比较便利

根据贸易便利化指数可以看出，中国的贸易便利化水平较高，塔吉克斯坦次之，哈萨克斯坦以微小劣势排名第三，吉尔吉斯斯坦的便利化水平处于落后地位，亟待提高。吉尔吉斯斯坦贸易便利化水平最低，只因其在市场准入方面处于这几个国家的平均水平，而其他三个方面评价值则均较低，尤以基础设施方面最为落后。

曾有学者研究表明，影响中国进出口贸易的主要因素依次为贸易双方的空间距离、贸易便利化指数、GDP 总量和人口因素。进口国的贸易便利化水平每提高 1%，中国对其的出口额将增加 2.29%。这说明进口国贸易便利化水平在吸引中国对外出口贸易上的作用非常之大。

贸易便利化的程度，不仅体现在整体便利化水平上，也在分项指标上有所体现。对中、哈、吉、塔四国各项二级指标中的排名进行了统计，如表 9-16 所示。

表 9-16　中哈吉塔四国原始数据评分在 140 个国家中的排名

	一级指标	二级指标	中	哈	吉	塔
贸易便利化评价指标体系 TFI	海关效率 B_1	进口所需文件数 C_{11}				
		进口耗时 C_{12}				
		进口费用 C_{13}				
		海关烦琐度 C_{14}	56	55	97	73
	执行合同 B_2	合同执行费用 C_{21}				
		合同执行耗时 C_{22}				
	腐败程度 B_3	清廉指数 C_{31}	100	126	126	152
		贿赂与额外支出 C_{32}	67	64	130	69
		司法独立 C_{33}	67	72	109	58
	政府规章 B_4	严格的管制 C_{41}	26	46	68	17
		行政诉讼效率 C_{42}	66	52	99	50
		政策透明度 C_{43}	36	30	95	65
	交通运输 B_5	港口设施质量 C_{51}	50	27	138	133
		航空运输设施质量 C_{52}	51	114	126	78

数据来源：《全球竞争力报告 2015—2016》。

三、新疆与中亚五国贸易便利化水平分析

依据上述指标体系，贸易便利化受到海关效率、交通运输、政府规章、腐败程度和执行合同五个方面影响。

(一)海关效率:合作程度低

新疆作为中国的西北门户，肩负着大部分同中亚各国合作的任务，中国同中亚各国的合作，不仅对新疆有着重要意义，对中国的区域战略同样意义深远。中国新疆与中亚国家间海关效率低是制约区域贸易便利的又一重要因素。在中亚区域合作组织(CARCE)框架下，阿塞拜疆、哈萨克斯坦、吉尔吉斯斯坦、土库曼斯坦、蒙古、塔吉克斯坦、乌兹别克斯坦和中国建立了中亚八国海关合作委员会(CCC)机制。此外，中国还与哈萨克斯坦、吉尔吉斯斯坦、塔吉克斯坦签署了双边海关合作协议。尽管建立了多种形式的海关合作，但由于相关协议很多还没有付诸实施，各国海关信息化水平较低，因而海关合作进展缓慢。例如，目前中国与中亚各国在海关监管手续，包括海关印章和标识，还缺乏相互的承认和认可。独联体六国使用其统一格式的海关报关单证，而中国则使用自己本国的报关单证，双方缺乏协调造成工作重复、通关效率低下。

近年来，新疆加大了对霍尔果斯、阿拉山口等口岸的资金投入，大大改善了口岸的基础设施建设，但通关不畅仍然是制约新疆与中亚国家贸易便利的最主要因素。其中既有新疆边境口岸各职能部门协作效率不高的因素，也有哈萨克斯坦海关政策多变以及相对应口岸基础设施落后的因素。一方面，新疆边境口岸的海关、国检、边检、银行和税务等相关管理部门之间的协调度不够高，比如：报关报检等进出口贸易程序颠倒；国检和边检职责不够明确，同一批货物须由多个部门依次查验，不但延误通关时间，而且增加了交易成本。另一方面，阿拉山口口岸通关不畅主要受哈萨克斯坦多斯特克口岸换装能力的影响。由于中国铁路是准轨，而哈萨克斯坦铁路是宽轨，按照国际惯例，进口货物在中方换轨，出口货物在哈萨克斯坦换轨。目前哈萨克斯坦与阿拉山口口岸对应的多斯特克口岸年最大换装能力仅为

320 万吨,远远低于中国的出口需求,导致中国出口货物通关不畅。霍尔果斯口岸阶段性通关不畅的原因则主要是哈萨克斯坦频繁变动海关官员,且经常调整通关规则,如 2004 年 12 月、2007 年 10 月哈萨克斯坦在没有提前公告的情况下,修改清关方式和货车载货标准,令中国企业难以适应,不符合新规定的车辆被迫滞留口岸,进而延长通关时间。

(二)交通运输:基础设施是“瓶颈”

制约中国与中亚国家间贸易便利化的“瓶颈”是跨国交通基础设施建设发展不平衡。与中国相比,中亚五国基础设施落后,公共服务环境需要完善。中亚五国拥有丰富的自然资源,但由于地形多山,交通设施以公路为主,且建设难度大,对商品流通构成了极大的障碍。中亚五国的互联网体系仍不够发达,有的国家存在电力供应不足的问题。在中亚五国中,哈萨克斯坦的公共服务环境最好,吉尔吉斯斯坦次之,塔吉克斯坦、土库曼斯坦、乌兹别克斯坦三国均较差,但即使是在哈萨克斯坦,企业投资与经营活动的公共服务体系仍需要完善。

在公路方面,中国与中亚国家道路等级不对接。比如,哈萨克斯坦部分公路路况较差,从新疆阿拉山口到哈萨克斯坦乌恰拉尔大约 180 公里的公路里程,路面深坑较多,路况不好,坐车长达 5 小时,严重制约了双方贸易往来。亚洲开发银行的研究数据表明,在中亚地区运输物流支出费用占进口额的 7%~10%,占出口额的 8%~14%。中亚地区运输费用远远高出亚洲平均物流成本,2001 年亚洲的物流运输费用占进口额的 8.4%,世界平均数为 6.1%。

在铁路方面,目前中国出口中亚国家商品经由新亚欧大陆桥运出,即从新疆阿拉山口站换装出境进入中亚,与哈萨克斯坦多斯特克站接轨,西行至阿克套,北上与西伯利亚大铁路接轨。这一铁路运输通道运力不足,导致中国出口商品,尤其是新疆地产商品,因车皮紧张而无法顺利出境。依据国际铁路联运的做法,出口商品由发货站直接发运至阿拉山口铁路站场,在阿拉山口口岸进行换装至哈萨克斯坦的车皮出口。但哈萨克斯坦多斯特克口岸换装能力低,年换装能力约 350 车皮,远低于中国出口换装需求,出口商品被滞留在口岸的情况时有发生。

（三）政府规章：政策法规多变且不健全

中亚五国尚处于向市场经济转轨阶段，在对外政策上缺乏连贯性和一致性，法律法规不健全且多变，政策与法令法规朝令夕改、随意性强，在贸易立法、管理体制、投资环境、金融服务、法律保障、政府管理等方面还存在诸多不符合市场经济要求和国际惯例的障碍和问题，在一定程度上影响了新疆边境贸易的正常发展。同时，哈萨克斯坦等中亚国家至今尚未就对中国边贸制定出相应的优惠政策，造成其政策与中方的一系列边贸优惠政策明显不对等。中国现行边贸政策针对性与有效性较弱，贸易信用体制、经贸合作保障机制和服务机制尚不健全，容易造成政策之间的相互冲突，从而错失了许多合作良机。

（四）腐败程度：政治风险较高

中亚五国政治风险较高。中亚五国独立之后，选择了总统制政体。但是中亚五国的总统制与美国等西方国家的总统制是有区别的。总统权力过大对议会和政党有较强的控制力和影响力。在中亚五国，政治权力的分配越来越趋向于中央集权制，中亚五国的议会制度变迁深受政治斗争影响，目前多实行两院制的议会制度。经过 20 多年的发展，中亚五国基本上形成了独具特色的多党政治体制和政党政策，但是中亚五国仍然存在党派斗争、民族和宗教势力斗争、恐怖主义活动等政治风险。中国与中亚五国的贸易往来也面临着较高的政治风险。另外，中亚五国法律体系不够健全，腐败问题严重。伴随着政治体制的变迁，中亚五国的宪法、司法体系和各项法规也处在不断健全和完善过程之中。中亚五国对于外资的态度基本上以鼓励为主。但是在法律和法规的执行过程中，中亚五国的官员腐败和权力寻租仍比较严重。

（五）执行合同：贸易成本居高不下

中亚国家普遍存在通关效率低，企业注册、办理签证、劳务许可申请等手续繁杂、审批复杂等问题。由于金融危机后中亚国家就业形势更趋严峻，将对使用外国劳务人员更加严格限制。一些国家已取消了中国企业现有的外国劳务配额或提高办理费用，增加了项目成本、影响了工程进度。乌兹别克斯坦换汇程序复杂，效率低。

第十章

新疆与中亚五国投资便利化水平测度

投资便利化最终致力于使投资能够有效地流动和获得最大的利益。透明性、简单性和可预测性是其最重要的原则之一。投资便利化在推动区域经济一体化、增强竞争力和经济增长的可持续性、扩大两国贸易与就业机会及提高技术等方面发挥的重要作用已经成为国际社会的共识。

2008 年,亚太经合组织(APEC)投资便利化行动计划(IFAP)指出,投资便利化是指政府为吸引外资,在投资周期的全部阶段上使其管理的有效性和效率达到最大化的一系列行动。投资便利化最终致力于使投资能够有效地流动和获得最大的利益。透明性、简单性和可预测性是其最重要的原则之一。[①]

亚太经合组织(APEC)投资便利化行动计划(IFAP)的主要目标包括:加强区域经济一体化、增强竞争力和经济增长的可持续性、扩大繁荣和就业机会以及向茂物目标的实现进一步迈进。[②] 从这些主要目标可以看出,投资便利化所带来的经济效应已经成为国际社会的共识。

一、投资便利化测评指标体系的构建与评价方法

倡导投资便利化是国际社会的共识,因此对投资便利化的测量,作为衡量国家投资便利化水平的重要工具,已经成为世界各国政府及学术界致力于解决的研究问题。

---

① 引自:APEC Investment Facilitation Action Plan (IFAP),全文下载于 APEC 官方网站,http://www. apec. org/Home/Groups/Committee-on-Trade-and-Investment/Investment-Experts-Group。

② 引自:APEC Investment Facilitation Action Plan (IFAP).

(一)投资便利化测评指标体系构建的依据

目前,理论界及各国政府和国际社会组织提供了众多对投资便利化测量的指标,建立了各具侧重点的指标体系。

亚太经合组织(APEC)投资便利化行动计划(IFAP)中,对投资便利化的测量提出八个原则:①促进投资相关政策在制定和管理中的可及性和透明度;②增强投资环境的稳定性、财产的安全性和保护投资;③提高投资相关政策的可预测性和一致性;④提高投资程序的效率和效益;⑤构建建设性的利益相关者关系;⑥利用新技术改善投资环境;⑦建立投资政策的监测和审查机制;⑧加强国际合作。这八个原则旨在建立透明度、安全性、一致性、高效性、包容性和合作性的充满活力的投资环境。①

世界银行(World Bank)的营商指标(The Doing Business,DB)可以用来描述在IFAP原则下行动的实施进展,DB通过“启动业务,办理施工许可证,获得电力,登记财产,获得信贷,保护投资者,纳税,跨越国界,执行合同,解决破产问题”②等方面的评估结果可以反映影响国内企业的183个经济体的法规,及其在十大经济体内商业管制的排名。同时,DB 2013报告中被称为“Distance to Frontier”的测量中可以显示出国家政策的持续改进情况。③ 联合国贸易和发展会议世界投资报告(WIR)中吸引外商直接投资指数和潜力指数,也可以描述IFAP具体的实施进展。④ 贸发会议的世界投资前景调查,虽然并不是一个定量预测,但是提供了在调查期间受访者对今后三年外国直接投资模式见解的一个评估。⑤

从亚太经合组织定义的投资便利化概念可以看出,在一个跨国直接投

① 引自:IFAP Implementation in Facilitating Investment for the Asia Pacific Region 2014 第32页,全文下载于APEC官方网站。

② 引自:IFAP Implementation in Facilitating Investment for the Asia Pacific Region 2013 第5页,全文下载于APEC官方网站。

③ 引自:IFAP Implementation in Facilitating Investment for the Asia Pacific Region 2013 第5页,全文下载于APEC官方网站。

④ 引自:IFAP Implementation in Facilitating Investment for the Asia Pacific Region 2013 第6页,全文下载于APEC官方网站。

⑤ 引自:IFAP Implementation in Facilitating Investment for the Asia Pacific Region 2013 第9页,全文下载于APEC官方网站。

资的完整过程中的各个阶段，最大限度地降低投资者所遇到的各种障碍，最大限度地服务于投资者享有的合法利益，最大限度地营造透明、简洁和可预见的投资环境，是投资便利化进程的主旨。

企业是跨国直接投资的载体，在企业进行一个完整的跨国投资行为时，国家和国家之间、国家与企业之间发生着基于各自利益的行为（或者说行动），在这个充斥着博弈行为的过程中，东道国（B 国）在多大程度上使企业（A 国企业）更容易地跨越两国（A 国和 B 国）间障碍壁垒的过程，即东道国降低壁垒、开放市场的过程，就是 B 国投资便利化行动的过程及进展水平，跨国直接投资便利化进程中政府、企业与市场的关系如图 10-1 所示。

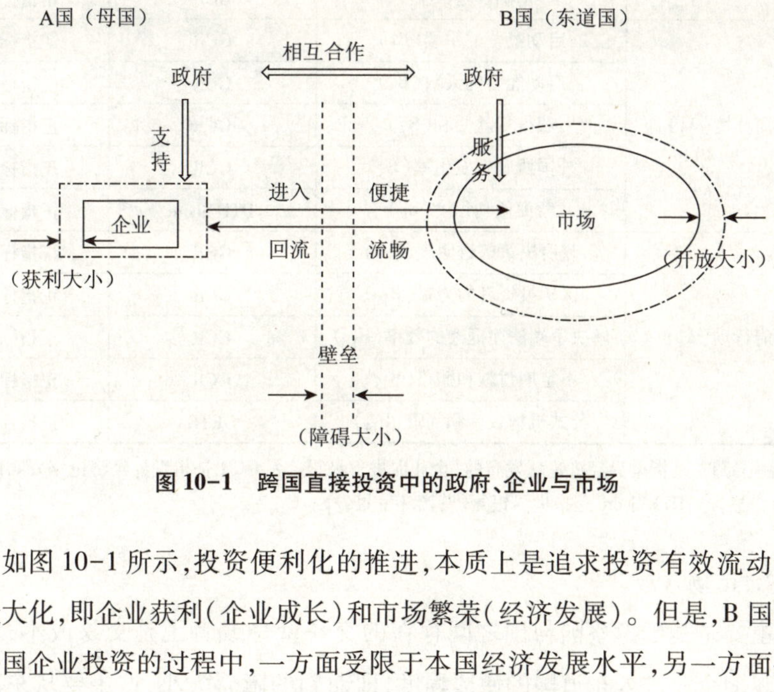

图 10-1　跨国直接投资中的政府、企业与市场

如图 10-1 所示，投资便利化的推进，本质上是追求投资有效流动和收益最大化，即企业获利（企业成长）和市场繁荣（经济发展）。但是，B 国在引入外国企业投资的过程中，一方面受限于本国经济发展水平，另一方面要基于自身利益最大化而愿意采取的旨在推进投资便利化的最大行政努力，这些最大努力，包括 B 国所进行的国际政府合作、为本国市场提供服务的程度以及对外国投资企业的态度（法律法规、政策措施）。鉴于以上对跨国直接投资中以政府为代表的国家、企业及市场之间关系的考量，以及对投资便利化进程的内涵解析，本书认为政府、市场和企业是投资活动的关键要素，政府对企业投资的态度和行动力是造成企业营商环境、市场开放程度及基础设施建设力度的重要影响因素。

(二)投资便利化测评指标体系的建构及说明

建立如表 10-1 所示的投资便利化测评指标体系。

表 10-1 投资便利化测评指标体系

一级指标	二级指标	数据来源	指标性质
市场开放(A_1)	市场准入(B_1)	GETR	正指标
	对外开放(B_2)	GETR	正指标
基础承载(A_2)	市场规模(B_3)	GCR	正指标
	基础设施(B_4)	GCR	正指标
营商环境(A_3)	启动经营的手续(B_5)	GCR	逆指标
	启动经营的天数(B_6)	GCR	逆指标
	获得贷款便利(B_7)	GCR	正指标
	外国所有权发生率(B_8)	GCR	正指标
	营商便利程度(B_9)	DTF Score	正指标
政府行动(A_4)	政府决策的透明度(B_{10})	GCR	正指标
	保护投资者的力量(B_{11})	GCR	正指标
	解决争端法律框架的效率(B_{12})	GCR	正指标
	不定期付款和贿赂(B_{13})	GCR	正指标
	公共机构效率和问责(B_{14})	GETR	正指标

注:GETR 是指世界经济论坛发布的《全球促进贸易报告》,GCR 是指世界经济论坛发布的《全球竞争力报告》,DTF Score 是指世界银行《营商环境报告》。

1. 市场开放

主要是基于考察国与国之间存在的交易壁垒或者说是交易成本,目的在于观测企业进入东道国的便捷程度,即遇到的障碍大小,这主要从东道国采取的关税政策和市场开放程度两方面进行考察。

关税是衡量一个国家市场准入政策最简洁的指标。市场准入包括国内市场准入和国外市场准入两个方面的衡量。在国内市场准入中,从关税税率、关税的复杂性指数和免税进口份额三个方面考察。而国外市场准入则是从面临的关税和目的地市场的边际偏好指数两方面衡量。关税税率高、税种多都意味着市场准入受限程度高。

对外开放,是考察东道国的市场开放程度,这里包含雇用外国劳动力的便利程度、外商直接投资规则对企业的影响以及多边贸易规则的开放性。

2. 基础承载

基础承载,主要反映一个国家经济承载能力(承载和推动企业发展的能力,即市场规模)和基础设施承载能力的体现。

一个国家的经济发展水平与投资贸易具有双向影响作用,经济发展水平高的市场对投资便利化有促进作用。宏观经济的稳定性对商业十分重要。克鲁格曼提出的新贸易理论认为,在一个不完全竞争的世界,贸易和投资源于聚集效应的外部经济和源于内部能力的内部经济所驱动,这里的外部经济就取决于市场规模的大小。

基础设施,主要以交通运输基础设施、信息通信技术的基础设施和电力基础设施的供给能力为主。广泛而有效的基础设施是确保经济有效运转的关键。

3. 营商环境

反映企业从启动经营活动到结束企业生命全过程所面临的应对各种可能发生的影响企业经营活动的行为及环境,这是企业进入市场后机制影响企业的具体体现。因为机制影响投资决策和生产组织,并在社会利益分配、发展战略和政策的成本承担中发挥关键作用。①

启动经营的手续和启动经营的天数反映企业启动经营活动的便利程度。

获得贷款便利反映企业资金筹集能力的便利程度。

外国所有权发生率反映企业获得东道国所有权认可的程度。

营商便利程度反映企业经营的便利程度。

4. 政府行动

政府行动是政府为吸引外资,在投资周期的全部阶段上使其管理的有效性和效率达到最大化的一系列行动。它是对接受外国企业投资的态度及

① The Global Competitiveness Report 2015-2016[R].2015 World Economic Forum.

政府行动能力和执政效率的具体体现，是企业营商环境、市场开放程度及基础设施建设力度的重要影响因素。

政府决策的透明度是促进投资便利化原则“透明性和可预测性”的具体体现。

保护投资者的力量是政府对接受外国企业投资的态度及保护投资者的行政力度。

解决争端法律框架的效率反映东道国的制度健全性及行政效率。

不定期付款和贿赂反映东道国促进投资便利化原则“透明性、简单性和可预测性”的程度，揭示企业运营隐性成本及政府行政能力和效率。

公共机构效率和问责反映政府行动的能力和效率，隐含企业经营的时间效率和时间成本。

正指标意味着指标得分越高，其所代表的指标情况就越好，逆指标反之。例如：正指标“政府决策的透明度”，其指标数值在 1~7 之间，数值越高，说明政府决策透明度越高；而逆指标“启动经营的天数”，其天数越大，说明企业启动经营的情况越差。

（三）投资便利化测评指标体系的评价方法

赋权，即指标权重，是指在一个多指标评价体系中各个指标所占的比重。指标权重的合理与否，影响并决定着综合评价及判断结果的科学性和正确性。在指标体系既定的条件下，赋权的不同直接决定着评价结果的差异。因此，科学赋权在多指标评价体系中具有非常重要的地位和作用。较高的赋权值，表明指标数据的可信赖度、解释度较大，其对评价内容的影响程度、贡献程度及作用效果都较大；反之，则表示对评价内容的影响程度、贡献程度及作用效果较小。

在多指标综合评价体系中，赋权的方法多种多样。对于多指标综合评价方法的多样性，是由于评价过程中备选方案不断选择的结果，即对进行多指标综合评价过程的基本步骤和解决关键问题方案的选择，决定了多指标综合评价不同的分析方法。在权重选择过程中，各种分析方法均有利弊。本书根据投资便利化测评指标体系及其特点，采用 AHP 法确定赋权。

AHP 法的基本原理，是把研究的复杂问题看作一个大系统，通过对系统的多个因素的分析，划出各因素间相互联系的有序层次；再请专家对每一层次的各因素进行客观的判断后，相应地给出重要性的定量表达；进而建立数学模型，计算出每一层次全部因素的相对重要性的权值，并加以排序；最后根据排序结果进行规划决策和选择解决问题的措施。具体步骤如下：

1. 构造递阶层次结构

把要研究的问题逐层分解，直到最低一级可量化的指标，按照目标层、一级指标层、二级指标层和三级指标层的形式排列，标明上下层指标之间的关系，从而形成一个多层次的结构。

2. 构造比较判断矩阵

构造判断矩阵过程中，邀请多名专家或决策者回答，对于目标层 T，其下属的一级指标层的元素 A_i 和 A_j 哪一个更为重要，且对重要多少赋予 1~9 的比例标度（见表 10-2）。由此可以得到目标层 T 下的判断矩阵 $A=(a_{ij})$。则判断矩阵 A 应有如下性质：$a_{ij}>0$；$a_{ij}=1/a_{ji}(i,j=1,2,\cdots,n)$。当有 S 位专家或决策者给出比较矩阵时，设 $A(k)=(a_{ij})k$ $(k=1,2,\cdots,s)$，先取 $a_{ij}(k)$ 的几何平均，得到成对比较矩阵 $A=(a_{ij})$。

$a_{ij}=\sum_{k=1}^{s}(a_{ij}^{(k)})^{\lambda k}$，$\lambda k$ 为第 k 位专家的加权因子。

表 10-2 比例标度的含义（两两指标相比）

标度值	1	3	5	7	9
重要程度	同样重要	稍微重要	明显重要	强烈重要	绝对重要

注：2、4、6、8 为上述相邻判断的中值，若因素 i 与 j 比较得 a_{ij}，则因素 j 与因素 i 相比得 $1/a_{ij}$。

3. 求解判断矩阵，并进行一致性检验

采用和积法解判断矩阵，求其特征向量和特征根。对判断矩阵 A 的每一列正规化，$a_{ij}^{*}=a_{ij}/(\sum_{k=1}^{n}a_{kj})$ $(i,j=1,2,\cdots,n)$。再按行加总，记 $\overline{W}=\sum_{j=1}^{n}a_{ij}^{*}$，对其正规化，得到权重向量 W，其分量 $W_i=\overline{W}/\sum_{j=1}^{n}\overline{W}_j$，$(i,j=1,2,\cdots,n)$。再依 $\lambda_{\max}=\sum_{i=1}^{n}\left[(AW)_i/nW_i\right]$，求最大特征根 $\lambda_{\max}$。其中，$(AW)i$

表示 AW 的第 i 个分量，$AW=\lambda_{max}W$ 存在。

同时进行一致性检验，具体做法如下：$CR=CI/RI<0.1$，其中 $CI=(\lambda_{max}-n)/(n-1)$，$n$ 为指标数；λ_{max} 为判断矩阵最大特征根；RI 为当指标数为 n 时的平均随机一致性指标，见表 10-3。

表 10-3　平均随机一致性指标 *RI*

矩阵阶数	1	2	3	4	5	6	7
RI	0	0	0.515	0.893	1.119	1.249	1.345
矩阵阶数	8	9	10	11	12	13	14
RI	1.420	1.462	1.487	1.516	1.541	1.558	1.580

4. 计算各层元素的组合权重，并检验其一致性

为了保证某层元素对于总体目标的组合权重和它们与上层元素的相互影响，利用同一层次所有元素单排序的结果，计算针对上一层次而言本层次所有元素重要性的权重值，同时，按第 3 步骤中的一致性检验办法进行一致性检验。计算公式为：第 i 个第一层次的指标的第 j 个第二层次的权重，$W_{ij}=W_i\times b_{ij}$，$CI=\sum W_i\times CI_i$，$RI=\sum W\times RI_i$，$CR=CI/RI<0.1$。

本书对投资便利化测评指标体系中构造比较判断矩阵的过程以一级指标为例，根据指标体系的建立过程对指标选取的原则，通过投资便利化相关文献的查阅以及专家学者的评价，建立如表 10-4 所示的比较判断矩阵。

表 10-4　投资便利化测评指标体系一级指标比较判断矩阵

	市场开放（A_1）	基础承载（A_2）	营商环境（A_3）	政府行动（A_4）
市场开放（A_1）	1	3	1/3	1/2
基础承载（A_2）	1/3	1	1/3	1/3
营商环境（A_3）	3	3	1	2
政府行动（A_4）	2	3	1/2	1

通过计算求解判断矩阵，得到 4 个一级指标的权重如下：市场开放 $A_1=0.18$；基础承载 $A_2=0.09$；营商环境 $A_3=0.44$；政府行动 $A_4=0.28$。与权重向量所对应的最大特征值为 4.14，对其进行一致性检验，得到 $CR=0.053<0.1$，通过一致性检验。

同理,通过二级指标的判断矩阵,得到二级指标的赋权结果,如表10-5所示。

表 10-5 投资便利化测评指标体系赋权结果

一级指标	一级指标赋权	二级指标	二级指标赋权
市场开放(A_1)	0.18	市场准入(B_1)	0.090
		对外开放(B_2)	0.090
基础承载(A_2)	0.09	市场规模(B_3)	0.030
		基础设施(B_4)	0.060
营商环境(A_3)	0.44	启动经营的手续(B_5)	0.088
		启动经营的天数(B_6)	0.088
		获得贷款便利(B_7)	0.088
		外国所有权发生率(B_8)	0.088
		营商便利程度(B_9)	0.088
政府行动(A_4)	0.28	政府决策的透明度(B_{10})	0.056
		保护投资者的力量(B_{11})	0.056
		解决争端法律框架的效率(B_{12})	0.056
		不定期付款和贿赂(B_{13})	0.056
		公共机构效率和问责(B_{14})	0.056

二、投资便利化综合水平评价与问题分析

采集 2011—2015 年《全球促进贸易报告》《全球竞争力报告》和《营商环境报告》,得到中国、哈萨克斯坦、吉尔吉斯斯坦和塔吉克斯坦的相关数据,原始数据如附表 1 所示(土库曼斯坦数据缺失,乌兹别克斯坦仅有个别数据,塔吉克斯坦有个别数据缺失)。

所有原始数据均进行数据标准化处理,所采用公式如下:

正指标=(观测值-最小值)/(最大值-最小值)

逆指标=(最大值-观测值)/(最大值-最小值)

采用层次分析法,得到本书所建立的投资便利化测评指标体系的评价结果(所有评价值见附表 2)。

(一)中国与中亚五国投资便利化水平评价

2011—2015 年,中国与中亚五国投资便利化水平测评结果及其排名如图 10-2 和图 10-3 所示。6 个国家之间呈现着比较明显的差异化水平。

中国投资便利化水平呈现逐年增高的趋势,2011 年、2013 年和 2015 年,便利化评价指标值呈现 0.48、0.49 和 0.50 的增高态势,增长率达到 2.0%和 1.5%;2012 年和 2014 年,便利化评价指标值由 0.67 上升至 0.72,增长率达到 7.3%。在 6 个国家中,2011 年排名第一,之后 2012—2015 年均位居第二。①

哈萨克斯坦投资便利化水平亦呈现逐年增高的趋势,且增长的幅度均大于中国增长幅度。2011 年、2013 年和 2015 年,便利化评价指标值呈现 0.47、0.59 和 0.63 的增高态势,增长率达到 25.7%和 6.7%;2012 年和 2014 年,便利化评价指标值由 0.68 上升至 0.74,增长率达到 9.2%。在 6 个国家中,2011 年排名第二,之后 2012—2015 年均位居第一。

吉尔吉斯斯坦投资便利化水平基本呈现逐年增高的趋势,2011 年、2013 年和 2015 年,便利化评价指标值分别为 0.38、0.41 和 0.40,增长率分别为 6.2%和-2.5%;2012 年和 2014 年,便利化评价指标值由 0.49 上升至 0.56,增长率达到 12.6%。在 6 个国家中,排名始终位居第三。

塔吉克斯坦投资便利化水平呈现一定的改善程度,由于 2013 年,塔吉克斯坦仅有一个指标数据,即营商便利程度,为 48.4,在全球 189 个国家和地区中排名第 143,其他 13 个二级指标全部空缺,因此,塔吉克斯坦 2013 年的投资便利化水平评价值为零。2011 年和 2015 年,塔吉克斯坦投资便利化评价指标值分别为 0.33 和 0.39;2012 年和 2014 年,便利化评价指标值由 0.39 下降至 0.36,降幅达 9.1%。在 6 个国家中,排名始终位居第四。

土库曼斯坦,由于缺失所有数据,因此,其评价值均为零,排名亦始终居于六国之末位。

---

① 由于 2011 年、2013 年和 2015 年的评价指标相同,2012 年和 2014 年的评价指标相同,因此 2011 年、2013 年和 2015 年的数据及排名具有可比性,2012 年和 2014 年的数据及排名具有可比性,以下无特别说明均与此同。

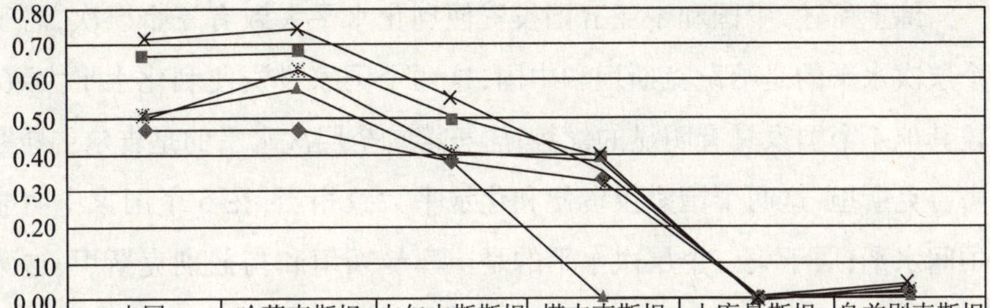

	中国	哈萨克斯坦	吉尔吉斯斯坦	塔吉克斯坦	土库曼斯坦	乌兹别克斯坦
2011年	0.48	0.47	0.38	0.33	0.00	0.00
2012年	0.67	0.68	0.49	0.39	0.00	0.01
2013年	0.49	0.59	0.41	0.00	0.00	0.00
2014年	0.72	0.74	0.56	0.36	0.00	0.03
2015年	0.50	0.63	0.40	0.39	0.00	0.05

图 10-2　2011—2015 年中国与中亚国家投资便利化测评结果

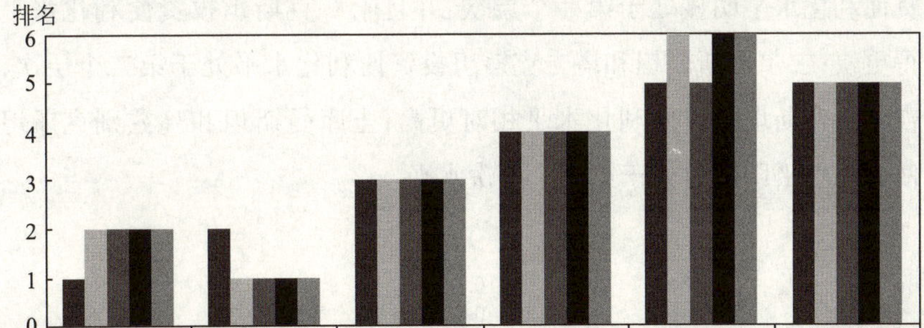

	中国	哈萨克斯坦	吉尔吉斯斯坦	塔吉克斯坦	土库曼斯坦	乌兹别克斯坦
2011年	1	2	3	4	5	5
2012年	2	1	3	4	6	5
2013年	2	1	3	4	5	5
2014年	2	1	3	4	6	5
2015年	2	1	3	4	6	5

图 10-3　2011—2015 年中国与中亚国家投资便利化评价排名

乌兹别克斯坦，缺乏数据支撑，仅在世界银行发布的《营商环境报告》中的“营商便利程度”反映了乌兹别克斯坦的企业面临的监管情况，虽然比较的经济体从 2011 年的 183 个扩展到 2015 年的 189 个，但乌兹别克斯坦的营商便利程度排名从 2011 年的第 166 名逐年提升，2012—2015 年分别排在第 154 名、第 146 名、第 141 名和第 87 名，说明乌兹别克斯坦为企业层面的营商法规采取了较有成效的行动措施。在本书的投资便利化评价指标体系中，乌兹别克斯坦始终居于第五位。

综上所述,中国和中亚五国投资便利化水平大致有三个层次,居于第一个层次水平的是哈萨克斯坦和中国,这两个国家投资便利化水平大致相当,较其他 4 个国家具有明显的优势;居于第二个层次水平的是吉尔吉斯斯坦和塔吉克斯坦,这两个国家投资便利化水平大致相当,在 6 个国家中明显处于中间水平;居于第三个层次水平的是土库曼斯坦和乌兹别克斯坦,这两个国家在世界范围内还鲜有统计数据(如《全球竞争力报告》《全球促进贸易报告》和《营商环境报告》),说明这两个国家的综合竞争力、贸易发展水平及国内企业的监管水平还没有得到世界性的关注,国家投资便利化水平还处于较低的状态。

由图 10-4 和图 10-5 可以更直观更明显地看出,中国和哈萨克斯坦投资便利化水平明显处于第一个层次,并且哈萨克斯坦投资便利化水平提升得更快;吉尔吉斯斯坦和塔吉克斯坦投资便利化水平处于第二个层次,并且吉尔吉斯斯坦投资便利化水平相对更高;土库曼斯坦和乌兹别克斯坦投资便利化水平则明显处于第三个层次水平。

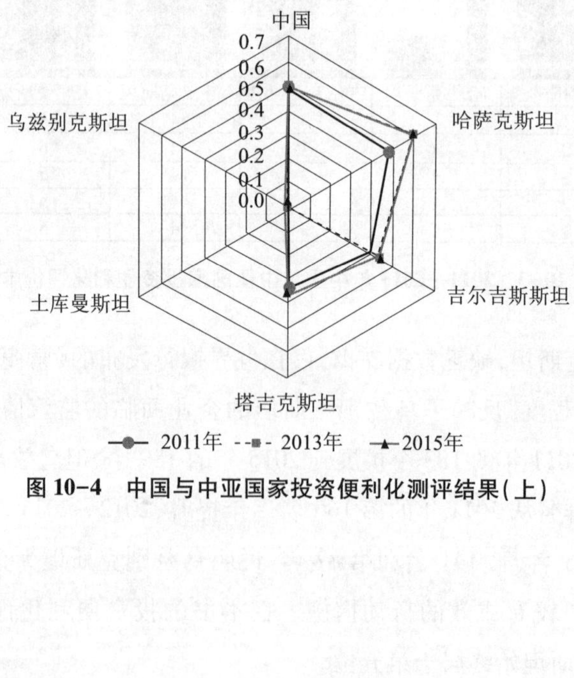

图 10-4 中国与中亚国家投资便利化测评结果(上)

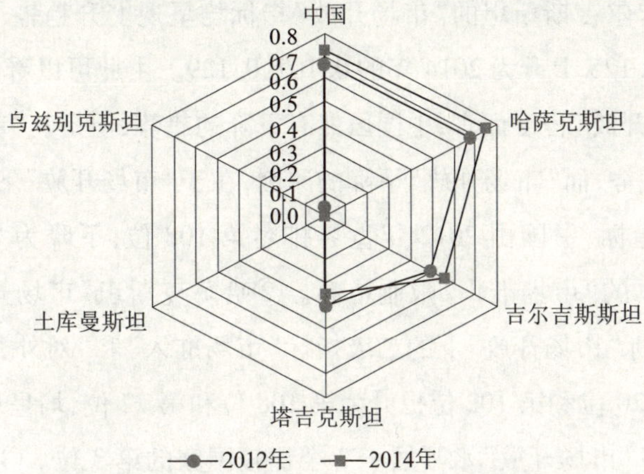

图 10-5　中国与中亚国家投资便利化测评结果(下)

(二)中国与中亚国家投资便利化水平的问题分析

本书投资便利化水平评价指标体系一级指标分别是市场开放、基础承载、营商环境和政府行动。

一级指标"市场开放"。中国、哈萨克斯坦和吉尔吉斯斯坦三国的评价值和排名如图 10-6 所示。①

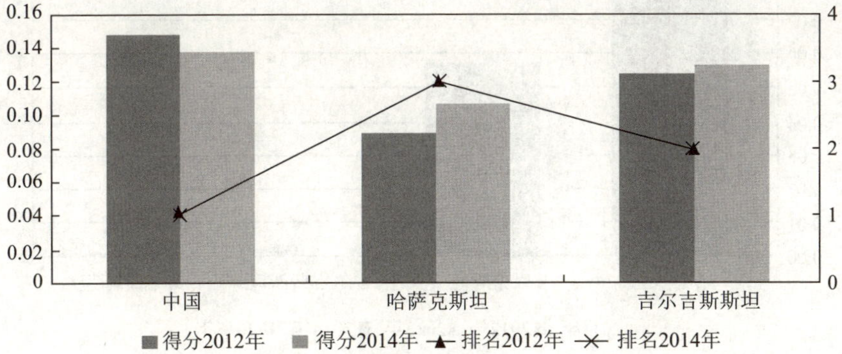

图 10-6　中国与中亚国家"市场开放"测评结果

中国的"市场开放"指标由 2012 年的 0. 148 下降至 2014 年的 0. 137;哈

---

① 塔吉克斯坦、土库曼斯坦和乌兹别克斯坦 3 国由于数据缺失,未列入图表,以下分析无特别说明皆与此同;未列入图表的年份均为数据缺失,以下分析无特别说明皆与此同。

萨克斯坦和吉尔吉斯斯坦的“市场开放”指标均呈现上升趋势，分别由2012年的0.088、0.125上升为2014年的0.107、0.129。由此可以看出以下三点：①对于“市场开放”程度而言，中国虽然有下降的趋势，但是其“市场开放”水平仍居明显优势；而“市场开放”下降的原因，在于“市场开放”下的二级指标“市场准入”指标，中国由2012年世界排名第108位，下降为2014年的第119位，即中国的“市场准入”限制增高。②哈萨克斯坦“市场开放”增幅最大，其一级指标“市场开放”下的二级指标“市场准入”和“对外开放”世界排名分别由第120位和第102位提升为第108位和第72位，均呈现上升趋势；但哈萨克斯坦“市场开放”水平居于3个比较国家的第3位。③吉尔吉斯斯坦“市场开放”水平居于3个国家的第2位，其“市场准入”和“对外开放”的世界排名分别由第39位和第115位提升为第32位和第108位，因此“市场开放”指标水平呈现小幅提升态势。

一级指标“基础承载”。中国、哈萨克斯坦、吉尔吉斯斯坦和塔吉克斯坦的测评结果如图10-7所示，排名结果如图10-8所示。

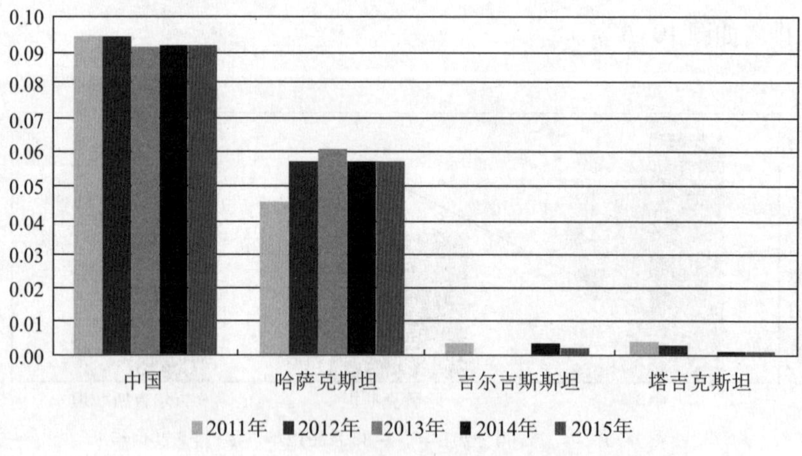

图10-7　中国与中亚国家“基础承载”测评结果

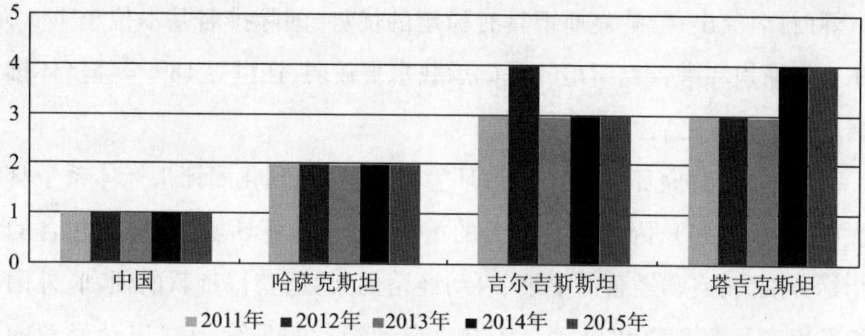

图 10-8　中国与中亚国家“基础承载”测评结果排名

对于一级指标“基础承载”而言，中国、哈萨克斯坦、吉尔吉斯斯坦和塔吉克斯坦四国呈现出十分显著的三种水平，中国处于明显的第一水平，“基础承载”指标评价值较高，5 年间基本处于同一水平；哈萨克斯坦“基础承载”指标评价值在 4 个国家中明显处于中等水平，5 年间水平略有提升；吉尔吉斯斯坦和塔吉克斯坦两国“基础承载”指标评价值非常小，处于最低水平。并且可以得到如下结论：①中国“基础承载”指标评价值居四国的第 1 位，虽然评价值由 2011 年的 0. 094 略微下降至 2015 年的 0. 091，但“基础承载”优势十分明显，这源于中国具有庞大的“市场规模”，市场规模始终居世界第 2 位，到 2015 年上升至世界第 1 位；同时，中国“基础设施”建设水平由 2011 年的居世界第 44 位上升至 2015 年的第 39 位，因此，中国具有较强的基础承载能力。②哈萨克斯坦“基础承载”指标评价值居 4 个国家的第 2 位，指标评价值由 2011 年的 0. 045 明显增加至 2015 年的 0. 058。观察一级指标“基础承载”下的二级指标“市场规模”和“基础设施”，哈萨克斯坦的市场规模由 2011 年排名世界第 55 位，逐年提升，至 2015 年上升至世界第 46 位；而基础设施由 2011 年的世界排名第 82 位逐年提升至 2015 年的世界第 50 位，增长明显。③吉尔吉斯斯坦的市场规模改善程度不显著，基本徘徊在世界排名 118 位，而基础设施的世界排名也保持在第 114 位，因此吉尔吉斯斯坦的基础承载水平较低，改善程度不大。④塔吉克斯坦的基础承载水平也十分低，其市场规模的世界排名缓慢提升至第 111 位，而基础设施的世界排名则是缓慢下降至第 120 位。⑤投资便利化体系中基础承载的水平，中国具有显著优势，国际排名突出；哈萨克斯坦具有稳定的优势，国际排名基本位于 1/4 强；吉尔吉斯斯坦和塔吉克斯坦的基础承载水平较弱，在世界 189 个经济体排名中居于第 110 位之后。

一级指标“营商环境”。“营商环境”在投资便利化测评指标体系中具有最大的权重(0.44)，因此具有显著的重要性。“营商环境”指标下包含的二级指标分别为：启动经营的手续、启动经营的天数、获得贷款的便利、外国所有权发生率及营商便利程度。其中，“启动经营的手续”和“启动经营的天数”为逆指标，即原始数据越大，其所反映的企业开启经营的便利程度就越低。中国和中亚国家的“营商环境”测评结果如图 10-9 所示，其排名状况如图 10-10 所示。分析图 10-9 和图 10-10，所得结论如下：

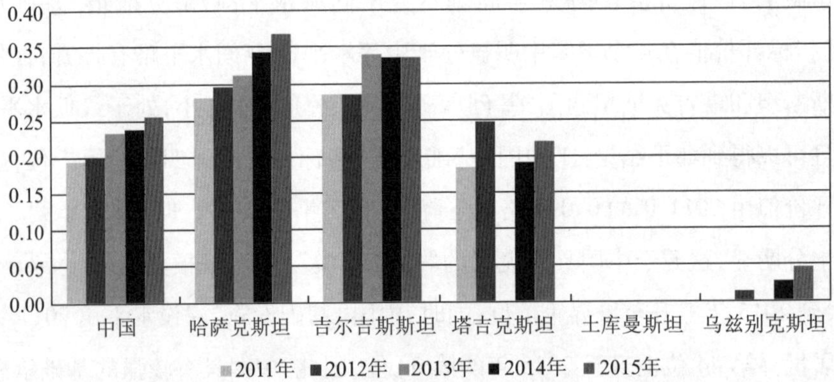

图 10-9　2011—2015 年中国与中亚国家“营商环境”测评结果

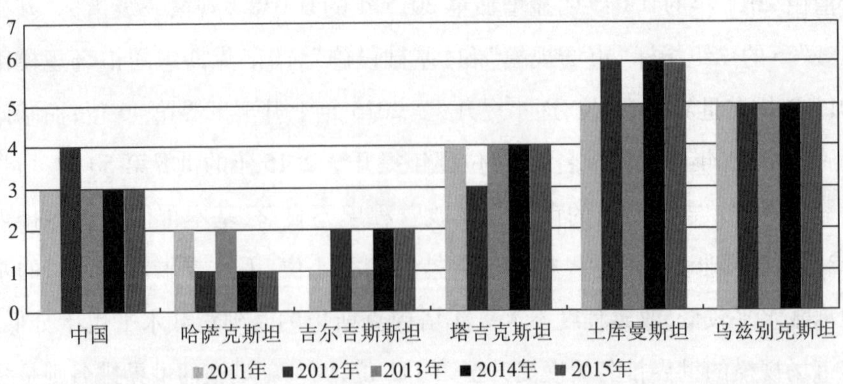

图 10-10　2011—2015 年中国与中亚国家“营商环境”测评结果排名

(1)中国的“营商环境”评价值由 2011 年的 0. 195,逐年递增至 2015 年的 0. 255,年均增长 4. 8%。观察中国“营商环境”下二级指标的原始数据,可以发现,中国的“启动经营的手续”“启动经营的天数”和“营商便利程度”是最具短板的 3 个指标。中国“启动经营的手续”由 2011 年的 14 个减少至 2015 年的 11 个,5 年均值为 13 个,世界排名由 2011 年的第 131 位上升至 2015 年的第 123 位,平均排名为 131. 6 位;“启动经营的天数”由 2011 年的 38 天减少至 2015 年的 31. 4 天,5 年均值为 34. 7 天,世界排名由 2011 年的第 112 位下降至 2015 年的第 117 位,平均排名为 114. 6 位;“营商便利程度”的世界排名由 2011 年的第 91 位上升至 2015 年的第 84 位,平均排名为 90. 4 位。上述 3 个指标与中亚国家的数据相比,呈现显著的差距,亟须较大程度的改善。与此相反,中国“获得贷款的便利程度”提升较快,且与中亚国家相比具有显著优势,其世界排名由 2011 年的第 45 位上升至 2015 年的第 21 位。综上所述,中国与中亚 5 个国家相比,“营商环境”居于第 3 位(仅在 2012 年居于第 4 位)。

(2)哈萨克斯坦的“营商环境”评价值由 2011 年的 0. 281,逐年递增至 2015 年的 0. 370,年均增长 6. 8%。观察哈萨克斯坦“营商环境”下二级指标的原始数据,“启动经营的手续”自 2011 年至 2015 年始终保持为 6 个,但世界排名由 2011 年的第 34 位下降至 2015 年的第 57 位;“启动经营的天数”由 2011 年的 19 天减少至 2015 年的 10 天,世界排名由 2011 年的第 74 位提升至 2015 年的第 53 位;“获得贷款的便利程度”由 2011 年的 2. 1 增长为 2015 年的 3. 2,世界排名快速地由第 120 位跃升至第 44 位;“外国所有权发生率”基本保持在 4. 1,2015 年的世界排名为 97 位;“营商便利程度”的世界排名由 2011 年的第 47 位上升至 2015 年的第 41 位。综上所述,哈萨克斯坦的“营商环境”逐年稳定递增,改善效果明显,2012 年、2014 年和 2015 年在 6 个国家中排名第 1 位,2011 年和 2013 年在 6 个国家中排名第 2 位。

(3)吉尔吉斯斯坦的“营商环境”评价值由 2011 年的 0. 284,逐年递增至 2015 年的 0. 335,年均增长 1. 5%。观察吉尔吉斯斯坦“营商环境”下二级指标的原始数据,“启动经营的手续”自 2011—2015 年始终保持为 2 个,世界排名始终居于第 3 位,保持绝对的优势;“启动经营的天数”由 2011 年的 10 天减少至 2015 年的 8 天,世界排名由 2011 年的第 40 位下降至 2015 年的第 42 位;“获得贷款的便利程度”由 2011 年的 1.9 增长为 2015 年的 2.3,世界排名由 2011 年的第 131 位上升至 2015 年的第 113 位;“外国所有权发生率”由 2011 年的 3.3 提高至 2015 年的 3.8,世界排名由 2011 年的第 132 位上升至 2015 年的第 109 位;“营商便利程度”的世界排名由 2011 年的第 70 位上升至 2015 年的第 67 位。综上所述,吉尔吉斯斯坦的“营商环境”有显著增长,2011 年和 2013 年在 6 个国家中排名第 1 位,2012 年、2014 年和 2015 年在 6 个国家中排名第 2 位。

(4)塔吉克斯坦的“营商环境”评价值由 2011 年的 0.186,上升至 2015 年的 0.220。塔吉克斯坦“营商环境”下二级指标的原始数据,“启动经营的手续”自 2011 年的 8 个手续减少至 2015 年的 4 个手续,世界排名由 2011 年的第 78 位显著提升至 2015 年的第 22 位,改善显著,优势明显;“启动经营的天数”却由 2011 年的 27 天增加至 2015 年的 39 天,世界排名也由 2011 年的第 91 位下降至 2015 年的第 126 位,便利化程度出现明显的阻力;“获得贷款的便利程度”由 2011 年的 2.8 增长为 2015 年的 3.6,世界排名由 2011 年的第 64 位提升至 2015 年的第 22 位,具有明显优势;“外国所有权发生率”基本保持在 3.5,世界排名由 2011 年的第 130 位上升至 2015 年的第 121 位;“营商便利程度”的世界排名由 2011 年的第 147 位上升至 2015 年的第 132 位。塔吉克斯坦的“营商环境”在波动中所有改善,在 6 个国家中的排名基本居于第 4 位,略逊于中国“营商环境”评价值。

(5)土库曼斯坦数据缺失,暂无法比较。

(6)乌兹别克斯坦仅有“营商环境”下二级指标“营商便利程度”的数据,其世界排名由 2011 年的第 166 位逐年稳定提升至 2014 年的第 141 位,在 2015 年,排名迅速提升至世界第 87 位,改善十分显著,仅对“营商便利程度”这一指标进行比较,其排名在六国中在 2013 年前均处于末位,但在 2014 年和 2015 年超越塔吉克斯坦的世界排名,2015 年其世界排名为第 87 位,十分接近当年中国的世界排名第 84 位,改善明显。

一级指标“政府行动”。“政府行动”在投资便利化测评指标体系中的权重为 0. 28，在 4 个一级指标中权重居于第 2 位，因此也具有明显的重要性。“政府行动”指标下包含的二级指标分别为：政府决策的透明度、保护投资者的力量、解决争端法律框架的效率、不定期付款和贿赂以及公共机构效率和问责。中国和中亚国家的“政府行动”测评结果如图 10-11 所示，其排名状况如图 10-12 所示。分析图 10-11 和图 10-12，所得结论如下：

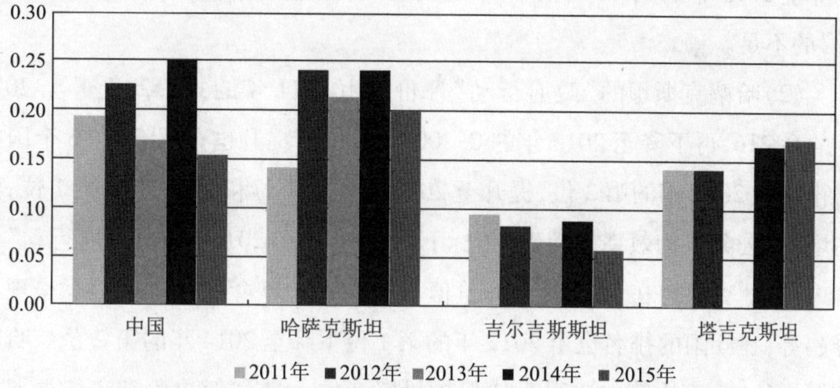

图 10-11　2011—2015 年中国与中亚国家“政府行动”测评结果

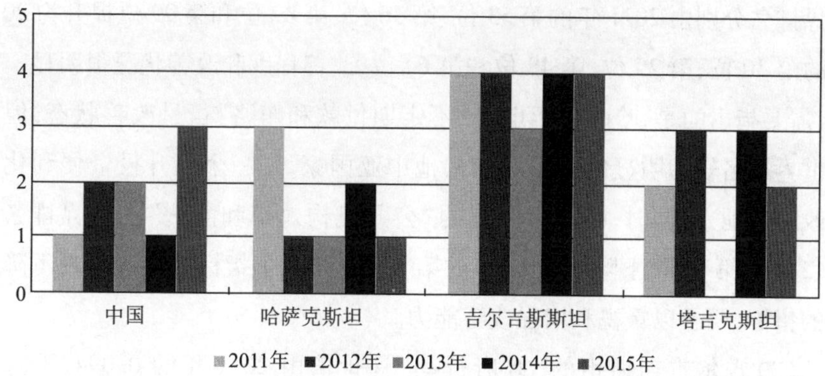

图 10-12　2011—2015 年中国与中亚国家“政府行动”测评结果排名

（1）中国的“政府行动”评价值由 2011 年的 0. 194，下降至 2013 年的 0. 169，再下降至 2015 年的 0. 154，3 年具有可比性的评价值持续降低，在 6 个国家的排名也由 2011 年的第 1 名，下降至 2013 年的第 2 名，再下降至 2015 年的第 3 名；而在增加“公共机构效率和问责”指标下的 2012 年和 2014

年的“政府行动”评价中，中国的评价值由2012年的0.228提高至2014年的0.251，6国排名也由2012年的第2位上升至2014年的第1位。由此可以看出，中国的“公共机构效率和问责”指标值较高，优势比较明显。另外，具有一定优势的指标是“解决争端法律框架的效率”和“政府决策的透明度”。相比较，中国“保护投资者的力量”指标数据的世界排名由2011年的第77位下降至2015年的第110位，下降比较明显，凸显出中国“保护投资者的力量”的不足。

（2）哈萨克斯坦的“政府行动”评价值由2011年的0.142，上升至2013年的0.216，再下降至2015年的0.200，评价值有提升也有下降，在6个国家的排名由2011年的第3位，提升至2013年的第1位和2015年的第1位；而在增加“公共机构效率和问责”指标下的2012年和2014年的“政府行动”评价中，哈萨克斯坦在2012年的评价值为0.241，2015年为0.240，略微呈现下降趋势，在6国的排名也由2012年的第1位下降至2014年的第2位。哈萨克斯坦的“政府决策的透明度”“保护投资者的力量”“解决争端法律框架的效率”和“不定期付款和贿赂”4个指标的世界排名均呈现较快的提升趋势，世界排名分别由2011年的第53位、第36位、第87位和第99位提升为2015年的第30位、第25位、第48位和第64位，改善程度和改善状况很明显。但是，需要指出的是，哈萨克斯坦的“不定期付款和贿赂”虽呈改善状态，但是其世界排名较为明显低于中国和其他中亚国家，是一个提升投资便利化亟须改善的地方；同时，哈萨克斯坦的“公共机构效率和问责”的世界排名由2012年的第66位下降至2014年的第82位，是5个指标中唯一呈现下降趋势的指标，要予以重视和增强改善能力。

（3）吉尔吉斯斯坦的“政府行动”评价值由2011年的0.094，下降至2013年的0.067，再下降至2015年的0.058，评价值持续下降趋势明显。在增加“公共机构效率和问责”指标下的2012年和2014年的“政府行动”评价中，吉尔吉斯斯坦在2012年的评价值为0.083，2015年为0.088，略微增高，在6国的排名基本处于第4位的水平，仅在2013年居于第3位。吉尔吉斯斯坦的“政府决策的透明度”在6国中具有明显的劣势，并且世界排名由2011年的第67位下降至2015年的第95位，下降趋势明显且下降幅度较大。“解决争端法律框架的效率”和“不定期付款和贿赂”也是吉尔吉斯斯坦具有明显劣势的指标,世界排名均在百位之后,但排名呈现逐年提升的趋势,“解决争端法律框架的效率”和“不定期付款和贿赂”的世界排名分别由2011年的第132位和第140位,上升至2015年的第113位和第130位。而“公共机构效率和问责”指标也是世界排名百位之后,且排名下降,由2012年的第107位下降至2014年的第121位。“保护投资者的力量”是吉尔吉斯斯坦具有明显优势的指标,但其世界排名由2011年的第12位下降至2015年的第32位,优势减少。

(4)塔吉克斯坦的“政府行动”评价值由2011年的0.143,增加至2014年的0.166,再增加至2015年的0.171,评价值持续缓慢增加,6国排名分别是第2位、第3位和第2位;而在唯一具有“公共机构效率和问责”指标的2012年的评价中,评价值为0.143,当年在6国中的排名为第3位。相比较而言,塔吉克斯坦的“政府决策的透明度”“解决争端法律框架的效率”和“不定期付款和贿赂”3个指标呈现一定的改善趋势,世界排名分别由2011年的第83位、第56位和第87位上升至2015年的第65位、第41位和第69位。

综合以上分析及中国与中亚五国投资的实践及投资便利化的评价测度,得出以下结论:

(1)中国与中亚五国投资便利化水平均呈现逐年增高的趋势。其中,哈萨克斯坦投资便利化水平增长幅度高于中国,在6个国家中,中国仅在2011年排名第1位,2012—2015年均列于哈萨克斯坦之后居第2位。排名第3位至第6位的国家依次为:吉尔吉斯斯坦、塔吉克斯坦、乌兹别克斯坦和土库曼斯坦。

(2)中国及中亚五国投资便利化水平呈现明显的差异化,投资便利化水平分为三个层次。居于第一层次水平的是哈萨克斯坦和中国,这两个国家投资便利化水平大致较其他四国具有十分明显的优势;居于第二层次水平的是吉尔吉斯斯坦和塔吉克斯坦,并且吉尔吉斯斯坦投资便利化水平相对更高;居于第三层次水平的是土库曼斯坦和乌兹别克斯坦,这两个国家的综合竞争力、贸易发展水平及国内企业的监管水平还没有得到世界性的注意力,投资便利化水平还处于较低状态。

(三)各国投资便利化影响因素分析及结论

(1)“市场开放”。中国市场开放水平呈现下滑趋势(原因在于中国市场准入限制增高),但是市场开放水平优势仍较明显,居第1位。哈萨克斯坦市场开放水平增势明显,且增幅最大,但是市场开放水平居第3位。吉尔吉斯斯坦市场开放水平呈小幅提升态势,居第2位。

(2)“基础承载”。中国基础承载水平最高(源于庞大的“市场规模”和较强的“基础设施”建设水平),优势显著,居6国之首,国际排名突出;哈萨克斯坦基础承载水平略有提升,处于中等水平,国际排名基本位于1/4强的地位;吉尔吉斯斯坦和塔吉克斯坦两国基础承载处于较低水平,在世界189个经济体排名中居于第110位之后。

(3)“营商环境”。营商环境在投资便利化测评指标体系中具有最大的权重(0.44),具有显著的重要性。①中国的营商环境评价值呈现逐年增长趋势。但是,中国的“启动经营的手续”“启动经营的天数”和“营商便利程度”是最具短板的3个指标,与中亚国家的数据相比,呈现显著的差距,急需较大程度的改善。与此相反,中国“获得贷款的便利程度”提升较快,且与中亚国家相比具有显著优势。中国的营商环境居6个国家的第3位。②哈萨克斯坦的营商环境评价值逐年稳定递增,改善效果明显,世界排名提升较快,主要表现在“启动经营的天数”“获得贷款的便利程度”和“营商便利程度”等指标上,在6个国家中排名保持第1位。③吉尔吉斯斯坦的营商环境水平显著提升,特别是“启动经营的手续”,保持绝对的优势。“启动经营的天数”为8天,改善良多。在6个国家中排名保持第2位。④塔吉克斯坦的营商环境在波动中有所改善,在6个国家中的排名基本居于第4位,略逊于中国的评价值。⑤乌兹别克斯坦营商环境虽处于末位,但也有较大改善。

(4)“政府行动”。这一指标在4个一级指标中的权重居于第2位,具有明显的重要性。①中国的政府行动评价值连年持续降低,在6个国家的排名也由2011年的第1名,下降至2013年的第2名,再下降至2015年的第3名。中国的优势在于“公共机构效率和问责”“解决争端法律框架的效率”和

“政府决策的透明度”评级结果较高,弱点在于中国“保护投资者的力量”的不足。②哈萨克斯坦的政府行动评价值有升有降,在 2015 年居 6 个国家的第 1 位,哈萨克斯坦在“政府决策的透明度”“保护投资者的力量”“解决争端法律框架的效率”和“不定期付款和贿赂”改善程度和改善状况十分明显。但是,哈萨克斯坦的“不定期付款和贿赂”虽呈改善状态,但是其世界排名较为明显低于中国和其他中亚国家,是一个提升投资便利化亟须改善的地方;同时,哈萨克斯坦的“公共机构效率和问责”评价值呈现下降趋势,要予以重视和增强改善能力。③吉尔吉斯斯坦的政府行动评价值连年持续下降趋势明显,劣势在于“政府决策的透明度”“解决争端法律框架的效率”“不定期付款和贿赂”及“保护投资者的力量”评价下降较多。④塔吉克斯坦的政府行动评价值持续缓慢提升,原因在于“政府决策的透明度”“解决争端法律框架的效率”和“不定期付款和贿赂”3 个指标呈现一定的改善趋势。

三、加快投资便利化的政策建议

投资便利化,是促进投资良好快速发展的必然手段和必经路径,也是当前促进投资所追求的主要目的。新疆与中亚国家具有长期的经贸往来,双方多方面具有的共性和差异性使中亚地区成为新疆经济贸易合作的重点区域。特别是中国发布《推动共建丝绸之路经济带和 21 世纪海上丝绸之路的愿景与行动》以来,以丝绸之路经济带核心区建设为目标的新疆,更是致力于增强企业“走出去”的能力、加快投资便利化进程。

基于本书投资便利化测评指标体系的构建理念及思路,提出中国促进企业加快投资便利化的促进措施。

(一)营造便捷的企业营商环境

便捷的营商环境,是促进企业投资的关键因素,也是投资便利化最基本的条件。当前,促进便捷的营商环境的两个主要方向是:第一,在国内特别是在新疆,建立良好的企业营商环境;第二,加强与中亚国家政府间进一步沟通与合作,加强有关制度、规则以及各种法律的对接工作,尽早、尽快、尽可能多地推动多领域达成共识,促进融合度的提高。营造便捷的企业营商环境,更多的是政府行动力的体现。

便捷的企业营商环境,首先在于保持经济良好的宏观发展形势,能够增强对国内外各类企业的吸引力度,因此,一切有利于促进经济持续良好稳定发展、扩大经济规模的政策措施都有利于企业营商环境的构建。同时,各国自身经济实力的增强,对于本国企业进入其他国家,有较好的支撑作用。

中国的企业营商环境,虽然得到较大程度的提高,但相比而言,即便是与中亚国家相比,仍有一定的差距,特别是最具简捷性的企业经营的启动手续、启动天数等的衡量指标,都较为落后。这说明企业的经营仍过多地受制于行政力量,因此,大力建设服务型、高效型、法治型的政府,减少行政力量对市场、对企业的过多管制及干预行为,是营造便捷的企业营商环境的根本。

(二)采取有力而又有效的政府行动

政府是影响企业特别是跨国企业投资活动的重要因素。政府对企业投资的态度和行动力,对企业营商环境、市场开放程度及基础设施建设体系力度产生重要影响,为提高投资便利化水平,必须依赖行而有力且行而有效的政府行动。

中国具有较强的政府行动力,在国家层面的国际合作与交流的推动能力逐步增强,特别是"一带一路"建设的愿景,得到中亚国家的认可,并且中亚国家的合作意愿逐步增强,中国的国际话语权和国际影响力逐步提升,对于中国企业走出国门具有积极作用。因此,继续加大和促进中国与中亚国家间、政府间的交流与合作,继续加大谈判与磋商力度,创建灵活有效的协调机制,加大双方的理解和互信程度,增强合作的紧密程度,在国家层面助推投资便利化进程。

采取有效的政府行动,便捷国外企业进入中国市场。特别是在新疆,更要加大市场培育力度,在管理体制、金融服务、法律保障、政府行政等众多领域去除繁杂的、不符合国际惯例的行为和做法,做好行政简化。特别是在诸如投资者资产保护、行政过程透明、保持各项政策和规则的持续性等问题上,加大建设力度,努力建设一个具有高度吸引力的市场环境。增强服务型政府的建设力度，加大为进入市场的企业后续经营运作中提供服务的便捷性和高效性。

采取有效的政府行动，便捷中国企业进入中亚市场。①建立风险防范机制，对于中亚国家存在的稳定风险、法律风险、政治风险、企业的商业风险等各种风险，首先要有深入的研究，其次要有风险防范机制，最后要有预警机制，要切实能帮助中国企业最大化地避免各类风险，以及在遇到风险时有制度化、标准化、规范化的解决路径。②必须加强对中亚国家的了解，提高认知程度，加强相关领域的专业性研究，增强对中国企业在中亚国家进行投资的科学性和专业性指导，能为企业发展及获利提供坚实的支撑。③加大对企业的引导力度。中国企业在生产经营中，人情与感情因素较重，易靠关系网开拓企业市场，易攀附政府相关部门，而易忽视规则、忽视法制因素。必须引导企业特别是涉外企业加强对法律、规则的重视程度，引导企业更加注重企业内在发展动力因素的提升，增强企业对相关投资国度的法律、规则及习俗的重视及熟悉程度，并能够在相关问题发生后知晓最佳的解决路径。④加强政府宣传平台的建设，运用多种语言，加大中国及中亚国家相关法律法规、制度要求、各种政策、各类信息的宣传和传播力度，提高对企业的指导，增强各类政策的透明度，规范各类办事程序，对中亚国家相关国情、经济社会发展趋势、政策趋势、投资趋势等内容提供及时、准确的信息，增强对企业的切实助力作用。⑤加大对中国民营企业走出国门、走入中亚市场的支持力度，为民营企业的国际化运营中出现的融资难题、法律保障欠缺等问题提供切实的帮助，例如，提供国际融资信贷、专业法律指导、市场准入简化、税收政策优惠、保险制度支持等。⑥针对中亚国家日益增强的贸易保护主义和行为，展开研究，提高风险预警能力；加大协商谈判力度，力促中亚国家在市场准入、缺乏标准化信息化等众多问题上达成共识、及早解决，降低企业运营风险。⑦充分发挥上海合作组织在中国及中国新疆与中亚国家贸易投资过程中的作用，特别是要发挥投资促进工作组的作用，更加积极、更加有效地开展工作，力促在区域经济合作交流中发挥更大的作用。⑧进行机构创新及机制创新，设立专门的促进投资便利化领导小组，力促在立法政策透明、机构协调等软环境建设上有新突破。特别是在促进中亚国家投资环境中,力促当前重点难点问题的现实解决能力的提升,诸如切实减少中国投资人在中亚国家普遍遭遇的贪污腐败、行政效率低下、劳务人员签证限制等困扰多年的问题,增强国际间协调能力,助推投资环境的改善。

(三)完善现代科学技术支撑下的基础设施建设

加强基础设施建设。交通基础设施落后是中国与中亚国家间互联互通建设的一个重要障碍。通达的道路交通基础设施是健全便捷的投资环境的基础保障,中亚国家的基础设施建设仍是一个发展短板,严重制约中亚地区投资贸易的开展,充分利用亚洲基础设施投资银行和丝路基金,为中亚地区的基础设施改善提供支持。国家民航、铁路、交通等相关部门,加大与中亚国家的沟通与合作力度,开启或增加客运及货运航班、航线、铁路运输线及公路运输线,进一步增强基础设施为经济建设的支撑能力。

加强信息平台建设。便利化必须以先进的信息技术为支撑,在贸易和投资的过程中依赖自动化、标准化的信息共享系统,达到快捷、高效的投资目的。加强与中亚各个国家的政府间合作,建立由双方政府合作牵头的网络信息平台及官方网站,为电子商务及信息化物流建设奠定基础。采用先进的信息技术,借鉴先进国家的监管和服务模式,推进信息的标准化、无纸化和自动化,加大信息通信技术安全和保密的合作,切实建立起适应跨境电子商务发展的物流系统、支付系统、信息系统等。注重信息技术人才的培养。

附表

附表 1　2011—2015 年中国和中亚国家投资便利化综合水平评价指标体系基础数据

	市场开放（A_1）		基础承载（A_2）		营商环境（A_3）					政府行动（A_4）				
	市场准入（B_1）	对外开放（B_2）	市场规模（B_3）	基础设施（B_4）	启动经营的手续（B_5）	启动经营的天数（B_6）	获得贷款便利（B_7）	外国所有权发生率（B_8）	营商便利程度（B_9）	政府决策的透明度（B_{10}）	保护投资者的力量（B_{11}）	解决争端法律框架的效率（B_{12}）	不定期付款和贿赂（B_{13}）	公共机构效率和问责（B_{14}）
2015 年														
中国			7	4.7	11	31.4	3.7	4.4	62.93	4.5	4.5	4	4	
哈萨克斯坦			4.5	4.2	6	10	3.2	4.1	72.67	4.7	6.6	4	4	
吉尔吉斯斯坦			2.8	2.8	2	8	2.3	3.8	66.01	3.8	6.3	3	2.6	
塔吉克斯坦			2.9	2.7	4	39	3.6	3.5	54.19	4.2	5.8	4.2	3.9	
土库曼斯坦														
乌兹别克斯坦									62.60					
2014 年														
中国	3.1	5.1	6.9	4.7	13	33	3.7	4.5	62.58	4.5	5	4.1	4	3.8
哈萨克斯坦	3.2	4.3	4.3	4.2	6	12	3.2	4	64.59	4.5	6.7	3.8	3.8	3.4
吉尔吉斯斯坦	4.2	3.9	2.8	2.8	2	8	2.3	4.1	60.74	3.8	6.7	2.9	2.6	2.8
塔吉克斯坦			2.8	2.7	5	33	3.6	3.4	48.57	3.7	6.7	3.9	3.6	
土库曼斯坦														
乌兹别克斯坦									54.26					
2013 年														
中国			6.9	4.5	13	33	3.4	4.4	60.9	4.4	5	4.2	4	
哈萨克斯坦			4.2	4.2	6	19	2.9	4	61.8	4.7	8	3.9	4.1	

续表

	市场开放(A_1)		基础承载(A_2)		营商环境(A_3)					政府行动(A_4)				
	市场准入(B_1)	对外开放(B_2)	市场规模(B_3)	基础设施(B_4)	启动经营的手续(B_5)	启动经营的天数(B_6)	获得贷款便利(B_7)	外国所有权发生率(B_8)	营商便利程度(B_9)	政府决策的透明度(B_{10})	保护投资者的力量(B_{11})	解决争端法律框架的效率(B_{12})	不定期付款和贿赂(B_{13})	公共机构效率和问责(B_{14})
吉尔吉斯斯坦			2.7	2.7	2	10	1.9	3.9	63.7	3.8	7.7	2.6	2.6	
塔吉克斯坦									48.4					
土库曼斯坦														
乌兹别克斯坦									48.3					
2012 年														
中国	3.6	5.2	6.8	4.5	14	38	3.1	4.3	0.65	4.5	5	4.2	4	4.2
哈萨克斯坦	3.2	4.2	4.1	4	6	19	2.3	4.1	1.00	4.9	8	3.8	4	3.6
吉尔吉斯斯坦	4.4	3.9	2.6	2.6	2	10	1.7	3.6	0.82	4.1	7.7	2.5	2.5	3
塔吉克斯坦	3.7	3.9	2.6	2.7	5	24	3.1	3.6	0.23	4.3	5.7	4	3.4	4
土库曼斯坦														
乌兹别克斯坦									0.12					
2011 年														
中国			6.8	4.6	14	38	3.1	4.4	0.63	4.7	5	4.3	4.1	
哈萨克斯坦			4.1	3.7	6	19	2.1	4.1	1.00	4.5	6	3.4	3.4	
吉尔吉斯斯坦			2.5	2.8	2	10	1.9	3.3	0.81	4.3	7.7	2.6	2.5	
塔吉克斯坦			2.5	2.8	8	27	2.8	3.5	0.16	4.1	5.7	3.9	3.6	
土库曼斯坦														
乌兹别克斯坦									0.00					

附表 2　2011—2015 年中国和中亚国家投资便利化综合水平评价指标体系评价值

	市场开放（A_1）		基础承载（A_2）		营商环境（A_3）					政府行动（A_4）				
	市场准入（B_1）	对外开放（B_2）	市场规模（B_3）	基础设施（B_4）	启动经营的手续（B_5）	启动经营的天数（B_6）	获得贷款便利（B_7）	外国所有权发生率（B_8）	营商便利程度（B_9）	政府决策的透明度（B_{10}）	保护投资者的力量（B_{11}）	解决争端法律框架的效率（B_{12}）	不定期付款和贿赂（B_{13}）	公共机构效率和问责（B_{14}）
2015 年														
中国			1.00	0.95	0.10	0.25	1.00	1.00	0.54	0.86	0.10	0.83	0.93	
哈萨克斯坦			0.40	0.71	0.60	0.94	0.77	0.87	1.00	1.00	0.77	0.83	0.93	
吉尔吉斯斯坦			0.00	0.05	1.00	1.00	0.36	0.74	0.68	0.36	0.68	0.00	0.00	
塔吉克斯坦			0.02	0.00	0.80	0.00	0.95	0.61	0.12	0.64	0.52	1.00	0.87	
土库曼斯坦														
乌兹别克斯坦									0.52					
2014 年														
中国	0.52	1.00	1.00	0.95	0.00	0.00	1.00	0.92	0.77	1.00	0.43	1.00	1.00	1.00
哈萨克斯坦	0.57	0.62	0.38	0.71	0.64	0.84	0.77	0.72	0.89	1.00	1.00	0.75	0.86	0.64
吉尔吉斯斯坦	1.00	0.43	0.02	0.05	1.00	1.00	0.36	0.76	0.67	0.46	1.00	0.00	0.00	0.09
塔吉克斯坦			0.02	0.00	0.73	0.00	0.95	0.48	0.00	0.38	1.00	0.83	0.71	
土库曼斯坦														
乌兹别克斯坦									0.31					
2013 年														
中国	1.00	0.95	0.00	0.00	1.00	0.81	0.82	0.75	0.30	1.00	0.93	1.00	0.95	0.00
哈萨克斯坦	0.36	0.79	0.64	0.61	0.74	0.67	0.88	1.00	1.00	0.81	1.00	0.36	0.79	0.64
吉尔吉斯斯坦	0.00	0.00	1.00	1.00	0.21	0.63	1.00	0.25	0.93	0.00	0.00	0.00	0.00	1.00
塔吉克斯坦							0.01							
土库曼斯坦														
乌兹别克斯坦							0.00							

续表

	市场开放(A_1)		基础承载(A_2)		营商环境(A_3)					政府行动(A_4)				
	市场准入(B_1)	对外开放(B_2)	市场规模(B_3)	基础设施(B_4)	启动经营的手续(B_5)	启动经营的天数(B_6)	获得贷款便利(B_7)	外国所有权发生率(B_8)	营商便利程度(B_9)	政府决策的透明度(B_{10})	保护投资者的力量(B_{11})	解决争端法律框架的效率(B_{12})	不定期付款和贿赂(B_{13})	公共机构效率和问责(B_{14})
2012年														
中国	0.64	1.00	1.00	1.00	0.00	0.00	0.88	0.72	0.65	0.69	0.40	1.00	0.94	1.00
哈萨克斯坦	0.45	0.52	0.36	0.74	0.67	0.63	0.38	0.66	1.00	1.00	1.00	0.76	0.94	0.57
吉尔吉斯斯坦	1.00	0.38	0.00	0.00	1.00	0.93	0.00	0.48	0.82	0.38	0.94	0.00	0.00	0.14
塔吉克斯坦			0.00	0.05	0.75	0.47	0.88	0.48	0.23	0.54	0.54	0.88	0.56	
土库曼斯坦														
乌兹别克斯坦									0.12					
2011年														
中国			1.00	1.00	0.00	0.00	0.82	0.75	0.63	1.00	0.43	1.00	1.00	
哈萨克斯坦			0.39	0.53	0.67	0.63	0.24	0.64	1.00	0.83	0.64	0.47	0.56	
吉尔吉斯斯坦			0.02	0.05	1.00	0.93	0.12	0.36	0.81	0.67	1.00	0.00	0.00	
塔吉克斯坦			0.02	0.05	0.50	0.37	0.65	0.43	0.16	0.50	0.57	0.76	0.69	
土库曼斯坦														
乌兹别克斯坦														

第十一章
中亚五国贸易合作概况

中亚系中亚细亚的简称。广义的中亚包括亚洲中部的哈萨克丘陵、土兰平原、帕米尔高原、蒙古高原及我国新疆、青藏高原。地处内陆高原、盆地,四周多为山脉环绕。狭义的中亚仅包括哈萨克斯坦、乌兹别克斯坦、吉尔吉斯斯坦、塔吉克斯坦和土库曼斯坦 5 个国家,总面积近 400 万平方公里,①即为本章讨论之中亚五国。

中亚成为当今世界的热点地区之一,在于它是历史的和当前的世界大国利益博弈的汇集地,美国、俄罗斯和中国,以及曾经的世界大国日本,都将关注点聚焦在中亚,都视中亚为本国在世界格局中亚洲战略的首要区域以及对自身国家发展具有重要影响作用的地区。中亚五国亦是中国丝绸之路经济带首要聚焦的区域。这里作为中国所倡导建立的第一个多边国际组织——上海合作组织积极运作的地域,承载着中国对当今世界发展理念的推广重任,当代世界治理理念、政治经济秩序、总体国家安全观等执政理念均在中国与周边国家,特别是中亚五国的交流交往中得以推广和实践。

中国在丝绸之路经济带倡议下积极推进与中亚国家的"五通"建设,成绩斐然,其中贸易与投资的不断成长有目共睹。但是,也必须关注中亚国家贸易与投资的动态以及政策走势,以期为中国外贸政策及企业投资发展提供策略参考。

一、中亚五国贸易合作现状

中亚五国,伴随着政权稳定和社会矛盾的趋缓,已经走出独立之始的经

① 王嘉良,张继定. 新编文史地辞典[M].杭州:浙江人民出版社,2001.

济下滑和社会动荡,经济社会发展迎来了快速增长的趋势。虽历经 2008 年国际金融危机及 2013 年开始的一系列货币贬值冲击导致的经济社会发展低缓与波动,但是,由于其地缘政治的战略重要性及其各国发展的目标坚定性和多元化外交策略,中亚国家的贸易发展仍非常迅速。

由表 11-1 可以看出,中国已经成为中亚五国重要的进出口贸易伙伴。中国是中亚五国最大的贸易出口国,且出口额是俄罗斯的 2.6 倍;中国是中亚五国仅次于俄罗斯的第二大进口国,进口额与俄罗斯基本相当。

表 11-1 2013 年中亚五国整体进出口情况 单位:亿美元

排序	出口去向国	出口额	排序	进口来源国	进口额
1	中国	270.22	1	俄罗斯	244.48
2	俄罗斯	105.57	2	中国	232.5
3	法国	72.75	3	土耳其	42.36
4	土耳其	36.38	4	韩国	33.93
5	加拿大	24.1	5	美国	18.36
6	美国	14.92	6	法国	12.57
7	瑞士	12.6	7	日本	9.8
8	英国	10.12	8	英国	6.5
9	葡萄牙	7.46	9	捷克	5.17
10	日本	7.44	10	瑞士	3.47

数据来源:International Trade Center.

(一)哈萨克斯坦

在中亚五国中,哈萨克斯坦的经济实力居首位①,市场开放水平最高,对外贸易规模最大,利用外资最多,法律制度相对完善②。哈萨克斯坦是中亚五国中面积最大的国家,横跨亚欧大陆。中哈两国有 1700 多公里的共同边界,有 7 个边境口岸。③ 其中,中哈阿拉山口口岸是新亚欧大陆桥进入中亚、欧洲最大的铁路口岸,中哈霍尔果斯口岸是新亚欧大陆桥进入中亚、欧洲最

① 参见本章附表 1 和附表 2。

② 李艳宁.中亚自由贸易区国际经贸法律问题初探——以哈萨克斯坦为例[J].法制与社会,2011(12).

③ 参见本章附表 3。

大的综合口岸。哈萨克斯坦石油储量居世界第 12 位(39 亿吨),天然气储备居世界第 20 位(1. 3 万亿立方米);石油和天然气产量分别居世界第 17 位和第 29 位。2013 年,哈萨克斯坦开采石油 6940 万吨、天然气 419. 11 亿立方米,同比分别增长 4. 4%和 4%[①]。

1. 对外贸易情况

2015 年,哈萨克斯坦对外贸易总额为 60642 百万美元[②],较上年同比下降 39. 3%;出口额 41205 百万美元,较上年同比下降 43. 5%;进口额 19437 百万美元,较上年同比下降 27. 8%;贸易顺差 21768 百万美元,较上年同比下降 52. 8%。

2004 年,哈萨克斯坦对外贸易总额为 32580 百万美元,发展至 2015 年,对外贸易总额为 60642 百万美元。这 12 年期间,可以明显地看出,2004—2008 年,对外贸易总额逐年显著提升,同比增速均在 29. 0%以上。2009—2012 年,哈萨克斯坦对外贸易呈现明显的金融危机影响下的由低谷逐年回升态势,2012 年外贸总额达到最高值 112200 百万美元。这期间 2009 年对外贸易总额同比下降 34. 3%,2010 年、2011 年和 2012 年,对外贸易总额同比分别以 13. 6%、25. 0%和 10. 4%的态势逐年提升。2013 年开始,对外贸易总额又呈现逐年下滑的态势,2015 年的对外贸易总额已经明显低于 2009 年的 71963 百万美元,且 2013—2015 年,对外贸易总额同比分别以-4. 8%、-6. 5%和-39. 3%的态势逐年降低,2015 年的同比下滑也已经高于 2009 年的下滑态势。

哈萨克斯坦是一个明显的出口贸易大于进口贸易的国家,2004—2015 年出口额和进口额的总体走势与进出口贸易总额的趋势基本相同,只是在同比上升和下降的程度上略有差异。由此可见,哈萨克斯坦对外贸易情况也不容乐观。

2004 年至 2015 年哈萨克斯坦对外贸易(同比)情况如图11-1和图 11-2 所示。

---

① 张宝通．哈萨克:丝绸之路经济带　国际段桥头堡[EB/OL].光明网,2014-08-11.

② 数据来源于中华人民共和国商务部网站,http://www. mofcom. gov. cn/,本章其他数据如无特别说明均与此同。

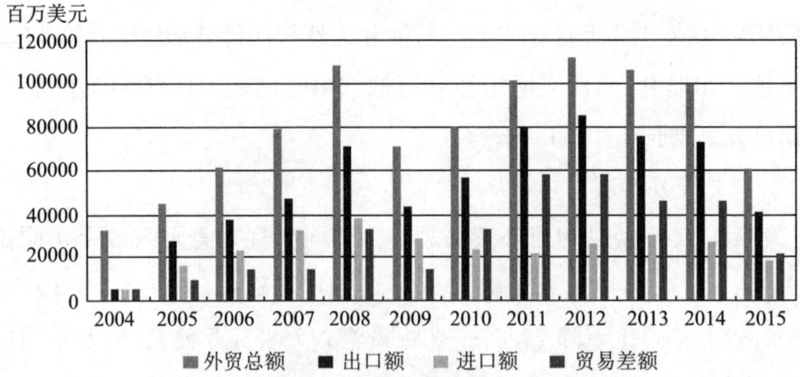

图 11-1　2004—2015 年哈萨克斯坦对外贸易情况

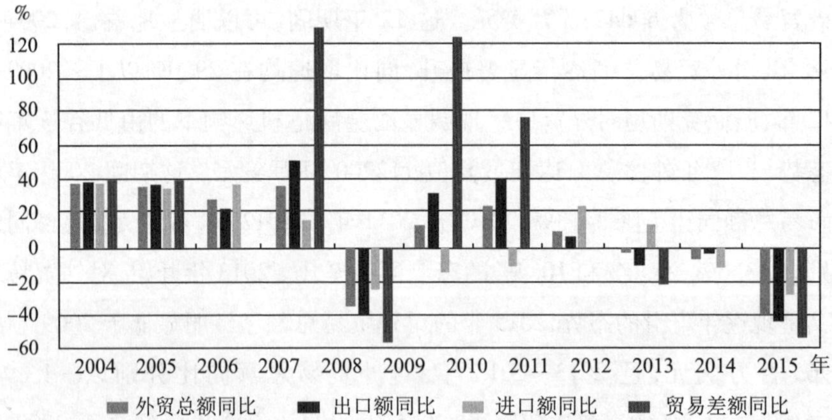

图 11-2　2004—2015 年哈萨克斯坦对外贸易同比情况

2. 主要贸易伙伴

意大利、中国、荷兰、法国和瑞士是哈萨克斯坦主要的目标出口国。2015 年,哈萨克斯坦对上述五国出口额分别为 81.37 亿美元、54.84 亿美元、49.81 亿美元、26.81 亿美元和 26.59 亿美元,同比分别下降 49.3%、44.1%、42.9%、42.8%和 41.1%,对上述 5 国出口额分别占哈萨克斯坦出口总额的 19.8%、13.3%、12.1%、6.5%和 6.5%。

2011—2015 年,意大利、中国、荷兰、法国和瑞士始终名列哈萨克斯坦主要出口国的前 5 位,其中中国由 2010 年、2011 年和 2012 年连续三年是哈萨克斯坦的第一目标出口国(哈萨克斯坦对中国出口额占出口总额的 17.7%、

19.8%和19.3%)，降至2013年、2014年和2015年的第二出口国(哈萨克斯坦对中国出口额占出口总额的18.5%、13.5%和13.3%)，哈萨克斯坦对中国的出口额占出口总额的年均占比为16.3%，占比下降趋势明显。哈萨克斯坦对意大利的出口额占出口总额的比例呈现递增趋势，年均占比达18.8%。荷兰自2010年起进入哈萨克斯坦前5位的目标出口国，对荷兰的出口额占出口总额的比例也呈现增长趋势，年均占比达10.2%。哈萨克斯坦对法国和瑞士的出口额占出口总额的年均比例分别为7.0%和6.1%[①]，趋势比较稳定。俄罗斯曾经在2007年和2010年是哈萨克斯坦排名前5位的目标出口国，占比分别是9.0%和5.3%，但自2010年实施关税同盟后，便没有哈萨克斯坦对俄罗斯出口贸易的统计数据。

2015年，哈萨克斯坦对意大利、中国、荷兰、法国和瑞士5国的出口贸易额占哈萨克斯坦出口贸易总额的58.2%，2011—2015年的平均占比为59.9%，出口贸易伙伴比较稳定和集中。哈萨克斯坦的主要出口国和其出口额及占比情况详见图11-3和图11-4。

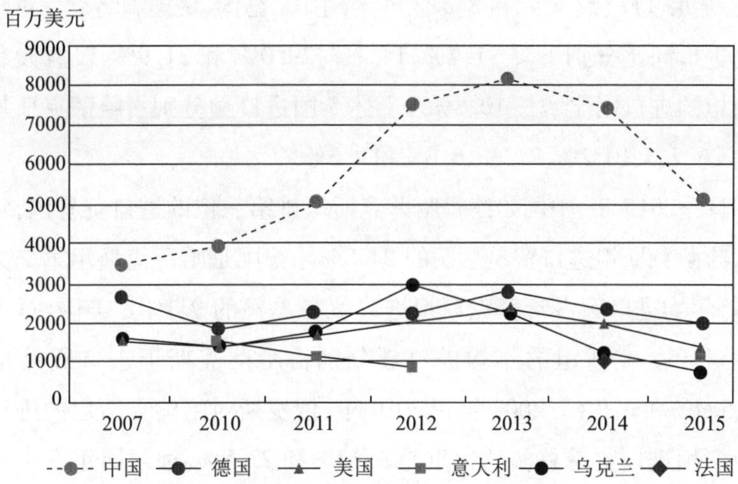

图11-3　2007—2015年哈萨克斯坦对主要贸易国出口情况

① 6.1%是哈萨克斯坦对瑞士2011—2015年的出口额占出口总额比例的5年平均值，未包含2007年哈萨克斯坦对瑞士15.9%的占比。

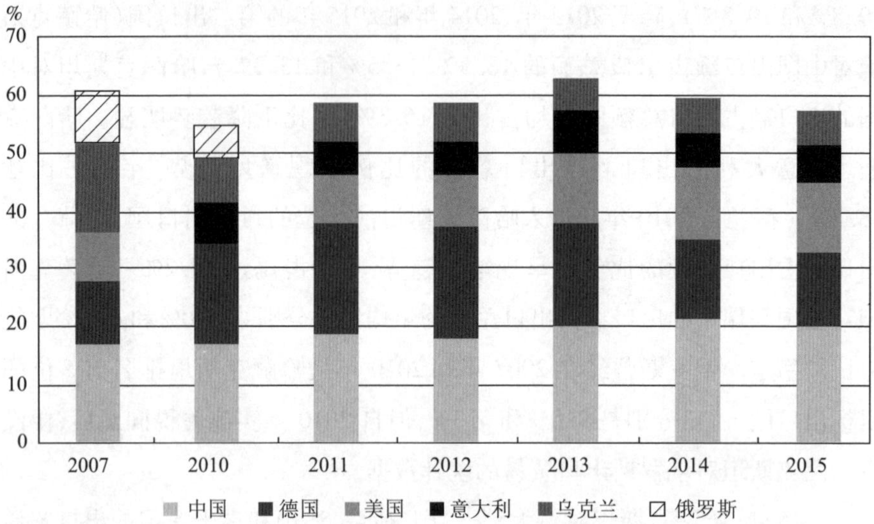

图 11-4　2007—2015 年哈萨克斯坦对主要出口国贸易额占出口总额的比重

中国、德国、美国、意大利和乌克兰是哈萨克斯坦主要的进口贸易国。2015 年,上述 5 国对哈萨克斯坦的进口额分别为 50.8 亿美元、19.9 亿美元、14.1 亿美元、11.7 亿美元和 8.3 亿美元,中国、德国、美国和乌克兰对哈萨克斯坦的进口同比分别下降 31.7%、14.7%、29.0% 和 31.9%,仅意大利对哈萨克斯坦的进口同比增长 10.8%。上述 5 国进口额分别占哈萨克斯坦进口总额的 26.2%、10.2%、7.3%、6.0%和 4.3%。

2011—2015 年,中国始终是哈萨克斯坦排第一位的进口贸易国,年均进口额占哈萨克斯坦进口贸易总额的 24.8%。德国是哈萨克斯坦第二大贸易进口国,年均进口额占哈萨克斯坦进口贸易总额的 9.1%。美国、意大利和乌克兰对哈萨克斯坦的年均进口额分别占哈萨克斯坦进口贸易总额的 7.3%、5.4%和 6.8%。2007 年和 2010 年,俄罗斯对哈萨克斯坦的进口额占哈萨克斯坦进口贸易总额的比重是 35.3%和 22.8%,远超同年度中国对哈萨克斯坦的进口贸易额(2007 年和 2010 年,中国对哈萨克斯坦的进口额占哈萨克斯坦进口贸易总额的比例是 10.8%和 16.5%)。

2015 年,中国、德国、美国、意大利和乌克兰 5 国对哈萨克斯坦进口贸易额占哈萨克斯坦进口贸易总额的 54%,2011—2015 年这一占比的均值为

53.5%，进口贸易伙伴也比较稳定和集中。哈萨克斯坦的主要进口国、进口额及占比情况详见图 11-5 和图 11-6。

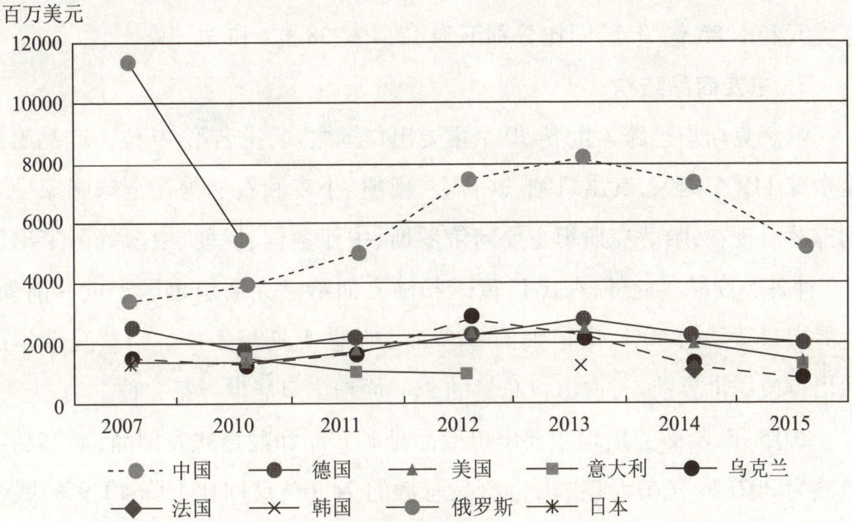

图 11-5　2007—2015 年哈萨克斯坦自主要贸易国进口情况

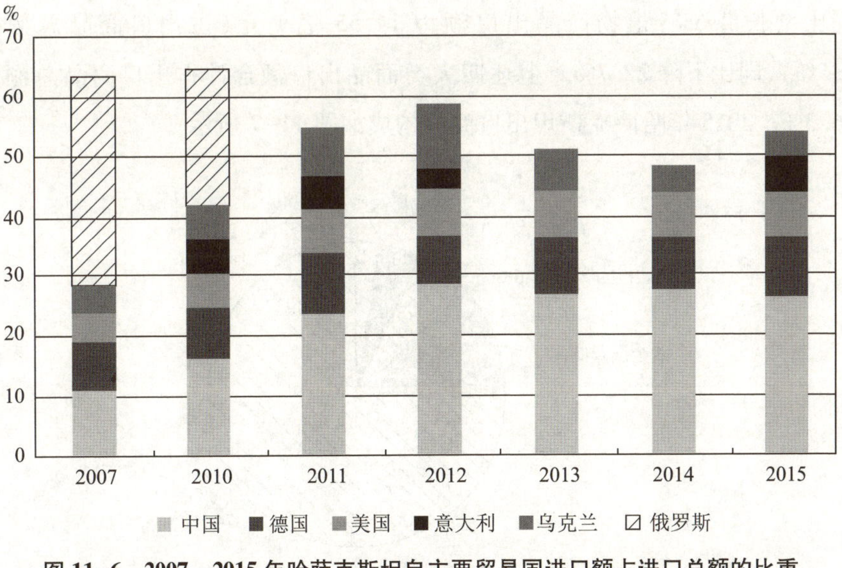

图 11-6　2007—2015 年哈萨克斯坦自主要贸易国进口额占进口总额的比重

哈萨克斯坦贸易顺差主要来自意大利、荷兰、瑞士和法国，2015 年的贸易顺差分别为 69. 63 亿美元、46. 68 亿美元、25. 30 亿美元和 20. 11 亿美元，同比分别下降 53. 6%、44. 5%、41. 9%和 44. 2%。哈萨克斯坦贸易逆差主要来源于德国、美国和越南，2015 年的贸易逆差额分别为 16. 42 亿美元、9. 76 亿美元和 1. 85 亿美元，同比分别下降 12. 7%、38. 0%和 31. 3%。

3. 主要商品结构

哈萨克斯坦已跨入世界 50 个主要出口国之列，排名第 49 位。产品出口至全球 119 个国家，其出口铀、铁合金、面粉、小麦和石油等在全球国家中名列前茅。现在，哈萨克斯坦主要向俄罗斯、中亚各国、伊朗、中国等国家出口 850 种各类商品。此外，在出口黄磷和铀方面哈萨克斯坦也居于世界前列。世界出口黄磷的 40%、出口铀的 46%都由哈萨克斯坦生产。哈萨克斯坦的钛出口位居世界前三，占出口总量的 9%，面粉出口居世界第二位。

2015 年，哈萨克斯坦主要出口商品是矿产品和贱金属及制品，矿产品出口额为 307. 24 亿美元（占出口商品总额的 74. 6%），同比下降 49. 9%；贱金属及制品出口额为 51. 73 亿美元（占出口商品总额的 12. 6%），同比下降 1. 5%。此外，化工产品出口额为 23. 22 亿美元（占出口商品总额的 5. 6%），同比增长 2. 6%；植物产品出口额为 14. 55 亿美元（占出口商品总额的 3. 5%），同比下降 22. 7%。上述四大类商品出口额合计占出口商品总额的 96. 3%。2015 年哈萨克斯坦出口商品构成如图 11-7 所示。

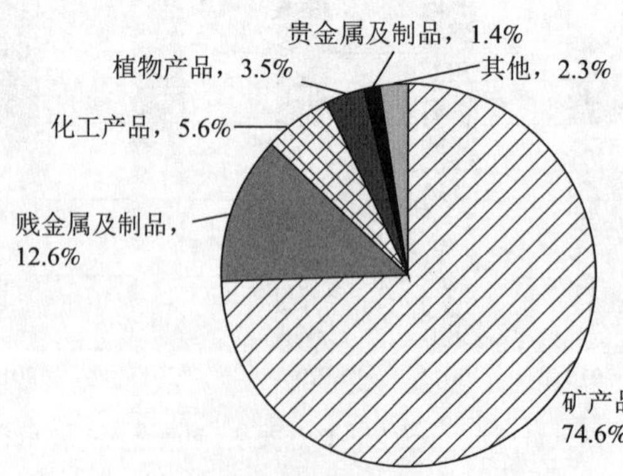

图 11-7　2015 年哈萨克斯坦主要出口商品构成

2015 年哈萨克斯坦五大类出口商品销往的国家和地区如图 11-8 所示，

哈萨克斯坦出口额最大的矿产品，主要销往意大利、荷兰、瑞士、中国和法国；贱金属及制品主要销往中国、土耳其、马耳他、日本和伊朗；化工产品主要销往中国、法国、美国、加拿大和德国；植物产品主要销往乌兹别克斯坦、阿富汗、塔吉克斯坦、伊朗和中国；贵金属及制品主要销往英国、瑞士、吉尔吉斯斯坦、中国香港和比利时。

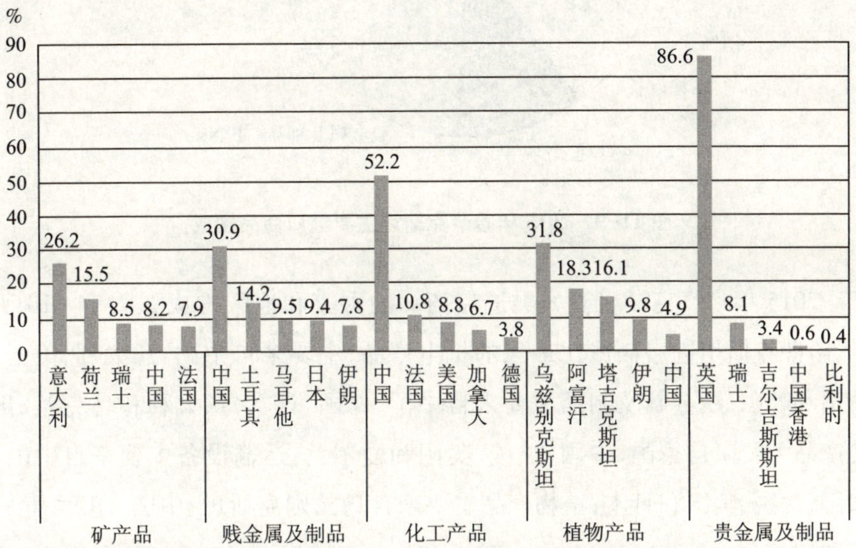

图 11-8　2015 年哈萨克斯坦五大类出口商品的国家和地区构成

2015 年，哈萨克斯坦主要进口商品是机电产品、贱金属及制品、化工产品和运输设备，机电产品进口额为 70.21 亿美元（占进口商品总额的 36.1%），同比下降 18.9%；贱金属及制品进口额为 24.9 亿美元（占进口商品总额的 12.8%），同比增长 4.3%；化工产品进口额为 21.51 亿美元（占进口商品总额的 11.1%），同比下降 19.1%；运输设备进口额为 13.34 亿美元（占进口商品总额的 6.9%），同比下降 64.8%。上述四大类商品进口额合计占进口商品总额的 66.9%。2015 年哈萨克斯坦进口商品构成如图 11-9 所示。

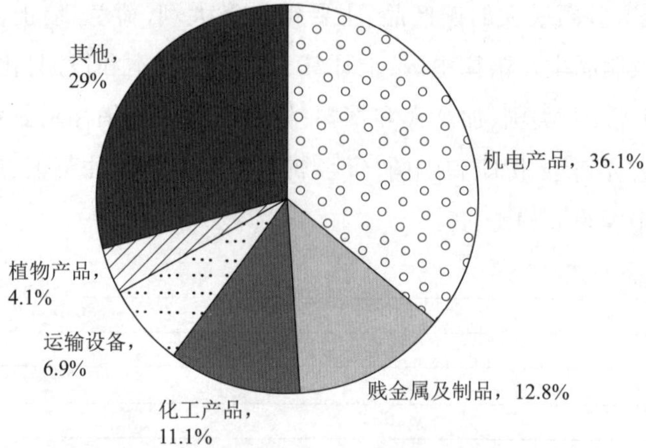

图 11-9　2015 年哈萨克斯坦主要进口商品构成

2015 年哈萨克斯坦五大类进口商品的国家和地区构成如图 11-10 所示，哈萨克斯坦进口额占比最大的机电产品，主要来自中国、意大利、美国、德国和韩国；贱金属及制品主要来自中国、德国、日本、意大利和乌克兰；化工产品主要来自德国、中国、法国、美国和爱尔兰；运输设备主要来自中国、德国、法国、美国和日本；植物产品主要来自乌兹别克斯坦、中国、印度、肯尼亚和波兰。

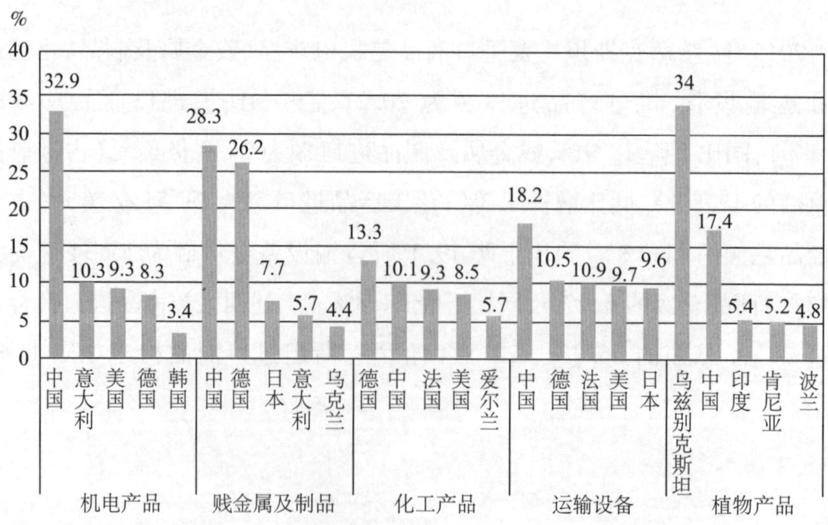

图 11-10　2015 年哈萨克斯坦五大类进口商品的国家和地区构成

哈萨克斯坦 2015 年贸易发展详细数据参见本章附表 4。

4. 关税同盟中的哈萨克斯坦

哈萨克斯坦、俄罗斯和白俄罗斯不断加强紧密合作，开展协同一致的行动，实施统一的宏观经济政策、关税税率调节和市场保护。俄白哈三国一体化进程不断深入：成立自由贸易区——统一三国关境——在统一经济空间内成立高于国家的机构（欧亚经济委员会）。此外，三国首脑提出到 2015 年建立欧亚经济联盟。从 2012 年 1 月起，欧亚经济委员会开始运作，这是后苏联空间成立的第一个高于国家的管理机构。欧洲复兴开发银行 2012 年报告中指出，关税同盟、统一经济空间的建立以及赋予高于国家的权限，这是在独联体地区实现区域一体化的范例。俄白哈三国已经开展了大量工作，逐步统一三国立法和建立统一经济空间法律基础。这里最优先的方向是使三国经济免受外部不良影响。《统一经济空间统一宏观经济政策协定》从 2013 年 1 月 1 日开始实施。该协定规定了预测三国社会经济发展的方法，规定了成员国信息交换和经济发展监测，以及确定成员国稳定发展的宏观经济指标计算方法。该协定还规定，成员国每年预算赤字不得超过该国国内生产总值的 3%；国家债务不能高于国内生产总值的 50%；通货膨胀水平不得比最低通货膨胀水平的成员国高出 5 个百分点。10 月 24 日，在明斯克召开的统一经济空间峰会上，俄白哈三国元首签署了决定，通过了《竞争示范法》。此外，就统一经济空间签订其他诸多重要协定，如《关于建立石油和石油产品统一市场的协定》《关于自然垄断主体活动统一调节原则和方法的协定》等。

在欧亚经济联盟框架下，由于实施统一的关税税率，哈萨克斯坦以及白俄罗斯与第三国的贸易逐步朝关税同盟成员国相互贸易转向；而俄罗斯不但与关税同盟三国贸易增长，而且俄罗斯与第三国贸易也有增长，因为对第三国来说，三国统一关税税率致使俄罗斯总体税率水平下降。

刚成立关税同盟几年促进了哈海关税收入库大幅增长（超过 5000 亿坚戈）。2010 年，进口关税税率增长，哈海关征收税款呈现显著增长；从 2010 年下半年在三国统一分配进口关税。2011 年，哈海关税收入库与 2010 年相比增长 9050 万美元。2012 年,该指标比关税同盟成立前的 2008—2009 年增长 227%。但是,自从取消消费商品市场的关税壁垒后,在哈萨克斯坦市场,俄罗斯和白俄罗斯生产的商品数量大幅增加,而哈萨克斯坦商品占领俄罗斯和白俄罗斯市场能力明显不足。究其原因,还在于哈萨克斯坦企业竞争力不强,难以在俄罗斯和白俄罗斯市场立足;此外,关税同盟内部还没有消除贸易中的所有限制,贸易壁垒还相当多。正如哈萨克斯坦总统指出的,关税同盟三国初期的贸易增长较快,现在的哈萨克斯坦市场具有相当多的俄罗斯和白俄罗斯产品。此外,由于哈萨克斯坦在关税同盟三国中对企业经营征收的税收较低,哈萨克斯坦逐步成为俄罗斯企业的"避税港湾"。哈萨克斯坦产品仅占俄罗斯市场的近 7%;哈萨克斯坦增值税为 12%,俄罗斯为 18%,白俄罗斯为 20%;2013 年,9000 余家俄资企业在哈萨克斯坦登记注册。①

但是,也要看到哈萨克斯坦国际贸易发展中的进步。哈萨克斯坦近几年的商业环境逐步改善,据世界银行每年度营商环境报告,关税同盟三国在世行报告中的排名均呈上升趋势。哈萨克斯坦在提出进入全球 50 个较发达国家宏伟目标 8 年后,于 2013 年进入了全球最具竞争力国家 50 强。②

对哈萨克斯坦而言,国际市场原材料价格和俄罗斯经济形势对哈萨克斯坦具有非常大的影响。由于俄罗斯经济发展滞缓,中国也进入经济增长新常态,近几年哈萨克斯坦国际贸易趋势下滑明显。

2015 年,哈萨克斯坦结束了长达 19 年的"入世"谈判,成功加入了世贸组织。哈萨克斯坦已与 139 个国家建立了外交关系,同时哈萨克斯坦也是联合国成员国、独联体国家、欧亚经济联盟成员国、上合组织成员国、伊斯兰合作组织等国际组织成员国。

(二)吉尔吉斯斯坦

吉尔吉斯斯坦是中亚五国中第一个加入 WTO,且开放度最大、对外贸易

---

① 中华人民共和国驻哈萨克斯坦共和国大使馆经济商务参赞处.哈萨克斯坦参与欧亚一体化进程情况浅析[EB/OL].http://kz.mofcom.gov.cn/article/ztdy/201311/20131100378134.shtml.

② 中华人民共和国驻哈萨克斯坦共和国大使馆经济商务参赞处.哈萨克斯坦全球竞争力排名情况详析[EB/OL].http://kz.mofcom.gov.cn/article/ztdy/201311/20131100376649.shtml.

依赖性最强的国家。吉尔吉斯斯坦的经济自由度、市场开发程度较高，贸易保护措施较少，关税税率远低于其他中亚国家，2010 年其关税税率仅为 4.6%，不到俄白哈关税同盟平均关税的一半。另外，吉尔吉斯斯坦的外贸和关税政策较为稳定和透明，大批从事边境贸易的商人将货物出口到吉尔吉斯斯坦，然后利用吉尔吉斯斯坦的两个国际性“大巴扎”将货物分销到其他中亚国家。

1. 对外贸易情况

近年来，吉尔吉斯斯坦的对外贸易实现较快增长，由于进口增速远高于出口增速，贸易逆差不断扩大。2013 年吉外贸进出口总额 80.9 亿美元，同比增长 7.8%。其中出口 20.2 亿美元，进口 60.7 亿美元，进口额是出口额的 3 倍，贸易逆差高达 40.5 亿美元，同比增长 11%。但 2014 年吉外贸总额有所萎缩，逆差减少。2014 年吉尔吉斯斯坦对外贸易额为 76.1 亿美元，同比下降 5.9%。其中：出口额 18.8 亿美元，同比下降 6.3%；进口额 57.3 亿美元，同比下降 4.3%。外贸出口下降的主要原因：乌兹别克斯坦自 2014 年 4 月起停止对吉南部供应天然气导致吉全年进口天然气数额下降 24.8%；俄罗斯、哈萨克斯坦等主要贸易伙伴经济不景气导致鞋帽、服装等吉主要转口商品量大幅下降，如鞋类下降 33.6%、服装及其配件下降 18.1%；受国际市场黄金行情下探等影响，导致吉主要出口商品，如农产品中的水果下降 90%，蔬菜下降 20.8%，皮革下降 31.7%，黄金下降 2.7%等，产品下降幅度较大。其中，转口贸易遭受重创是外贸总额缩水的主要原因，吉尔吉斯斯坦通过从中国进口服装及各种小商品再转口卖给中亚其他国家是近些年吉尔吉斯斯坦依赖的贸易模式。所以，吉尔吉斯斯坦一直拉大的贸易逆差在 2014 年明显缩小，外贸逆差为 38.5 亿美元，与 2013 年相比，逆差缩减 4.9%。2015 年 1—5 月，吉尔吉斯斯坦对外贸易额为 22.53 亿美元，同比下降 11.8%。其中：出口额 6.05 亿美元，同比增长 2.6%；进口额 16.49 亿美元，同比下降 16.1%；外贸逆差为 10.44 亿美元。

根据吉尔吉斯斯坦国家统计委员会公布的数据，2016 年全年吉尔吉斯斯坦对外贸易进出口总额 54.637 亿美元，同比下降 1.4%。其中出口额为 15.446 亿美元，同比增长 5.1%（对独联体国家出口增长 1.7%，独联体以外国家出口增长7.2%)；进口额为39.191亿美元，同比下降3.7%(对独联体国家进口下降23.4%，独联体以外国家进口增长19%)。进口额是出口额的2.5倍，贸易逆差23.744亿美元，比2015年有所减少(2015年贸易逆差25.994亿美元)。从吉尔吉斯斯坦进出口的贸易结构上看，吉出口占比28.3%，进口占比71.7%。从吉贸易国别方面看，欧亚经济联盟占吉贸易额的35.9%，其中出口占27.1%，进口占39.4%。①

2. 主要贸易伙伴

2013年，吉尔吉斯斯坦贸易伙伴共计122个国家，前五大贸易伙伴国分别是俄罗斯、中国、哈萨克斯坦、瑞士和土耳其。其中，俄罗斯占27.9%，居第一位；中国和哈萨克斯坦分别占其外贸总额的18.9%和12.3%，列居第二、第三位；瑞士和土耳其分别占其外贸总额的6.8%和3.8%，列居第四、第五位。总体上，独联体国家仍是吉尔吉斯斯坦最主要的贸易伙伴，2013年俄罗斯和哈萨克斯坦两国占吉尔吉斯斯坦出口总额的30.7%和进口总额的43%(数据详见表11-2)。

表11-2 2012—2013年吉尔吉斯斯坦前五大贸易伙伴及其所占比例 %

2012年				2013年			
国家	占吉贸易总额比重	占吉出口贸易额比重	占吉进口贸易额比重	国家	占吉贸易总额比重	占吉出口贸易额比重	占吉进口贸易额比重
俄罗斯	27.6	13	33.2	俄罗斯	27.9	8.6	33.6
中国	17.5	3.6	22.5	中国	18.9	2	23.9
哈萨克斯坦	12.7	24.1	9.7	哈萨克斯坦	12.3	22.1	9.4
瑞士	7.7	32.6	0.2	瑞士	6.8	28.7	0.2
美国	3.5	0.04	4.7	土耳其	3.8	4.8	3.5

数据来源：中华人民共和国商务部网站。

2014年5月29日，俄罗斯、白俄罗斯和哈萨克斯坦三国总统在哈萨克斯坦首都阿斯塔纳签署《欧亚经济联盟条约》，宣布欧亚经济联盟将于2015年1月1日正式启动。1月2日亚美尼亚加入欧亚经济联盟，8月12日吉尔

① 数据引自中华人民共和国商务部。

吉斯斯坦正式加入欧亚经济联盟。2015 年 1—5 月，欧亚经济联盟成员国（俄罗斯、哈萨克斯坦、白俄罗斯、亚美尼亚）占吉尔吉斯斯坦外贸总额的 42. 3%，占其出口总额的 21. 6%，占其进口总额的 50%。

中国是吉尔吉斯斯坦第二大贸易伙伴和第二大进口来源国。吉尔吉斯斯坦自中国进口的主要商品为：服装及服装配件、钢铁及铸铁等。2015 年 1—5 月，吉尔吉斯斯坦与中国贸易额为 3. 3 亿美元，同比下降 21. 8%。其中：吉方出口 0. 1 亿美元，同比下降 28. 6%；吉方进口 3. 2 亿美元，同比下降 21. 5%。

2016 年，中国成为吉尔吉斯斯坦第一大贸易伙伴。2016 年，吉尔吉斯斯坦与 138 个国家有贸易关系，其中出口 82 个国家，进口 131 个国家。在吉尔吉斯斯坦对外贸易中，独联体国家占 41. 1%，独联体以外国家占 58. 9%。主要国家占比情况为：中国 28. 3%，俄罗斯 19. 2%，哈萨克斯坦 16%，瑞士 12. 1%，土耳其 5. 1%，乌兹别克斯坦 3. 5%，美国 2. 8%。

2016 年吉尔吉斯斯坦前五大贸易伙伴进出口情况如表 11-3 所示。

表 11-3　2016 年吉尔吉斯斯坦前五大贸易伙伴进出口情况

排序	国家	贸易额（亿美元）	同比（%）	所占比重（%）	吉方出口（亿美元）	吉方进口（亿美元）
1	中国	15. 485	50	28. 3	0. 801	14. 684
2	俄罗斯	10. 499	-32. 4	19. 2	1. 392	9. 107
3	哈萨克斯坦	8. 73	8. 8	16	2. 755	5. 975
4	瑞士	6. 597	13. 7	12. 1	6. 48	0. 117
5	土耳其	2. 811	13. 5	5. 1	0. 9	1. 911

数据来源：中华人民共和国商务部网站。

吉尔吉斯斯坦出口目的国有 82 个，从国别上看，主要出口国为瑞士，出口额 6. 48 亿美元，占比 42%；其次为欧亚经济联盟成员国，出口额 4. 18 亿美元，占比 27. 1%（其中：对哈萨克斯坦出口额 2. 755 亿美元，占比 65. 9%；对俄罗斯出口额 1. 392 亿美元，占比 33. 3%）。

吉尔吉斯斯坦进口商品来源国共 131 个，从国别上看，2016 年，从欧亚经济联盟成员国的进口额 15. 446 亿美元，占比 39. 4%（其中：从俄罗斯进口额 9. 107 亿美元，占比 59%；从哈萨克斯坦进口额 5. 975 亿美元，占比 38. 7%)；从中国进口额 14. 684 亿美元，占比 37. 5%；从土耳其进口额 1. 911 亿美元，占比 4. 9%；从美国进口额 1. 536 亿美元，占比 3. 9%。①

3. 主要商品结构

自吉尔吉斯斯坦独立以来，该国出口额增长将近翻两番。2000 年吉尔吉斯斯坦出口额为 5. 11 亿美元，2013 年为 20. 12 亿美元。2013 年在商品结构上，吉尔吉斯斯坦从俄罗斯主要进口石油及其制品，从哈萨克斯坦进口谷物和天然气，从中国进口纺织服装和机电产品等。在农产品贸易方面，吉尔吉斯斯坦在多种植物产品（棉花、水果、烟草、蔬菜等）以及活动物产品（牛、羊、马等）上具有出口较强的比较优势，但该国农业生产能力有限，不能实现国内粮食等农产品的有效供给，对部分农产品尤其是加工食品等劳动集约型产品进口需求较大。2013 年，吉尔吉斯斯坦进口小麦 36. 3 万吨、大米 2. 2 万吨、面粉 14 万吨、肉类 6. 1 万吨、白糖 8. 3 万吨、茶叶 0. 5 万吨、植物油 4. 9 万吨，用来满足国内刚性需求。

2015 年前 5 个月吉尔吉斯斯坦的出口商品中，占总出口金额六成的黄金增长 50%，而汽油、干果和香烟等产品也有所增长，从而带动了出口总额的提升。吉尔吉斯斯坦的进口商品中，由于受加入欧亚经济联盟相关规定的影响，吉尔吉斯斯坦进口交通工具量大幅下降，涉及金额较上年同期减少 1. 7 亿美元，除此还有纺织品、塑料制品和金属制品等商品进口数量下降，总体上导致吉尔吉斯斯坦进口总额减少。

2016 年，吉尔吉斯斯坦主要出口商品按贸易额依次排序为非货币黄金、服装及其附件、航空煤油、水果和牛奶及其奶制品；主要出口商品按贸易额依次排序为鞋、服装及其附件、汽油、柴油和药物。

4. 吉尔吉斯斯坦与独联体国家及欧亚经济联盟成员国贸易情况

据吉尔吉斯斯坦海关统计，2016 年，吉尔吉斯斯坦与独联体国家贸易额 22. 454 亿美元，同比下降 18. 2%，占吉对外贸易总额的 41. 1%。其中：吉方出口 5. 747 亿美元，同比增长 1. 7%；吉方进口 16. 707 亿美元，同比下

① 数据引自中华人民共和国商务部网站。

降23.4%。

目前,在独联体贸易伙伴国中,俄罗斯居第1位(占吉外贸总额的19.2%),哈萨克斯坦第2位(占吉外贸总额的16%),乌兹别克斯坦第3位(占吉外贸总额的3.5%),乌克兰第4位(占吉外贸总额的0.8%),白俄罗斯第5位(占吉外贸总额的0.7%),之后依次为塔吉克斯坦(占吉外贸总额的0.5%)、土库曼斯坦(占吉外贸总额的0.2%)、阿塞拜疆(占吉外贸总额的0.1%)和亚美尼亚(外贸总额只有30万美元)。

2016年,吉与欧亚经济联盟成员国贸易总额19.626亿美元,同比下降18.6%,占吉对外贸易总额的35.9%。其中:吉方出口4.18亿美元,同比增长4.3%;吉方进口15.446亿美元,同比下降23.2%。①

(三)塔吉克斯坦

2014年是塔吉克斯坦拉赫蒙总统再次当选后的开局之年,塔吉克斯坦政治局势保持基本稳定,塔政府对内执政有力。2014年,受世界经济需求下降和俄罗斯经济下滑等因素的共同影响,塔吉克斯坦经济增速有所放缓。据塔吉克斯坦统计署数据,2014年塔吉克斯坦GDP总额约92.4亿美元,经济增长6.7%,同比下降0.7%。

1. 对外贸易情况

2014年塔吉克斯坦对外贸易额为53.16亿美元,同比增长6.6%(具体数据见表11-4)。其中,进口43.39亿美元,出口9.79亿美元。2015年第一季度塔吉克斯坦对外贸易额为9.66亿美元,同比减少11.8%,贸易逆差为5.37亿美元。2015年上半年塔吉克斯坦进出口贸易额为25.1亿美元,这一数据明显下滑,较上年同期减少了5.6亿美元,同比下降21.9%。在进出口贸易总额中,进口额15.75亿美元,同比下降25.1%;出口额4.3亿美元,同比下降7.9%。与2014年上半年相比,商品进口下降了25.1%,商品出口下降了7.9%。据塔吉克斯坦海关数据,上半年塔吉克斯坦石油产品进口28.3万吨,同比下降13%,进口总值1.88亿美元。俄罗斯为塔吉克斯坦最大石油产品供应国,约占塔吉克斯坦进口总量的90%以上。塔吉克斯坦农业部数据显示,上

① 数据引自中华人民共和国商务部网站。

半年塔农产品出口 18.1 万吨,主要出口贸易伙伴为哈萨克斯坦、俄罗斯、中国。由于塔阿(富汗)边境紧张,对阿富汗农产品出口有所下降。

表 11-4　2011—2014 年塔吉克斯坦对外贸易情况　单位:亿美元

年份	2011	2012	2013	2014
贸易总额	44.43	51.38	52.84	53.16
进口额	31.86	37.78	41.21	43.39
出口额	12.57	13.59	11.63	9.79
差额	-18.63	-24.19	-29.58	-33.6

数据来源:中华人民共和国商务部网站。

2. 主要贸易伙伴

与塔吉克斯坦开展对外贸易的国家有 98 个,其中包括 10 个独联体国家,88 个非独联体国家。与独联体国家的贸易额占 45.1%,与非独联体国家的贸易额占 54.9%。塔吉克斯坦与独联体国家的贸易赤字为 17 亿美元,与非独联体国家贸易赤字为 13 亿美元。塔吉克斯坦的进口来源国从高到低分别是中国(48%)、俄罗斯(20%)、哈萨克斯坦(10%)、土耳其(6%)和伊朗(5%)。其中,中国和俄罗斯是塔吉克斯坦两大主要贸易伙伴,占比超过 60%。塔吉克斯坦的出口和进口差别相对较大,土耳其是塔吉克斯坦的第一大出口目的国,占其出口总额的 26%;俄罗斯是其第二大出口国,占其出口总额的 14%;中国和阿富汗并列为塔吉克斯坦的第三大出国,均占其出口总额的 9%。

2015 年塔吉克斯坦主要贸易伙伴为俄罗斯、瑞士、哈萨克斯坦、中国、土耳其等。2015 年第一季度塔吉克斯坦对外贸易额为 9.66 亿美元,其中与上合组织成员国贸易额为 5.22 亿美元,占塔对外贸易总额的一半以上,与俄罗斯、哈萨克斯坦和中国的贸易额合计为 5.12 亿美元。2015 年第一季度的主要贸易伙伴是俄罗斯(2.66 亿美元)、哈萨克斯坦(1.60 亿美元)、瑞士(1.04 亿美元)。其中,从俄罗斯进口占总额的 33.4%,从哈萨克斯坦进口占总额的 16.7%,从中国进口占总额的 11%,从瑞士进口占总额的 5.3%,从伊朗进口占总额的 5.1%。

塔吉克斯坦的主要出口贸易伙伴是土耳其、瑞士、乌兹别克斯坦、伊朗和俄罗斯。2015 年上半年塔吉克斯坦对土耳其出口 1.2 亿美元，占塔出口总额的 27.6%，主要出口商品为铝和棉花等；塔对瑞士出口 9260 万美元，占比 21.3%，主要商品为黄金等。2015 年第一季度塔瑞两国贸易额为 1.04 亿美元，同比增加了 6.9 倍，塔吉克斯坦向瑞士出口商品总额为 6450 万美元，同时进口总额为 3990 万美元。

2015 年上半年塔吉克斯坦与独联体国家贸易总额为 9 亿美元，同比降低 13.5%。但同乌兹别克斯坦、吉尔吉斯斯坦、土库曼斯坦 3 个国家的贸易额呈增长态势：与乌兹别克斯坦增长 81%，与吉尔吉斯斯坦增长 25.3%，与土库曼斯坦增长 16.6%，这主要是由于塔自上述国家进口能源、食品及粮食等产品出现较大增长所致。塔吉克斯坦与乌克兰双边贸易额为 751.6 万美元，同比下降 30%，其中塔吉克斯坦对乌克兰出口 41.8 万美元，自乌克兰进口 709.8 万美元。

3. 主要商品结构

2014 年塔吉克斯坦进出口总额为 53.2 亿美元，其中进口 43.4 亿美元，石油产品为塔吉克斯坦第一大进口商品，进口额为 5.08 亿美元，进口数量为 58 万吨，同比增长 60%。2014 年，塔吉克斯坦进口小麦 77.5 万吨，同比增长 21.4%。塔吉克斯坦主要从哈萨克斯坦进口小麦。此外，2014 年塔吉克斯坦主要进口产品有石油产品、氧化铝、交通工具。塔吉克斯坦液化天然气的主要供货商是哈萨克斯坦，其次是土库曼斯坦、俄罗斯、吉尔吉斯斯坦和拉脱维亚。2015 年 1—7 月，塔吉克斯坦进口约 18.5 万吨液化天然气，同比增长了 15%（2.3 万吨）。

2014 年塔吉克斯坦主要出口产品有铝及其制品、棉花、蔬菜及水果。2014 年水果、蔬菜、瓜类产品出口量为 18 吨，同比减少 21%，其中干果出口 8.8 吨，洋葱出口 7.6 吨。塔吉克斯坦果蔬产品的最大出口国为哈萨克斯坦，约占出口总量的 77%。2015 年第一季度塔吉克斯坦对上合组织成员国主要出口有色金属、棉花和干果等，自上合组织成员国主要进口石油产品、粮食、日用品和车辆等。2015 年第一季度，塔吉克斯坦食品进口量减少 5520 万美元，同比下降 7.6%。进口食品主要包括香肠和糕点，大多来自俄罗斯、伊朗和哈萨克斯坦。2015 年第一季度塔吉克斯坦货物运输总量为 1700 万吨,同比下降 0.2%。其中:汽运货物为 1560 万吨,占 91.7%,同比增长 0.3%;铁路运输货物为 140 万吨,同比下降 5.4%。

目前,塔吉克斯坦电能主要出口到阿富汗和吉尔吉斯斯坦。2014 年,阿、吉两国自塔进口总电量 13 亿千伏,阿为塔最大电力进口国。塔计划 2015 年夏季将向周边国家多提供约 2.6 亿千伏电量,同比增长 20%。实施新的区域能源项目后,阿富汗和巴基斯坦将是塔吉克斯坦电能的主要买家。2015 年前 7 个月塔吉克斯坦已出口 7 亿度电,其中 88%出口到阿富汗,其余部分出口到吉尔吉斯斯坦。根据已达成的协议,2015 年计划向阿富汗出口 13 亿度电,向吉尔吉斯斯坦出口 5 亿度电。

(四)土库曼斯坦

土库曼斯坦位于中亚西南部,里海东岸,油气资源丰富。近年来,土库曼斯坦经济保持稳定快速发展,年均增长率超过 10%。石油和天然气开采、石油加工业是土库曼斯坦的经济支柱。土库曼斯坦政府提出发展多元化的经济,以出口和内需为导向优先发展油气开发、天然气化工、电力、纺织、食品加工等产业,建立新兴创新产业,改善投资环境,促进私营经济发展。近年来,该国努力提高私营经济的比重,扶持中小企业发展,鼓励外商投资,但土对外国企业准入的门槛和要求较高,目前土库曼斯坦仍处于计划经济向市场经济过渡的转型期,法律法规变化较大,市场环境也十分特殊。土库曼斯坦天然气储量居世界第四,仅次于俄罗斯、伊朗、卡塔尔,管道年运输能力超过 380 亿立方米,每天运输 9000 万立方米,其中阿富汗购买 1400 万立方米,印度和巴基斯坦购买 3800 万立方米。

1. 对外贸易情况

土库曼斯坦于 1992 年 11 月加入经济合作与发展组织,十几年来先后与该组织各成员国建立了广泛联系和合作关系。据官方公布数据,2013 年对外贸易总额同比增长 2.4%,达到 349 亿美元,其中:出口下降 5.7%,约合 188.4 亿美元;进口增长 13.8%,约合 160.8 亿美元。2014 年土库曼斯坦外贸总额达 330 亿美元,土库曼斯坦 2015 年上半年贸易增速为 11.4%,私营经济在 GDP(不包括燃料能源行业)中占 65.1%。各类产品产量同比增长

8. 1%,零售贸易与外贸双双增长 19. 5%。

2. 主要贸易伙伴

2015 年上半年,土库曼斯坦分别与土耳其、法国、韩国、泰国以及独联体国家等进行了双边贸易合作交流,欲实现交易范围的全球性。土库曼斯坦的主要贸易伙伴有:中国、俄罗斯、土耳其、伊朗、阿拉伯联合酋长国、乌克兰、格鲁吉亚、意大利、美国和阿富汗。

中国、土耳其和伊朗是土库曼斯坦的主要贸易合作伙伴。目前,中国为土库曼斯坦的第一大贸易合作伙伴。2012—2015 年,土库曼斯坦与中国之间的外贸额从 70 亿美元增长到 95 亿美元,贸易额主要来源于土向中国出口的天然气。2012—2015 年,土库曼斯坦与中国之间的贸易顺差为 43 亿~66 亿美元。土库曼斯坦自中国主要进口机械设备等商品。2016 年上半年,中土贸易额约 24. 3 亿美元,预计土还将进口中国的生产机械和日用品,引进中国新技术。中土两国经贸合作主要集中在石油、天然气领域,中国是土库曼斯坦最大的天然气出口国。土方在双边贸易中拥有大额顺差。自 2009 年 12 月中土天然气管道一期开通至 2013 年底,中国累计进口土库曼斯坦天然气达 691 亿立方米。未来,中土贸易规模将大幅增长,双边经贸合作将更加紧密。中国主要向土库曼斯坦出口石油机械及配件、金属制品、运输工具、餐具、茶叶等。中国从土库曼斯坦主要进口天然气、石油产品及棉短绒等。

土耳其是土库曼斯坦的第二大贸易合作伙伴,2012—2015 年双方贸易额为 34 亿~60 亿美元。土库曼斯坦从土耳其进口大量的生产制造及配套的机械设备。由于土耳其与土库曼斯坦之间的贸易增长迅速,2016 年上半年双方贸易额达 27. 8 亿美元,已经超过第一贸易伙伴中国。2014 年,土库曼斯坦和土耳其双边贸易额增长 26. 6%,超过 60 亿美元,大约有 600 家土耳其公司活跃在土库曼斯坦,双方在能源、建筑、交通、加工业、食品工业等领域合作广泛。

伊朗为土库曼斯坦的第三大贸易合作伙伴,在进口土库曼斯坦天然气数量上,仅次于中国位居第二。土库曼斯坦主要从伊朗进口原料、建材、冶金制品、无机化学品、塑料制品、橡胶、洗涤用品、食品及其他日用品。土库曼斯坦与伊朗之间的贸易额从 2000 年的 3. 3 亿美元增长到 2015 年的 52 亿美元。2016 年上半年,双方贸易额接近 10 亿美元,位列第三。伊朗作为土库曼斯坦近邻,运输费用存在下降空间。双方将进一步加强石油天然气领域的合作。

土库曼斯坦将俄罗斯视为战略伙伴,但并不考虑加入欧亚经济联盟。俄罗斯天然气工业公司将于 2015 年减少进口 100 亿立方米乌兹别克斯坦和土库曼斯坦天然气,其中自土天然气进口量从 100 亿立方米减少至 40 亿立方米,减少的天然气进口量由俄国内天然气代替。

土库曼斯坦与塔吉克斯坦 2015 年上半年贸易额为 5510 万美元,比上年同期增长 16.6%,其中 98%为塔从土进口额。此外,双方在交通领域开展合作,实施土库曼斯坦—乌兹别克斯坦—塔吉克斯坦—吉尔吉斯斯坦—中国新建天然气管道以及土库曼斯坦—阿富汗—塔吉克斯坦铁路项目。

3. 主要商品结构

土库曼斯坦主要出口商品:天然气、石油产品、原油、皮棉和液化气;主要进口商品:机械设备、原材料、交通工具、日用消费品和食品。2013 年土库曼斯坦的主要进口来源国分别是土耳其(23%)、俄罗斯(19%)、中国(17%)、伊朗(8%)和德国(6%)。其中,土耳其、俄罗斯和中国的贸易份额较大,平均接近 20%。土库曼斯坦的出口国家主要是中国和乌克兰,分别占到其出口总额的 55%和 21%。可以看出,中国市场对土库曼斯坦的出口十分重要,其出口份额超过了 50%以上。

(五)乌兹别克斯坦

乌兹别克斯坦是世界上仅有的两个双内陆国家之一,地处中亚核心区域。在中亚国家中,乌兹别克斯坦的经济实力仅次于哈萨克斯坦,位居第二。乌兹别克斯坦资源非常丰富,其国民经济支柱产业主要是“四金”:黄金、“白金”(棉花)、“黑金”(石油)、“蓝金”(天然气)。目前,乌兹别克斯坦建立了三个工业经济特区,其中吉扎克特区正在建设中,纳沃伊自由工业经济区(2008 年成立)和安格连工业特区(2012 年成立)发展较快,并已经形成规模。乌兹别克斯坦处于连接东西方和南北方的中欧中亚交通要冲的十字路口。在陆路贸易时代,曾是重要商路的汇合点,是对外联系和各种文化相互交流的活跃之地。乌兹别克斯坦是著名的丝绸之路古国,历史上与中国通过丝绸之路有着悠久的联系。

1. 对外贸易情况

1991 年乌兹别克斯坦独立后,政府采取渐进而不是"大跃进方式"改革发展本国经济,外贸额稳步增长,1996 年外贸总额达到 93.1 亿美元,后波动下降,自 2003 年外贸总额开始逐渐攀升,实现 8 年连续增长。据乌兹别克斯坦国家统计委数据,自 2004 年开始乌出口贸易增长快于进口贸易增长。乌兹别克斯坦对外贸易中出口贸易占主导地位,贸易的发展没有带来进口替代。在进口替代政策的推动下,获取贸易顺差发展并日益扩大。

2. 主要贸易伙伴

乌兹别克斯坦的出口贸易伙伴国不是以独联体国家为主,而是其他国家,中国是重要的贸易伙伴国。2012 年,乌兹别克斯坦的主要贸易伙伴国为:俄罗斯占总贸易额的 26.2%,哈萨克斯坦占总贸易额的 10.9%,中国占总贸易额的 10.2%,韩国占总贸易额的 6.4%。在上合组织中,按贸易额比重排序,乌兹别克斯坦的主要贸易伙伴依次为:俄罗斯、哈萨克斯坦、中国、吉尔吉斯斯坦和塔吉克斯坦。

2015 年上半年中国和乌兹别克斯坦的贸易额为 18.1 亿美元,同比增长 1.09%。其中:乌方进口 11.2 亿美元,同比下降 3.09%;乌方出口 6.9 亿美元,同比增长 8.71%。乌方贸易逆差为 5.7 亿美元。从进出口商品结构上看,乌从中国进口主要商品为工程机械、空调、冰箱等机械设备及器具,其次为电机、电器、音像设备及其零附件,然后为天然气管道等钢铁制品,其他还包括塑料及其制品,货车、起重车等车辆及其零配件。乌方出口给中国的主要商品为棉花、天然气、天然铀等。

2014 年俄罗斯为乌兹别克斯坦的第一大贸易伙伴。据乌方统计,2014 年俄乌贸易额为 61 亿美元,2013 年双边贸易达 70 亿美元。尽管俄乌双边贸易额有所下滑,但乌仍为俄在独联体地区第四大贸易伙伴,俄仍为乌第一大贸易伙伴,俄乌贸易额占乌外贸总额的 21.8%。俄乌关系为俄在中亚地区的优先方向。俄天然气工业公司计划于 2015 年减少进口 100 亿立方米来自乌兹别克斯坦和土库曼斯坦的天然气,其中自乌天然气进口量减至 10 亿立方米，自土天然气进口量从100亿立方米减少至40亿立方米，减少的天然气进口量由俄国内天然气代替。2016年1—9月，俄乌贸易额为19.8亿美元，同比下降7.8%，自乌主要进口棉花、纺织品、果蔬产品等，出口机械设备、食品、能源产品、化工产品等。与两国贸易下滑态势相反，俄自乌进口果蔬产品总量达9万吨，同比增长200%，拉动进口额增长20%，进口量增长59%。

3. 主要商品结构

乌兹别克斯坦进口产品主要是汽车材料、化学化工品、食品、有色无色金属。受欧盟、俄罗斯、中国对进口商品需求下降影响，乌商品出口前景不容乐观。与此同时，商品进口将稳步增长，增长动力主要来自乌国内基础设施建设和工业现代化改造。低廉的全球商品价格也将降低商品进口价格，但商品进口监管力度得到加强。近年来，政府通过增加审批程序和监管力度限制一些商品的进口。

乌兹别克斯坦出口商品结构有了较为明显的变化，以前的农业品和能源出口商品被制成品和加工品所替代。乌兹别克斯坦出口商品主要是能源载体、棉花、服务、食品和化学化工以及制成品、机电产品、高技术产品等。2013年，乌兹别克斯坦商品出口额约占GDP的31%。商品出口结构多样化对政府投资的长期稳定具有重要意义。乌兹别克斯坦商品出口结构仍显单一，仅在金属加工、机械制造、化学产品等领域略显多样。近些年，乌机动车产业发展迅速，但大部分出口俄罗斯。当前，受欧盟、俄罗斯、中国对进口商品需求下降影响，商品出口前景不容乐观。

乌兹别克斯坦多年来一直在努力改善进出口贸易结构，但是收效并不十分明显，主要是受限于国民经济结构在短期内难以改变这一因素。2013年，乌兹别克斯坦的主要进口来源国分别是俄罗斯(23%)、中国(18%)、韩国(17%)、哈萨克斯坦(12%)、德国(6%)和其他国家(24%)。其中，俄罗斯、中国、韩国和哈萨克斯坦是其主要的贸易伙伴，其占比合计超过70%。乌兹别克斯坦出口国家主要是俄罗斯、中国和土耳其，3个主要出口国家的占比超过50%。

综上所述，中亚五国的经济贸易特点为：一是对外来经济依赖性很强；

二是对进出口贸易持宽松、鼓励态度；三是均为原料型出口国；四是经济私有化进程较快；五是人口增长，市场潜力很大。

二、中亚五国贸易合作环境及其演变趋势

（一）经济发展趋势

根据世界银行发布的预测，2015 年中亚经济面临的问题较为严重，预计经济增速降至 1.8%，经济下降的主要原因是：石油价格下降，来自俄罗斯地缘政治压力及贷款成本上涨等。世界银行专家认为，正进行再平衡以适应低油价和汇率变化"新常态"的国家都有可能在扩大出口和其他制造业方面抓住新的机遇。国际货币基金组织报告称，由于国际市场大宗商品价格下跌以及俄罗斯经济增速放缓，尤其是俄罗斯经济进一步紧缩导致中亚和高加索地区国家侨汇、出口及外来直接投资减少，该地区国家经济增长率 2015 年将下降到 3.4%。由于该地区所有国家货币贬值，这些国家面临通胀压力，2015 年通货膨胀率平均将达到 7%。中亚和高加索地区的石油出口国将通过增加投资、改善收支平衡、取消税收优惠以及改善预算支出管理制度等措施来刺激经济增长以渡过难关。报告认为，为保持经济可持续增长，该地区国家有必要调整经济结构。中亚和高加索地区国家之间的贸易一体化、劳动力市场改革及内部市场竞争加剧等因素将有利于推动该地区国家经济发展。

世界银行认为，当前情况下 2015 年哈萨克斯坦经济增速将达 1.5%，2017 年将恢复至 3%。国家在经济中的参与作用将减弱，私有经济在投资和需求中的作用将加强。政府可能会采取相应的改革措施。税收预算政策、投资环境和工业政策都是改革的重要部分。

吉尔吉斯斯坦财政部发布了《2014 年国家财政预算和 2015—2016 年预测报告》，未来 3 年吉尔吉斯斯坦引资和外贸预计保持大幅稳定增长势头。报告称，吉尔吉斯斯坦的中期投资政策将致力于改善投资环境，实施"国家稳定发展战略"中提出的大型投资项目，提供银行体系的可靠性，减少商业经营中的官僚主义及行政壁垒等。未来 3 年内，在贸易方面，受到未来加入

俄白哈关税同盟,扩大上海合作组织、独联体、欧亚经济共同体等框架内的经贸合作,深化与国际经济与金融组织合作等因素的影响,吉尔吉斯斯坦外贸额预计可从 2014 年的 95. 8 亿美元提高到 2016 年的 127. 5 亿美元。

在第三届中国—中亚合作论坛上,塔吉克斯坦高度评价关于共建丝绸之路经济带的倡议,该倡议为塔经济发展提供了重大的前所未有的历史机遇,塔方将积极和中国以及其他国家一起修建新的公路、铁路等基础设施,完成中国和中亚以及波斯湾国家的经贸通道建设。塔吉克斯坦政府经济部门预测,2017 年塔吉克斯坦计划电力出口 12. 35 亿度,预计发电量 183. 43 亿度,预计生产粗铝 23. 04 万吨,计划出口粗铝 22. 31 万吨。塔吉克斯坦进口的产品主要是氧化铝、成品油、液化气、小麦和面粉。2017 年预计进口氧化铝 45. 5 万吨,计划进口液化气 31. 2 万吨。计划到 2017 年 3 年间进口成品油 117. 4 万吨。今后 3 年塔吉克斯坦进口小麦每年都要减少,2017 年进口量减少到 48. 8 万吨。

近年来,土库曼斯坦的经济发展速度始终位列中亚国家之首,经济实力仅次于哈萨克斯坦,远高于吉尔吉斯斯坦和塔吉克斯坦两国。2013—2014 年,土库曼斯坦经济增长速度略有下降,通胀率有所上升,由于能源出口的增长,土国贸易顺差均上升。当前,土库曼斯坦面临的最大挑战是经济发展过度依赖天然气出口,国际能源价格波动将严重影响其出口收入,给宏观经济的稳定性带来较大风险。为此,土库曼斯坦政府也提出了一些经济改革方案,如增加高科技行业和制造业方面的投资,但也面临经济结构调整困难等问题。①

2013 年和 2014 年乌兹别克斯坦经济增长率有所放缓,尽管政府向基础设施建设和工业化投入大量资金,但乌仍需要建立一个更加多元化的出口商品结构。相较而言,出口结构多样化对政府投资的长期稳定具有重要意义。目前,乌兹别克斯坦商品出口结构度较中国、马来西亚来说仍显单一,仅在金属加工、机械制造、化学产品等领域略显多样。

2015 年欧亚经济联盟相互贸易额不会大幅提升。2014 年,欧亚经济联

---

① 赵青松. 中国与土库曼斯坦经贸合作的历史、现状及前景展望[J]. 新疆财经,2013(12).

盟成员国相互贸易额同比下降11%，主要原因是外部经济环境不利（以石油为主的世界原料价格下降）对成员国经济造成的影响，成员国经济和工业增长下降，西方对俄罗斯经济制裁造成的不利影响，本币汇率大幅变化，成员国经贸联系主要停留在原料贸易基础上。成员国相互贸易比重在整个外贸额中比重不高，证明成员国相互经济协助水平不高，应有必要扩大成员国经贸合作，充分利用欧亚经济联盟空间内创造的有利共同市场和服务。鉴于原油价格仍有下降趋势，原料经济增速下降，这一形势导致近期欧亚经济联盟相互贸易额不会有较大提升趋势。

（二）经贸政策变化

在经济改革方面，中亚五国的基础条件、改革方式和成效各不相同。哈萨克斯坦在经济总量上遥遥领先，在经济改革的目标、市场化和私有化的进展方面和吉尔吉斯斯坦两国快一些，其他国家相对慢些。但哈萨克斯坦和乌兹别克斯坦两国的经济结构调整的成效大些。

1. 哈萨克斯坦

哈萨克斯坦于2015年12月成为世界贸易组织正式成员国。为了完成“入世”谈判，哈萨克斯坦根据世贸组织和“入世”承诺对50部法律进行了修改和补充，包括货币调控、定价和竞争、税收政策、海关监管、进口许可证、食品安全技术法规和检验检疫措施及知识产权保护。哈萨克斯坦将在2018年前取消农业生产者增值税优惠。此外，“入世”谈判中还就增加肉类配额（牛肉、猪肉和家禽）问题达成了一致，禽肉进口配额为14万吨/年，牛肉为2.1万吨/年。哈萨克斯坦“入世”后平均进口关税将从现行的10.4%（欧亚经济联盟统一关税）下降到6.5%。其中，农产品平均关税将为10.2%（目前为17%），工业产品为5.6%（目前为8.7%）。据介绍，哈萨克斯坦在加入关税同盟之前的平均关税水平为6.2%。为此，将对3512项商品（汽车、食品、木材、珠宝首饰、电线电缆、饮料等）的税率从欧亚经济联盟中统一关税撤销，执行税率更低的进口关税。“入世”后，哈萨克斯坦将为10个服务部门116个子行业（世界贸易组织划分了155个子行业）提供市场准入，其中包括电信、保险、银行、运输、旅游和贸易等。“入世”4年之后哈将开始就签署《政府采购协议》进行谈判。“入世”之后将取消所有与出口和进口替代相关的补贴。哈萨克斯坦承担的义务还包括保证符合技术法规体系，卫生、检验检疫法规以及世界贸易组织规则。

2015—2016 年，哈萨克斯坦家基金将拨款 500 亿坚戈用于支持出口。优惠金融扶持的途径是通过激励潜在的购买者来扩大出口者的产品销售，为哈加工产品的出口寻找到潜在的“洼地”。对农工综合体也将予以金融扶持，2015 年将从国家基金中拨付 200 亿坚戈，作为对国家财政拨款的补充，扶持将涉及以下主要方向：贷款利率贴息，发展种畜等。哈萨克斯坦制定第二个五年期间（2015—2019 年）的国家出口战略，其中规定一些对企业的支持措施。哈萨克斯坦对俄罗斯的 10 个边境地区及白俄罗斯、中亚国家等 45 个市场未来 10 年的潜力进行了研究，并根据研究结果来确定哈出口优先市场。至 2020 年哈萨克斯坦计划大幅度降低乳制品进口。至 2020 年，哈萨克斯坦计划将乳制品进口量控制在目前的 1/3，进口份额由 31%降至 10%，肉类进口份额由 55%降至 30%，水果和蔬菜进口份额降至 20%，甜品进口份额由 56%降至 44%。至 2019 年，国家对食品和食品加工业投资将达到 970 亿坚戈。

2. 吉尔吉斯斯坦

2015 年 8 月，吉尔吉斯斯坦成为欧亚经济联盟全权成员国，吉尔吉斯斯坦与哈萨克斯坦之间的海关关境取消，标志着自 2011 年启动的吉尔吉斯斯坦参与欧亚一体化的进程最终完成，这将为吉尔吉斯斯坦经济发展带来崭新的未来。吉尔吉斯斯坦将与欧亚经济联盟其他成员国平等地进行商品、服务、资本和劳动力的自由流动。这不仅为哈萨克斯坦的公民、商人和在国外务工人员等带来全新机遇，吉政府在该国加入欧亚经济联盟的进程中也竭尽全力保护了国家利益。吉尔吉斯斯坦政府已于 3 月 18 日批准关于向欧盟正式提出超普惠制待遇（即“GSP+”）申请的决议。目前吉尔吉斯斯坦享受欧盟的普惠制待遇（即 GSP），可以免关税向欧盟国家出口 3300 种商品，另外出口 3700 种商品时按较低关税税率计。如能获得超普惠制待遇，吉方将拥有向欧盟国家以及与欧盟缔结关税同盟条约的国家（如土耳其等）出口约 7000 种商品的免关税通道，从而极大地提升吉尔吉斯斯坦对外资的吸引力。吉加入欧亚经济联盟，该联盟成员国可享受欧盟超普惠制待遇，若吉尔吉斯斯坦能申请成功，其吸引俄、哈等国资金在吉建厂，并生产产品向欧盟出口的前景将被看好。①

吉尔吉斯斯坦拟取消出口税以推动外贸便利化，政府日前颁布《2015—2017 年推动私营经济发展规划》。吉加入欧盟后，一方面吉尔吉斯斯坦企业将变得更具竞争力，以进入联盟 1.7 亿人口的市场；另一方面吉政府将创造一切便利条件吸引外国企业来吉投资，使吉成为联盟内投资环境最佳之地。为推动外贸进出口便利化，根据上述规划，吉政府拟优化增值税、取消出口税，并将办理进口商品所需文件数量从 11 份减少到 4 份。

3. 塔吉克斯坦

塔吉克斯坦将成立“贸易程序简化委员会”，这是根据 WTO 的要求，塔吉克斯坦必须完成的义务，该委员会将成为 WTO 和塔政府之间的纽带，制定塔贸易程序简化政策，协助政府确定优先支持领域，进行信息交流，改善塔贸易环境等。届时，塔吉克斯坦将对阿拉伯国家实施出口。塔吉克斯坦将制定 2016—2020 年国家出口发展纲要，重点是吸引国内财力和物力，大力发展能源供应和轻工业的所有生产部门，扩大出口潜力，减少对进口的依赖，采取措施解决基本商品的进口替代问题。

塔吉克斯坦拟自阿富汗进口石油。能源领域合作将成为塔阿两国经贸关系中的优先方向。在塔同期将实施一系列项目建设，以促进塔石油进口。在塔投资实施石油开采的中国企业山东东营和力公司目前已与在阿富汗从事石油开采的中国石油天然气集团签署了对塔供应石油项目的合作协议。中国—中亚天然气管道项目将为塔经济带来巨大收益。土库曼斯坦至中国天然气管道塔吉克斯坦段于 2016 年 4 月开始实施，2017 年完工。塔吉克斯坦在实施该项目中将获得大量税收收入，在未来 32 年中，中塔天然气管道合资企业的收入可达 150 亿美元，塔吉克斯坦税收可达 10 亿美元，预计 2017 年开始输送天然气。

---

① 中华人民共和国驻塔吉克斯坦经商参赞处．吉尔吉斯政府将正式向欧盟申请超普惠制待遇[EB/OL].商务部网站，2015-03-20.

4. 土库曼斯坦

土库曼斯坦制定新法律推动出口型产业发展，通过颁布《土库曼斯坦工商会法》，借鉴国际经验适时调整土工商会职能，以推动出口型产业的发展。新法律赋予土工商会的重要任务之一为提高产品及服务出口量，还制订国际商务仲裁条例，以应对国际贸易纠纷问题。未来几年内土库曼斯坦将重点发展出口型产业，工商会将在出口活动中发挥重要作用。

土库曼斯坦计划大力发展民族工业，制定扩大民族工业产品出口的反危机措施。土库曼斯坦为扩大出口收入允许出口皮革和羊毛。土政府新允许企业法人、私人业主出口生皮、皮革和秋剪羊毛，以从根本上扩大出口产品的品种和数量，土独立早期曾禁止。2015 年经济发展目标，强调注重生产进口替代产品，采取必要措施加强本国生产的工业产品在国际市场上的份额，确保国家经济和技术安全。在此框架下开展积极有效的工作并提供服务，大力生产具有竞争力的出口产品，特别是在工业加工、服务、交通通信等领域，减少对原料能源经济增长的依赖性，发展进口替代产品产业，解决本国产品国内市场饱和的问题。[①] 土政府还要求减少农产品进口以节约外汇。早在上年政府就提出减少食品进口的目标。

2015 年 5 月，土库曼斯坦批准扩大出口和生产进口替代产品计划，在增加土库曼斯坦产品出口量方面，计划实施 33 个项目，将新建一批工厂，涉及化工、工业、轻工业、机械制造、农业、食品工业和医药等产业。该总统令同时指出，加工业要依靠创新，综合利用自然和矿产资源，完善出口结构，增加民营企业份额。扩大生产进口替代产品方面，计划实施 81 个项目，建设一批现代化企业，就地取材生产建筑材料、化学产品、生活日用品及其他产品。此外，还将建设各种肉奶、蔬果、鱼类产品的加工和生产企业。该计划旨在形成进口替代产业，促进外贸进出口平衡，创造新的就业机会，增加国民收入，有计划地增加国民经济中民营经济份额。

5. 乌兹别克斯坦

乌兹别克斯坦出台多项经贸政策措施，一手抓本国产品质量、产量和提

---

① 中华人民共和国驻土库曼斯坦经商参赞处．土库曼斯坦计划大力发展民族工业[EB/OL]．商务部网站，2015-01-20.

升产品竞争力，一手大力规范进口贸易，整治零售批发市场，严厉打击非法入境商品、过境运输商品和掺假使假商品。虽乌兹别克斯坦外汇一直管控严格，但仍出台措施，整顿外汇市场，严控外汇使用。种种迹象表明，乌海关、税务等相关部门已将相关措施付诸行动，相关情况应引起中国在乌兹别克斯坦投资经营企业的重视。

乌兹别克斯坦5年内经济走向的指导文件为《2015—2019年经济进一步改革、结构性调整和多元化纲要》。总进口替代金额达175亿美元，纲要包括实施生产竞争力强的进口替代和出口导向产品项目，使本地化水平达到36%以上。本地化项目应满足矿产资源深加工要求，生产1225种有需求的产品，实现2016年替代进口35亿美元的目标，并创造13300个就业岗位。实施本地化纲要的企业，给予包括免征海关税费、免征利润税和财产税等为期3年的一系列优惠政策。文件宗旨为，减少国家行政干预，提高私有制份额和作用，对企业经营加强保护，深化股份制和完善企业管理制度，对工业进行现代化和多元化改造，发展市政和道路交通基础设施等。根据文件，2015年乌兹别克斯坦经济发展优先方向为：提高各工业领域的生产和出口潜力；实施积极的投资政策；吸引外资实施战略性投资项目；提高生产本地化水平和拓展跨领域合作；提高就业率，以及人民生活水平和质量。

（三）便利条件改善

2015年9月，中、巴、吉、哈重启过境运输协议，中、巴、吉、哈四国过境运输协议确定的运输线路是从巴基斯坦卡拉奇经中国喀什地区、吉尔吉斯斯坦、哈萨克斯坦至中国霍尔果斯口岸。这将打开中亚地区国家最近入海通道。通过这一平台，哈萨克斯坦、吉尔吉斯斯坦等国家的货物可以由公路运送到巴基斯坦的卡拉奇港出海。而中国新疆北疆地区的货物也可以从霍尔果斯口岸到达巴基斯坦，比绕行乌鲁木齐通过喀什到巴基斯坦的运输路径要减少1000公里。[①] 中国与中亚国家拥有长达3200多公里的共同边境，地缘相近、资源丰富、优势互补，经济合作发展迅速。目前四国过境运输线路中国境内段公路交通基础设施条件已经完全能够满足各种运输车辆通行，

① 中巴吉哈四方过境运输协议技术磋商在新疆举行[EB/OL].天山网，2015-09-08.

红其拉甫、吐尔尕特、伊尔克什坦口岸基础设施条件和通关环境也得到了明显改善。

中哈第二条铁路运营带来新契机。由于中亚市场消费能力提升,近年来口岸进出口货物呈现急剧上升趋势,2012 年 12 月新开通的中哈第二条铁路通道——霍尔果斯至阿腾科里铁路,不仅拥有相对的地缘优势,同时通货能力也成倍增加,为新疆与哈萨克斯坦等中亚国家扩大贸易带来新契机。在地理上,中亚各国地处欧亚中心,各国之间的连接区域没有一处能够直接入海,地理的因素使中亚各国之间互相依存。在这个区域内只有开放的内陆运输体系才能保证各国间与国际市场连接。在中亚运输网络中最重要的是哈萨克斯坦,哈萨克斯坦自古以来就是中亚运输线路的自然交会处,古代连接东西文明的丝绸之路就经这里。哈铁路总长度 13400 公里,境内共有 4 条过境铁路干线:欧亚大陆桥(中国—哈萨克斯坦—俄罗斯—欧洲)、亚洲大陆桥(中国—哈萨克斯坦—土耳其)、中亚铁路和西部铁路。其中,西部铁路可用于水陆联运(通往阿克套海港,能满足哈最大石油加工基地的运输需求)。哈萨克斯坦主要的公路过境运输路线有 3 条:西南线是该国最重视的一条线路,为哈萨克斯坦—乌兹别克斯坦—土库曼斯坦—伊斯坦布尔—卡拉奇;南线为哈萨克斯坦—吉尔吉斯斯坦—中国—巴基斯坦—印度—印度洋港口;第三条线路是阿拉木图—比什凯克—喀什—伊斯兰堡—卡拉奇,这条线路对乌拉尔和西伯利亚地区的货物外运具有重要意义。2016 年哈萨克斯坦开通西部欧洲—西部中国过境运输走廊。哈萨克斯坦将可以使用印度港口。哈萨克斯坦铁路公司和印度铁道部签署的谅解备忘录将准许哈萨克斯坦使用印度港口。双方还将进一步加强航空运输、增加两国间指定航空公司航班频率。

中土两国在天然气方面的合作促进了中土双边贸易的迅速发展,特别是中国—中亚天然气管道在 2009 年 12 月的正式运营,极大地增加了土库曼斯坦向中国出口天然气的规模。中国—中亚天然气管道是迄今中国在海外最大的天然气项目,管道全长 7000 公里,西起土库曼斯坦和乌兹别克斯坦边境,穿越乌兹别克斯坦中部和哈萨克斯坦南部地区,经新疆霍尔果斯口岸入境,年设计输气量为 300 亿~400 亿立方米,工程总造价约为 200 亿美元,境内与中国西气东输二线管道相连。该项目已经有 A、B、C 三条管道在运营,其中:A 线和 B 线管道在 2010 年底前的运能已经达到 300 亿立方米;2014 年末竣工的 C 线运能达 250 亿立方米。2015 年,从土库曼斯坦到中国的天然气管道总运输能力达 550 亿立方米。土库曼斯坦承诺 2013 年开始对中国每年出口 400 亿立方米天然气。[①] 2013 年 9 月签署中土 D 线管道施工协议,计划于 2017 年交工,每年可增供 250 亿立方米天然气,使土库曼斯坦向中国总供气能力达到每年 800 亿立方米。据此,中土双方协定到 2021 年每年向中国供气量为 650 亿立方米,未来土库曼斯坦仍将加大对中国的天然气出口。

土库曼斯坦希望尽快向欧洲出口天然气。土库曼斯坦境内最长的东西向天然气管道将国家东部气田与西部里海岸连接起来,从那里可走向国际市场,既可经里海通往欧洲,又可沿里海岸通向俄罗斯。土库曼斯坦此前提出准备向欧盟每年出口 400 亿立方米天然气。新的东西向天然气管道是土库曼斯坦最大的天然气管道,该管道的最大优势在于既可以逆向东方供气,也可以保障西方的需求。

乌兹别克斯坦天然气年开采量为 630 亿~650 亿立方米,乌将扩大对中国天然气的输气量。由于俄罗斯天然气工业公司在 2015 年后停止进口乌兹别克斯坦和土库曼斯坦天然气,受此影响,乌将扩大对中国天然气的输气量,2015 年前乌对中国输气量将增至 100 亿立方米。

(四)贸易前景分析

21 世纪以来,中亚国家已走过了 10 年独立建国的艰辛历程,各国政治、经济形势都普遍好转,各国经济开始驶入良性循环、稳定增长的快车道,各国的产业结构调整、税率政策、投资政策等都已初见成效,各国市场开始趋于规范、有序、可操作和可预见。中亚五国的经济已进入了独立建国以来历史上最好的发展时期。2001 年 6 月 15 日,中国、俄罗斯、哈萨克斯坦、吉尔吉斯斯坦、塔吉克斯坦和乌兹别克斯坦六国元首聚会中国上海,签署了《上海合作组织成立宣言》,标志着各成员国合作进程开始迈入一个崭新的发展阶段。中亚五国非常重视与中国发展友好关系。吉尔吉斯斯坦于 1998 年成为世界贸易组织的正式成员,吉尔吉斯斯坦产品向欧洲和北美国家出口不

---

① 中亚能源合作为丝绸之路经济带建设“添油加气”[EB/OL].新华网,2014-06-21.

受配额限制。塔吉克斯坦于2012年12月成为世界贸易组织正式成员国，哈萨克斯坦于2015年12月成为世界贸易组织正式成员国。土库曼斯坦和乌兹别克斯坦也相继提出了加入世界贸易组织的要求。2015年8月，吉尔吉斯斯坦成为欧亚经济联盟全权成员国。

中亚国家的经济发展、市场繁荣和参与世界市场的行动，为中国与中亚国家进行贸易合作营造了良好氛围。中亚国家与中国经济互补性强。首先，中亚国家正处于市场开放后的发展初期，拥有丰富的石油、天然气等资源，国家财富得到迅速积累，整体购买力迅速增强。其次，由于民生工业刚起步，对外来基本商品依存度较高，特别是生活日用品和轻工产品等的市场需求旺盛。而同时中国在日用品工业、家电、轻工纺织服装和机电业等领域具有较大优势，这些正是中亚五国最薄弱和最需要的，双方互补性很强，中亚市场前景可观。最后，随着中国经济快速发展，对资源性产品的需求不断增大。而中亚国家近年来坚持以扩大资源类产品的出口带动本国经济发展。由于从中亚进口资源运距短、价格相对较低，资源类产品贸易额将逐年扩大。结合中亚国家的贸易政策可以发现，作为长远期战略，中亚国家都有强烈的出口意愿，但因国内技术水平低、加工能力弱、产业结构单一、出口能力有限，单纯的贸易活动明显不利于这些国家的结构调整。因此，相对于贸易而言，它们更希望吸引外国直接投资。从短期看中亚国家需要进口，但长期看更希望资本流入，只有这样才能改变以资源出口为主的贸易结构，这就是中亚国家贸易政策的本质。[①]

在丝绸之路经济带建设过程中，中国与大部分中亚国家有着先天合作优势：一是与中亚对全局和长远的国际政治发展存在非常深刻的共识；二是与中亚大多数国家在地缘经济上属于经济互补性存在，这个特点非常具有优势。此外，哈萨克斯坦所具有的地缘经济空间从东方一直延伸到里海，这样一个优越的地理位置正好为丝绸之路经济带的第一站推进提供了一个相对来说更有利的空间条件。而中国新疆也具有优越的地缘优势及政策优势。新疆与中亚国家之间开辟了17个一类口岸，铁路、公路和航空立体交通

① 张文中．中亚五国的贸易分布、对外投资与贸易政策[J].新疆财经，2014(6).

网日趋形成,在新疆边境地区建成枢纽和商贸中心是未来发展的必然趋势,新疆明显的地缘优势使它成为中国对外开放的重要门户和陆路交通枢纽。另外,国家及地方政府实施了一系列优惠政策支持新疆的外贸发展,2011 年 9 月国务院出台了《支持喀什、霍尔果斯经济开发区建设的若干意见》,明确十大支持政策,有力地促进新疆外贸发展;而 2001 年上合组织的成立,又将中国新疆与中亚五国的合作范围从贸易合作扩展到了政治、经济、科技、文化、教育、能源、交通和环保等各个领域。新疆与中亚五国的对外贸易对于加强国际经济合作、促进边疆地区的经济发展和社会稳定、构筑丝绸之路经济带、实现互利共赢具有重要的意义。

附表

附表 1　中国和中亚五国经济发展基本概况

国家	GDP(亿美元)		GDP 增长率(%)					人均 GDP(美元)		人均国民总收入(美元)		评价
	2013 年	2014 年	2013 年	2014 年	1990—1999 年	2000—2009 年	2010—2014 年	2013 年	2014 年	2013 年	2014 年	
中　国	94906.0	103548.3	7.7	7.3	9.5	10.2	8.5	6991.9	7590.0	6710	7400	中高等收入国家
哈萨克斯坦	2318.8	2178.7	6.0	4.4	-5.0	7.3	5.9	13611.5	12601.7	11560	11850	中高等收入国家
吉尔吉斯斯坦	73.4	74.0	10.9	3.6	-4.0	4.7	3.9	1282.4	1269.1	1220	1250	中低等收入国家
塔吉克斯坦	85.1	92.4	7.4	6.7	-10.0	8.4	7.1	1048.7	1114.0	1000	1080	中低等收入国家
土库曼斯坦	410.1	479.3	10.2	10.3	0.1	7.3	11.1	7826.8	9031.5	6880	8020	中高等收入国家
乌兹别克斯坦	568.0	626.4	8.0	8.1	-0.4	6.5	8.2	1878.0	2036.7	1940	2090	中低等收入国家

数据来源:世界银行数据库(2016 年 2 月数据更新)。GDP 为当年现价美元;人均 GDP 亦为当年现价;人均国民总收入(GNI)为按图表集法衡量值(现价美元)。

附表 2 2010—2014 年中亚五国部分重要经济数据

		货物和服务出口（现价美元）	货物和服务出口占 GDP 比例(%)	货物和服务进口（现价美元）	货物和服务进口占 GDP 比例(%)	货物和服务对外贸易差额（现价美元）	货物和服务对外贸易差额占 GDP 比例(%)	贸易额占 GDP 比例(%)	GDP（现价美元）	GDP 年增长率(%)	人均 GDP（现价美元）	人均 GDP 年增长率(%)
哈萨克斯坦	2010 年	655.0	44.24	13987.5	23.16	1820.2	3.01	49.33	1480.5	7.30	9071	5.80
	2011 年	895.0	47.60	17513.2	23.37	1559.9	2.08	48.83	1880.5	7.50	11358	5.97
	2012 年	917.5	45.08	18186.9	21.49	2306.3	2.73	45.71	2035.2	5.00	12120	3.53
	2013 年	907.2	39.12	19535.4	20.58	2597.6	2.74	43.90	2318.8	6.00	13612	4.48
	2014 年	852.3	39.12	19591.4	18.92	3829.4	3.70	41.54	2178.7	4.40	12602	2.87
吉尔吉斯斯坦	2010 年	24.7	51.55	39.2	81.68	-14.4	-30.12	133.23	47.9		880	-1.65
	2011 年	33.8	54.54	50.6	81.64	-16.8	-27.10	136.18	62.0	5.96	1124	4.67
	2012 年	29.3	44.40	62.9	95.27	-33.6	-50.87	139.68	66.1		1178	-1.74
	2013 年	31.0	42.25	67.3	91.78	-36.3	-49.53	134.03	73.4	10.92	1282	8.74
	2014 年	27.3	36.90	65.3	88.12	-37.9	-51.22	125.02	74.0	3.60	1269	1.57
塔吉克斯坦	2010 年	8.7	15.34	29.7	52.61	-21.0	-37.27	67.95	56.4	6.50	744	4.16
	2011 年	11.6	17.85	43.8	67.17	-32.2	-49.32	85.02	65.2	7.40	841	5.01
	2012 年	16.4	21.54	52.7	69.08	-36.3	-47.54	90.62	76.3	7.50	962	5.10
	2013 年	16.3	19.18	58.1	68.33	-41.8	-49.15	87.51	85.1	7.40	1049	5.00
	2014 年								92.4	6.70	1114	4.33

续表

		货物和服务出口（现价美元）	货物和服务出口占 GDP 比例（%）	货物和服务进口（现价美元）	货物和服务进口占 GDP 比例（%）	货物和服务对外贸易差额（现价美元）	货物和服务对外贸易差额占 GDP 比例（%）	贸易额占 GDP 比例（%）	GDP（现价美元）	GDP 年增长率（%）	人均 GDP（现价美元）	人均 GDP 年增长率（%）
土库曼斯坦	2010 年	172. 3	77. 81	100. 4	45. 35	71. 9	32. 47	123. 16	221. 5	9. 20	4393	7. 83
	2011 年	218. 4	74. 70	127. 3	43. 53	91. 1	31. 16	118. 23	292. 3	14. 70	5725	13. 25
	2012 年	257. 6	73. 26	156. 1	44. 39	101. 5	28. 86	117. 65	351. 6	11. 10	6798	9. 68
	2013 年								410. 1	10. 20	7828	8. 79
	2014 年								479. 3	10. 30	9032	8. 91
乌兹别克斯坦	2010 年	124. 5	31. 66	112. 2	28. 51	12. 4	3. 15	60. 17	393. 3	8. 50	1377	5. 48
	2011 年	149. 9	33. 08	141. 6	31. 24	8. 3	1. 84	64. 33	453. 2	8. 30	1545	5. 43
	2012 年	141. 7	27. 68	168. 3	32. 89	-26. 7	-5. 21	60. 57	511. 8	8. 20	1719	6. 62
	2013 年	153. 5	27. 02	178. 2	31. 88	-24. 7	-4. 36	58. 40	568. 0	8. 00	1878	6. 33
	2014 年	146. 6	23. 41	171. 0	27. 30	-24. 4	-3. 89	50. 71	626. 4	8. 10	2037	6. 29

数据来源：世界银行数据库。

附表 3　中国与哈萨克斯坦 7 个一类陆路边境口岸一览表

中国口岸	口岸类型	所属地州	依托城镇	开放时间	哈萨克斯坦口岸
阿黑土别克	公路	阿勒泰地区	哈巴河县	尚未开通	阿连谢夫卡
吉木乃	公路	阿勒泰地区	吉木乃县	1994 年 3 月	迈哈布奇盖
巴克图	公路	塔城地区	塔城市	1990 年 10 月	巴克特
阿拉山口	铁路、公路、管道	博尔塔拉州	博乐市	1991 年 7 月	多斯特克
霍尔果斯	铁路、公路、管道	伊犁州直	霍城县	1983 年 11 月	霍尔果斯
都拉塔	公路	伊犁州直	察布查尔县	1994 年 3 月	科里扎特
木扎尔特	公路	伊犁州直	昭苏县	尚未开通	纳林果勒

附表 4　哈萨克斯坦 2015 年对外贸易发展分类别详细数据①

附表 4-1　2004—2015 年哈萨克斯坦对外贸易数据　　单位:百万美元

年份	外贸总额	同比(%)	出口额	同比(%)	进口额	同比(%)	贸易差额	同比(%)
2004	32580	—	19943	—	12637	—	7306	—
2005	45163	38.6	27691	38.9	17472	38.3	10219	39.9
2006	61709	36.6	38013	37.3	23695	35.6	14318	40.1
2007	79577	29	46976	23.6	32601	37.6	14375	0.4
2008	108988	37	71172	51.5	37816	16	33356	132
2009	71563	-34.3	43189	-39.3	28374	-25	14814	-55.6
2010	81268	13.6	57244	32.5	24024	-15.3	33221	124.2
2011	101610	25	80191	40.1	21419	-10.8	58772	76.9
2012	112200	10.4	85448	6.6	26752	24.9	58696	-0.1
2013	106837	-4.8	76433	-10.5	30404	13.7	46030	-21.6
2014	99888	-6.5	72984	-4.5	26905	-11.5	46079	0.1
2015	60642	-39.3	41205	-43.5	19437	-27.8	21768	-52.8

附表 4-2　2015 年哈萨克斯坦对主要贸易伙伴出口额　单位:百万美元

国家和地区	出口额	同比(%)	占比(%)
总值	41205	-43.5	100.0
意大利	8137	-49.3	19.8
中国	5484	-44.1	13.3

① 2015 年哈萨克斯坦货物贸易及中哈双边贸易概况[EB/OL].中华人民共和国商务部, http://countryreport.mofcom.gov.cn/record/qikan110209.asp? id=7884.

续表

国家和地区	出口额	同比(%)	占比(%)
荷兰	4981	−42.9	12.1
法国	2681	−42.8	6.5
瑞士	2659	−41.4	6.5
罗马尼亚	1343	−57.4	3.3
土耳其	1277	−43.8	3.1
希腊	1260	−35.0	3.1
西班牙	1219	−48.4	3.0
乌克兰	1176	−27.2	2.9
乌兹别克斯坦	942	−13.0	2.3
日本	859	15.8	2.1
英国	829	31.1	2.0
波兰	789	32.5	1.9
韩国	770	−11.8	1.9

附表4-3　2015年哈萨克斯坦自主要贸易伙伴进口额　　单位:百万美元

国家和地区	进口额	同比(%)	占比(%)
总值	19437	−27.8	100.0
中国	5083	−31.7	26.2
德国	1985	−14.7	10.2
美国	1410	−29.0	7.3
意大利	1174	10.8	6.0
乌克兰	827	−31.9	4.3
土耳其	741	−28.1	3.8
乌兹别克斯坦	726	−28.9	3.7
法国	671	−38.2	3.5
韩国	607	−43.6	3.1
日本	585	−36.7	3.0
英国	403	−31.2	2.1
波兰	341	−20.9	1.8
荷兰	313	0.8	1.6
加拿大	255	43.4	1.3
印度	242	−8.8	1.2

附表 4-4　2015 年哈萨克斯坦贸易差额主要来源　　单位:百万美元

国家和地区	2015 年	上年同期	占比(%)
总值	21768	46079	-52.8
主要顺差来源			
意大利	6963	14991	-53.6
荷兰	4668	8415	-44.5
瑞士	2530	4358	-41.9
法国	2011	3605	-44.2
罗马尼亚	1267	3033	-58.2
希腊	1241	1896	-34.5
西班牙	999	1982	-49.6
葡萄牙	626	846	-25.9
马耳他	591	6	10489.9
土耳其	535	1242	-56.9
主要逆差来源			
德国	-1642	-1882	-12.7
美国	-976	-1575	-38.0
越南	-185	-269	-31.3
爱尔兰	-180	-180	-0.3
立陶宛	-120	132	—

附表 4-5　2015 年哈萨克斯坦主要出口商品构成　　单位:百万美元

商品类别	2015 年	上年同期	同比(%)	占比(%)
总值	41205	72984	-43.5	100.0
矿产品	30724	61311	-49.9	74.6
贱金属及制品	5173	5250	-1.5	12.6
化工产品	2322	2263	2.6	5.6
植物产品	1455	1883	-22.7	3.5
贵金属及制品	554	570	-2.8	1.4
机电产品	229	418	-45.3	0.6
食品、饮料、烟草	226	319	-29.3	0.6
运输设备	205	551	-62.7	0.5
纺织品及原料	66	67	-0.9	0.2
活动物;动物产品	61	88	-31	0.2

续表

商品类别	2015 年	上年同期	同比(%)	占比(%)
动植物油脂	46	61	-25.2	0.1
塑料、橡胶	42	64	-33.6	0.1
光学、钟表、医疗设备	30	27	11.8	0.1
皮革制品;箱包	24	23	1.9	0.1
家具、玩具、杂项制品	15	39	-61.4	0
其他	33	50	-33.8	0.1

附表 4-6　2015 年哈萨克斯坦主要进口商品构成　　单位:百万美元

商品类别	2015 年	上年同期	同比(%)	占比(%)
总值	19437	26905	-27.8	100.0
机电产品	7021	8661	-18.9	36.1
贱金属及制品	2490	2387	4.3	12.8
化工产品	2151	2658	-19.1	11.1
运输设备	1334	3794	-64.8	6.9
植物产品	852	1055	-19.3	4.4
塑料、橡胶	844	1213	-30.4	4.4
食品、饮料、烟草	782	1019	-23.3	4
矿产品	693	821	-15.5	3.6
纺织品及原料	684	1169	-41.5	3.5
光学、钟表、医疗设备	658	973	-32.4	3.4
家具、玩具、杂项制品	562	742	-24.3	2.9
陶瓷;玻璃	324	490	-33.9	1.7
活动物;动物产品	289	453	-36.1	1.5
鞋靴、伞等轻工产品	281	581	-51.7	1.4
纤维素浆;纸张	214	479	-55.3	1.1
其他	258	407	-36.7	1.3

附表 4-7　2015 年哈萨克斯坦五大类出口商品的国家/地区构成　单位:百万美元

国家和地区	金额	同比(%)	占比(%)
矿产品			
意大利	8062	-49.5	26.2
荷兰	4773	-44.0	15.5

续表

国家和地区	金额	同比(%)	占比(%)
瑞士	2603	-37.3	8.5
中国	2514	-60.5	8.2
法国	2418	-46.8	7.9
贱金属及制品			
中国	1599	-18.1	30.9
土耳其	737	-2.9	14.2
马耳他	491	7495.9	9.5
日本	487	-3.3	9.4
伊朗	402	-30.6	7.8
化工产品			
中国	1213	1.5	52.2
法国	250	96.7	10.8
美国	204	47.6	8.8
加拿大	156	20.5	6.7
德国	89	8.9	3.8
植物产品			
乌兹别克斯坦	463	4.7	31.8
阿富汗	266	9.6	18.3
塔吉克斯坦	234	-9.1	16.1
伊朗	143	-52.0	9.8
中国	71	-30.7	4.9
贵金属及制品			
英国	480	243.0	86.6
瑞士	45	-88.3	8.1
吉尔吉斯斯坦	19	-26.7	3.4
中国香港	3	52049.8	0.6
比利时	2	5673.4	0.4

附表 4-8　2015 年哈萨克斯坦五大类进口商品的国家/地区构成　　单位:百万美元

国家和地区	金额	同比(%)	占比(%)
机电产品			
中国	2,312	-26.9	32.9
意大利	721	78.7	10.3
美国	656	-9.0	9.3
德国	583	-36.4	8.3
韩国	240	-25.6	3.4
贱金属及制品			
中国	705	-17.0	28.3
德国	653	243.5	26.2
日本	192	93.3	7.7
意大利	142	-20.9	5.7
乌克兰	109	-47.1	4.4
化工产品			
德国	285	-23.3	13.3
中国	216	-9.9	10.1
法国	199	-30.4	9.3
美国	184	-4.3	8.5
爱尔兰	123	13.3	5.7
运输设备			
中国	243	-43.2	18.2
德国	140	-59.9	10.5
法国	133	-63.9	10.0
美国	129	-71.8	9.7
日本	128	-75.2	9.6
植物产品			
乌兹别克斯坦	289	-29.4	34.0
中国	148	-6.1	17.4
印度	46	-3.4	5.4
肯尼亚	44	-20.8	5.2
波兰	41	10.8	4.8

第十二章

中亚五国投资发展概况

一、中亚五国投资发展现状

目前，中亚五国重点发展领域有：哈萨克斯坦对生产基础设施、市政建设、农业等领域的外来投资实行优惠待遇；吉尔吉斯斯坦投资优先集中在能源、交通、农业和采矿等领域；塔吉克斯坦制定了“水电兴国”和“交通兴国”战略；乌兹别克斯坦则是吸引外资稳健推进经济改革。

(一)哈萨克斯坦

1. 固定资产投资

2015 年 1—6 月，哈萨克斯坦固定资产投资额为 143.84 亿美元(186.8 坚戈=1 美元)，同比增长 4.4%。最具有投资吸引力的行业依然是矿山行业，行业相关投资占国内总投资的 35%，运输仓储业占比 14.3%，不动产行业占比 13.1%。投资来源主要是经营单位自有资金，其占比为 60.3%，国家预算在资金源中占比 15.8%，银行贷款占比 4.6%，其中外国银行贷款占比 0.1%，借款占比 19.3%(其中，非定居者借款占比 15.9%)。一直以来，油气行业是拉动哈萨克斯坦经济增长的主要动力，其产值占到 GDP 的 1/4，约为国家预算的2/3。未来 5 年该国石油天然气公司将投资 37.15 亿美元用于地质勘探工作。

2015 年，欧洲复兴开发银行将为哈萨克斯坦国家铁路公司提供 1.5 亿美元贷款，另外 1.5 亿美元贷款将通过其他商业银行的辛迪加贷款方式提供,贷款用于哈铁公司欧洲债券再融资。欧洲复兴开发银行已为哈各类经济项目提供贷款 72 亿美元。2015 年哈萨克斯坦达姆创业发展基金投资 6095 万美元资助 1800 个新项目。2015 年预算拨款是 1.51 亿美元,其中 8982 万美元将用于之前签署的合同,6095 万美元将资助新项目。从达姆基金资助项目落实之日起,已经惠及 7000 家企业,5698 个项目签订合同,贷款总额为 60.07 亿美元。

2. 吸引外国直接投资

2005—2014 年哈萨克斯坦共吸引外资 2076 亿美元,其中对哈投资最多的 5 个国家是荷兰、美国、瑞士、中国和法国。2005—2009 年吸引外国直接投资 821 亿美元,2010—2014 年吸引外国直接投资 1255 亿美元。2014 年,在全球投资额下降的情况下,哈萨克斯坦共吸引外国直接投资 239 亿美元,仅比 2013 年减少 1 亿美元。哈萨克斯坦计划与中国实施 38 个投资项目,涉及加工业、油气开采、再生能源、农业生产和加工等领域。近年来,哈萨克斯坦吸引外资的结构在发生变化,投入采矿业的外资在减少,投入加工业的外资在上升。与 2013 年相比,2014 年进入哈萨克斯坦加工业的外资增长了 48%。2010—2014 年,是哈萨克斯坦工业第一个五年计划,直接投资于生产冶金制品的外资额从 42 亿美元增加到 144.77 亿美元(144.77 亿美元占当年外商直接投资的 82%)。另外,在外商直接投资中,食品投资占 7%,从 5.129 亿美元增长到 12.296 亿美元,增加 1.4 倍;电脑及电子产品投资占 4.6%,从 9640 万美元增长到 8.139 亿美元,增加 7.4 倍;药剂制品外商投资从 90 万美元增长到 7760 万美元,增加 85 倍。

3. 投资新政策

2013 年底,哈萨克斯坦确定了国家重点发展加快工业创新发展纲要第二个五年计划中 6 个具有出口潜能的加工业领域,分别是食品生产、机械制造(其中包括铁路机械制造)、有色和黑色冶金、石油加工和石化、农业化学和工业用化学制品、建材等。哈萨克斯坦将发展加工业领域 80%的投资用于这 6 个领域,其余 20%的投资用于加工业领域的其他项目。此外,哈萨克斯坦还大力发展国家—私人伙伴关系,大力吸引企业和个人投资,哈萨克斯坦计划国家每投资 1 坚戈,吸引企业和个人等投资 3~4 坚戈。

2015 年 6 月，哈萨克斯坦签署关于就完善投资环境问题修订和补充的有关法律法规，特别对吸引外资政策做出重大调整，旨在进一步改善投资环境和鼓励对经济优先领域的投资。此次调整无论是规模还是范围均是哈萨克斯坦历年来力度最大的一次，备受外界广泛关注。特别是明确了投资优惠的类别和给予的对象。只有对列入哈萨克斯坦政府批准的优先种类名录中的项目进行投资才能获得优惠。所有的优惠仅给予哈萨克斯坦共和国的法人，如外资企业要获得优惠，必须在哈境内注册法人。一是对列入哈政府批准的优先种类名录中的活动（包括实施优先投资项目）进行投资的所有法人都可获得免缴关税、国家实物赠予的优惠。[①] 二是实施优先投资项目的新成立的法人，如其投资额超过 200 万倍的月核算基数，还可享受税收优惠（免缴企业所得税、土地税和财产税）、投资补贴、使用外籍劳务不受配额限制、保持税收和移民政策稳定、"一站式"服务等优惠和便利措施（未注明生效时间的，从 2014 年 6 月 23 日起生效）。三是促进投资的其他措施。根据投资者与哈萨克斯坦国家授权机关签订的投资合同，哈萨克斯坦国家授权机关保证协助哈有关企业采购投资者生产的产品。设立"投资监察员"。

（二）吉尔吉斯斯坦

1. 固定资产投资

吉尔吉斯斯坦道路领域发展顺利，1990—2011 年共吸引约 9.15 亿美元用于公路建设，而 2012—2014 年 3 年间则共吸引了逾 10 亿美元资金，实施了"奥什—萨雷塔什—伊尔克什坦""萨雷塔什—卡拉梅克""比什凯克—纳伦—吐尔尕特""奥什—巴特肯—伊斯法纳"以及"北—南"等公路路段的修复和改造工程。自独立以来，吉尔吉斯斯坦吸引的公路建设资金总额为 19.23 亿美元，已修复的公路总长度达 2687 公里，其中靠融资建设的公路总长度为 2131 公里。此外，1990—2011 年，依靠国家财政预算资金建设的市政道路约 500 公里，而 2012—2014 年已建成竣工的市政道路总长达 435 公里，仅 2014 年用于市政路桥建设的财政预算资金就约达 3400 万美元。

---

① 邹长胜．"后金融危机"背景下哈萨克斯坦国家经济安全评析［J］．特区经济，2015（6）．

2. 吸引外国直接投资

近年来,吉尔吉斯斯坦吸引外国直接投资总金额较少,2013 年和 2014 年分别为 9. 93 亿美元和 6. 09 亿美元,对吉经济增长助力不足。根据吉政府经济部的预估,吉尔吉斯斯坦需要每年吸引占国内生产总值 28%~33%(金额为 15 亿~20 亿美元)的外商直接投资,才能使吉经济跟上世界经济的整体发展潮流,带动吉尔吉斯斯坦国内生产总值每年增长 10%。2014 年吉尔吉斯斯坦吸引外国直接投资总额 6. 085 亿美元,同比下降 36. 9%。其中,最主要的投资领域为:科学技术(占 35%)、加工业(占 27. 2%)、金融中介和保险业(占 14. 8%)、采矿业(占 11. 7%)以及批发与零售贸易、车辆维修等(占 5. 8%)。

2009—2014 年,俄罗斯向吉尔吉斯斯坦提供了 5. 5665 亿美元援助贷款,其中 2. 5665 亿美元为无偿援助款,另外 3 亿美元为贷款。吉政府同俄罗斯天然气公司共同制订吉尔吉斯斯坦国家天然气行业发展规划。俄罗斯天然气工业公司拟对吉全国的天然气供气系统进行改造,投资额达到 340 亿卢布,该项目将于 2020 年前完成。韩国经济发展基金拟投资 1 亿美元发展吉尔吉斯斯坦小水电站;波兰政府向吉提供 4000 万欧元优惠贷款用于支持吉农业领域的发展;中方将向吉提供 3 亿美元贷款实施“北—南”公路二期项目。2015 年,哈萨克斯坦将向吉尔吉斯斯坦提供 6000 万美元援助。

欧亚发展银行近日发布独联体国家经济形势报告,其中称吉尔吉斯斯坦 2014 年净吸引外国直接投资 1. 87 亿美元,同比下降 70%。自 2013 年以来,中国连续第二年成为吉尔吉斯斯坦第一大直接外资来源国(占 33. 2%),同比下降 1. 3 倍。其他主要投资来源国对吉投资都有所下降,其中加拿大(占 13. 5%)、英国(占 9. 2%)和俄罗斯对吉投资分别下降 0. 3 倍、0. 5 倍和 2. 2 倍。外国对吉直接投资的三大领域仍为地质勘探、加工业和金融中介,占总额的 77%。

亚洲开发银行与吉尔吉斯斯坦已合作 20 余年,1994—2014 年亚洲开发银行向吉尔吉斯斯坦提供资金支持总额逾 15 亿美元,实施了能源、教育、改善基础设施和投资环境等领域的多个项目。2014 年 12 月亚洲发展银行和吉尔吉斯斯坦政府签署了协议,向吉提供 1500 万美元援款用于建设比什凯克—吐尔尕特段公路,项目拟于 2017 年完成。2015 年初,亚洲开发银行拟向吉尔吉斯斯坦提供 1.1 亿美元资金(其中,6550 万美元为贷款,4450 万美元为援款),对吉最大水电站托克托古尔水电站进行修复改造,预计在 2021 年竣工。经过改造,吉尔吉斯斯坦内供电能力增加,出口潜力将提高。亚洲发展银行将提供 2200 万美元援助支持吉尔吉斯斯坦教育领域改革。

根据预算,欧盟拟于 2020 年前向吉尔吉斯斯坦共提供 1.84 亿欧元援助,用于支持吉教育体系完善、推动人权和地方农业一体化进程。此前,欧盟就提供了资金支持吉尔吉斯斯坦的教育领域发展,其中,2013 年为 500 万欧元,2014 年为 600 万欧元,2015 年计划是 600 万欧元。截至 2014 年底,欧盟为吉尔吉斯斯坦 2014 年社会保障战略项目共拨款 1300 万欧元。此外,欧盟计划帮助吉政府实施 2015—2015 年社会保障战略,提供 3000 万欧元资金。2014 年底,吉还将从欧盟方面获得 2570 万欧元的资金用于社会发展,其中 1100 万欧元用于个别行业的预算支持,1470 万欧元用于国家重大项目和规划。

(三)塔吉克斯坦

1. 固定资产投资

2014 年塔吉克斯坦固定资产投资明显增长,全年固定资产投资额为 14.97 亿美元,同比增长 25.3%。2014 年塔吉克斯坦主要投资领域有:建筑(32.8%)、能源(17%)、交通及通信(16.3%)、矿产开采(8.7%)等。主要投资来源:国家投资占 42%,私人投资占 28.8%,外国投资占 20.3%。

2. 吸引外国直接投资

2013 年,塔吉克斯坦吸引外国直接投资 3.41 亿美元,累计吸引外资 25.34 亿美元。外资主要投入领域是公路修复、能源开发及贵金属矿开采和加工、食品加工业、发展中小企业等。目前,塔吉克斯坦吸引外资的重点领域是水电站建设、公路修复及隧道建设、通信网改造、矿产资源开采和加工、农产品加工等。[①] 在塔吉克斯坦投资的国家主要有:中国、俄罗斯、哈萨克斯

---

① 中华人民共和国驻塔吉克斯坦大使馆经商参赞处. 塔吉克斯坦吸收外资情况[EB/OL].商务部网站,2014-07-27.

坦、英国、荷兰等。2010—2014年,联合国23个部门已累计向塔吉克斯坦投资3.46亿美元,在塔实施了100个项目,其中包括国家管理、教育、卫生、居民社会保障及农业等各个领域。国际社会投资占固定资产投资比重高。塔吉克斯坦从1998年恢复经济发展后,经济建设一直是在国际组织、外国政府和外国企业的援助下开展,其中固定资产投资涉及能源、道路交通、农村饮用水改善、农产品加工及工业生产等多个领域。截至2014年初,塔吉克斯坦实施国家级投资项目55项,总投资额约22亿美元,其中世界金融组织出资17.46亿美元,占比79.4%,其他国际组织出资3.21美元,占比14.6%,而塔吉克斯坦政府出资1.33亿美元,占比仅6%。塔吉克斯坦全社会固定资产投资中国际资本所占比重较大,反映出塔吉克斯坦当前的经济增长离不开国际社会在其经济各领域的投资。综上所述,塔吉克斯坦在工业、农业、教育卫生及生态环境保护等领域的经济活动不仅缺乏资金,也更加缺乏技术、专业人才及项目经验,这进一步提高了经济增长的对外依存度。

2015年,塔吉克斯坦与世行签署总额为4800万美元的四项协议,以提高塔政府在饮用水、农业灌溉、卫生和教育等领域公共服务的质量。2015年亚行拟对塔吉克斯坦提供7900万美元资金支持,比2014年增加2000万美元,主要用于实施塔吉克斯坦改善投资环境、私营经济、铁路和水资源等领域的项目。塔政府与欧洲复兴开发银行于2015年2月签署的融资协议,由欧行提供2270万美元资金(包括1270万美元无偿援助和1000万美元优惠贷款),用于实施塔部分城市和地区供水系统改造项目。世界银行为支持塔吉克斯坦社会经济稳定发展采取有效抵御危机措施,向塔吉克斯坦给予优惠贷款1.81亿美元,用于实施12个投资项目。2015年上半年世行将拨款1亿美元赠款和优惠贷款用于支持塔吉克斯坦国家预算及实施其他项目。此外,日本向塔吉克斯坦提供31.4万美元无偿援助,主要有以下三个项目:为地区医院泌尿科提供价值9.85万美元的医疗设备;在膨基肯特地区投资10.03万美元建设妇女中心;为吉尔基塔里地区两个村庄投资11.47万美元完善灌溉系统。

3. 投资新政策

2014年2月,吉、塔、阿、巴四国能源部长在美国华盛顿签署了关于实施

CASA-1000项目的政府间协议,根据该协议,将建设从吉尔吉斯斯坦和塔吉克斯坦向阿富汗和巴基斯坦输送电力的输变电线,该项目总金额约为10亿美元,预计2018年建成输电,将成为组建"中亚南亚区域电力市场"的重要一步。一系列金融机构为实施塔吉克斯坦CASA-1000项目提供资金。CASA-1000项目塔吉克斯坦段已确定的资金来源有:欧洲复兴及发展银行、伊斯兰发展银行及科威特发展基金。欧洲复兴及发展银行拟提供6500美元资金以实施CASA-1000项目塔吉克斯坦段;世界银行签署提供4500万美元实施塔吉克斯坦段的协议。除此之外,部分资金将由美国及塔吉克斯坦政府划拨。塔吉克斯坦2015年国家预算中为实施该项目塔吉克斯坦段预计划拨263.69万美元。该项目2015年上半年将选定总承包商,并于6月启动。塔吉克斯坦财政部与欧洲投资银行共同签署了总金额为7000万欧元用于实施CASA-1000项目塔吉克斯坦段。

塔吉克斯坦政府与德国发展银行签署了提供微型融资贷款协议,这个协议在"农村地区金融体系计划"和"居民住宅融资计划"框架内执行。"农村地区金融体系计划"规定由塔吉克斯坦经济发展与贸易部向经过仔细挑选的银行和微型金融组织提供资金用于塔本币索莫尼的转贷。"居民住宅融资计划"则是向农村家庭提供贷款,用于住宅的购买、建设、大修及扩展居住面积。塔吉克斯坦投资和国有资产管理委员会第一季度与国际金融机构新签三项融资协议,总额为6300万美元,其中97%为无偿援助,主要用于实施塔吉克斯坦经济和社会项目。此外,近日世界银行对塔吉克斯坦融资1000万美元,用于实施"塔吉克斯坦国家金融管理现代化项目",旨在提高塔金融管理的效率和透明度。

(四)土库曼斯坦

1. 固定资产投资

2008—2013年,土库曼斯坦固定资产投资增长2.3倍,国家投资占68.5%;近年来非国营部门投资份额显著增加,达20.3%;个体开发商和私营企业主占投资比重达11.2%。资本投资结构也在发生积极变化,按资金来源划分,占比较高的是信贷投资(21.4%),企业自有资金(20.0%),预算资金(17.5%),外国投资(15.7%)。近年来,居民存款额也在增长,达11.0%。这一切都是国家推行的市场经济改革和经济发展战略社会导向的直接结果。需要指出的是,大部分投资是针对社会领域的发展,投入到符合相关国际标准的数百个基础设施项目建设,考虑到每个州区的自然、生产、金融和劳动资源不同,在各地区实施的国家发展纲要也不同,该领域国家投资每年超过20亿美元。此外,国家积极鼓励私有经济发展,2013年私人登记注册的企业占总登记法人的67%,多数是利用自有资金开展工业项目建设。

2. 吸引外国直接投资

从2007年起,土库曼斯坦政府加大了引资力度,利用各种机会宣传土库曼斯坦改革开放政策和良好的投资环境。外资主要来自欧洲国家和中国,投资的主要方向为能源、农业、化工、交通和通信领域。[①] 土库曼斯坦继续大力吸引外资,提出全面计划倡议,进一步吸引外国投资,引进先进技术,为投资创造最便利条件。2013年外国投资占总投资额的21%,主要用于油气资源勘探和开采、轻工和建筑领域。联合国贸发会议发布的2014年《世界投资报告》显示,2013年土库曼斯坦吸收外资流量为30.6亿美元;截至2013年底,土库曼斯坦吸收外资存量为230.2亿美元。

土库曼斯坦石油天然气工业和矿产资源部表示,在2015年产品分成协议下的油气项目外国投资总额将超过35亿美元,2014年为30亿美元。现阶段,土库曼斯坦每年开发约1000万吨石油,主要生产商为土石油康采恩。该国正在实施的天然气开采、出口和深加工超大型项目,总投资大约200亿美元,包括土库曼斯坦—中国天然气管道300亿立方米产能的D线建设等。

土库曼斯坦与韩国签署多项合作协议,在土开展冶金工业新项目合作、土外经银行与韩国进出口银行合作、科技合作协议、避免双重征税和防止偷税漏税公约以及关于纺织技术和其他领域合作等。土库曼斯坦与意大利加强能源合作。土政府期望欧洲国家在内的外国公司参与里海土库曼斯坦区域油气资源开发。自2008年起,埃尼公司向土投资超过15亿美元。

据官方公布,建设土库曼斯坦—阿富汗—巴基斯坦—印度(塔比)天然

① 土库曼斯坦:加大引资力度[J].中国对外贸易,2014(5).

气管道将耗资76亿美元,该管道长1814公里,起于土库曼斯坦东南部到阿富汗后,沿赫拉特和坎大哈城际公路到巴基斯坦,经奎达市和木尔坦市到达印度的旁遮普邦。2014年11月,土、阿、巴、印四国天然气公司成立联合体(TAPI Pipeline Company Limited),决定于2015年上半年进行国际招标选择联合体"领头羊"、年底前确立中标者。

3. 投资新政策

土库曼斯坦对外国投资的优惠措施主要体现在海关、进出口管理、税收、签证制度等方面。根据《外国投资法》规定,外资享受的优惠政策主要包括:一是海关优惠。对作为外资企业注册资本投入的财产和用于企业生产产品所需的财产免征关税和海关手续费等。二是进出口产品优惠。外资企业有权出口自产产品(含工程、服务)和进口自需产品(含工程、服务),无须办理许可证等。三是税费减免。在首批投资回收期内,以可自由兑换货币所进行的投资额占注册资本的30%以上的外资企业,免缴红利税,企业免征利润税;将利润用于再投资的外资企业,在首批投资回收后,对其再投资的部分予以免税;投资项目和外资企业的注册免征注册手续费;外国投资者运抵土库曼的设备、材料免征认证服务费等。四是简化签证制度。外国投资者、外资企业中的外籍员工及家属有权取得不少于一年的多次往返签证等。此外,《外国投资法》还规定,当土库曼斯坦有关外国投资的法律发生变化并导致外国投资者、外商投资企业享受的法律待遇降低时,外国投资者有权要求将其投资注册时适用的法律保持10年不变。除一般性优惠政策外,土库曼斯坦政府还对在阿瓦扎国家级旅游区(属自由经济区)内开展投资活动的外国投资者提供了一系列特殊优惠。①

(五)乌兹别克斯坦

1. 固定资产投资

据乌兹别克斯坦国家统计委员会数据,2014年,乌兹别克斯坦固定资产投资总额146亿美元,同比增长10.9%;固定资产投资占GDP的比重为23.3%,同比增长0.1%。2014年,乌加大对公路、铁路方面的投资。新修和

① 刘娜.土库曼斯坦:多元化战略向世界敞开合作之门[N].中国联合商报,2010-08-30.

补修公路 213.6 公里。在铁路方面投资相对较大，乌国家铁路公司 2014 年计划投资 3.2 亿美元，用于现代化生产和基础设施建设。投资 1210 万美元于喀什—铁尔梅兹铁路电气化项目，该项目的实施，有利于促进中乌两国的经贸发展。

由于一批大型生产设备工艺改造、道路交通及基础设施项目的实施，2014 年，乌兹别克斯坦投资额约为 146 亿美元，同比增长了 10.9%；国外投资和贷款 30 亿美元，超过投资总额的 21.2%。2014 年，私企自有资金投资额为 43 亿美元，同比增长 10.3%，占总投资额的 30%。商业银行投资额 17 亿美元，同比增长 20%，其中 73%的投资用于生产建设，40%的投资用于机械设备采购。此外，乌兹别克斯坦政府鼓励发展高新技术生产，对本地原材料进行高科技深加工项目予以投资政策上的支持，2014 年共有 154 个总价值 42 亿美元的现代化高科技设备改造项目投产。

2015 年上半年，乌兹别克斯坦固定资产投资为 72.7 亿美元，占国内生产总值的 25%，其中外国直接投资和贷款占投资总额的 11%，即 8 亿美元，同比增长 0.3%。2015 年上半年乌兹别克斯坦投资纲要项下实施项目 63 个，总额 1.6 亿美元。在工业特区内实施 5 个项目，总额 1610 万美元。

乌兹别克斯坦已出台《吉扎克工业特区 2013—2015 年交通、生产和工程通讯基础设施发展规划》，包括新建和改造公路和铁路基础设施，发展供水、灌溉和排污系统，改造供电和供气网络等，计划实施 17 个项目，总额超过 4830 万美元，其中 2940 万美元将于 2015 年底前执行完毕，其余 1890 万美元将于 2018 年底前执行完毕。乌国家财政将划拨 2130 万美元资金保证 2013—2014 年建设需求，国际金融机构将提供 450 万美元，企业提供自有资金 290 万美元，用于实施 5 个公路项目、3 个铁路项目、5 个供水和排水项目、2 个供电和供气项目。至 2015 年底，将投入 2030 万美元建设和改造 21 公里公路，投入 2250 万美元建设和改造铁路基础设施，投入 40 万美元建设和改造供电网络，投入 50 万美元改造供气网络。2013—2018 年，将投入 2480 万美元发展供水、灌溉和排污系统。

乌兹别克斯坦复兴发展基金 2015 年将提供 9 亿美元贷款，用于实施国家投资规划中的 34 个项目。项目涵盖能源、石油天然气、化工、冶金和交通等领域，总额 190.3 亿美元。2015 年乌复发基金将主要投向燃料能源领域，为 5.7 亿美元；化工领域，为 1.7 亿美元；交通领域，为 6060 万美元。

2. 吸引外国直接投资

在乌兹别克斯坦刚独立阶段，外国直接投资基本上为零，到 2003 年，共吸引外资和贷款总额接近 120 亿美元，大部分都是由政府提供担保的外国银行贷款。随着投资环境的改善和经济发展，乌兹别克斯坦日益重视外资在经济发展中的推动作用，加大引进外资和先进技术，形成外国直接投资不断增多，而政府担保投资的比重有所下降的趋势。到 2009 年达到了最高，其占总外资额的 85%。2011 年，乌兹别克斯坦与 180 多个国家和地区建立了双边贸易合作关系。2012 年 4 月，乌兹别克斯坦国发布有关鼓励外国直接投资的总统令，乌兹别克斯坦使用外资和金融机构贷款额同比增长 35.5%，其中外国直接投资增长 44%。① 乌兹别克斯坦独立以来总计吸引投资逾 1800 亿美元，其中 600 多亿美元为外国直接投资。据乌兹别克斯坦国家统计委员会数据，2014 年乌兹别克斯坦共使用外国直接投资和贷款 23 亿美元，同比增长 9.3%。乌兹别克斯坦出台“总统令”批准了 2015 年投资纲要。2015 年拟使用 35 亿多美元外资，涉及 156 个投资项目。其中：拟使用政府担保下外国贷款 9.65 亿美元，涉及 76 个项目；外国直接投资 25.7 亿美元，涉及 80 个项目。使用外资最多的领域为燃料能源领域，金额 22.9 亿美元，涉及 35 个项目。国外油气公司直接投资 20.7 亿美元，涉及 15 个项目。2015 年，乌兹别克斯坦将利用外资建设一系列能源项目，较大的项目包括韩国天然气公司在乌西北部地区建设的乌斯纠尔气化厂，总造价 41 亿美元；中国石油天然气公司修建的“中国—中亚天然气管道”D 线，总价值为 8 亿美元；俄罗斯卢克石油公司投资 5.87 亿美元，用于 2 个石油和天然气“产品分成”项目，总造价 80 亿美元。②

2015 年，乌兹别克斯坦投资纲要将实施 446 个项目，其中外国投资和贷款项目 156 个，总额达 290 亿美元。从融资来源上看，80 个项目资金来源于

---

① 依马木阿吉·艾比布拉，哈尔泥沙·热合姑曼．乌兹别克斯坦引进外资及其政策[J].欧亚经济，2014(12).

② 李垂发．乌兹别克斯坦：加快引进外资和技术[N].经济日报，2015-01-16.

外国公司直接投资和欧亚国家商业银行贷款，其余 76 个项目通过政府担保吸引国际金融机构的优惠贷款。这些金融机构包括世界银行、亚洲开发银行、伊斯兰开发银行以及中国、韩国、日本、法国、德国等国家的贷款机构。计划吸引的外资中直接投资占 75%，优惠贷款占 25%。从外资投向领域看，拟吸引外资最多的领域是石油天然气和石化领域，紧跟其后的有能源、信息技术、道路交通基础设施，建材、轻工、皮革和化工等领域。社会领域投入最大的是供水项目，其次为灌溉、土壤改良以及卫生和教育领域。①

2015 年上半年，乌兹别克斯坦共接受援助 107 笔，总额 9540 万美元。第一季度接受援助 76 笔，总额 4960 万美元。第二季度接受援助 31 笔，总额 4580 万美元。2014 年乌兹别克斯坦政府获得国外赠款 169 笔，金额约 2.16 亿美元。2013 年乌兹别克斯坦共接受援助 2 亿美元，占国内生产总值的 0.35%。2008—2013 年共接受援助 8.6 亿美元，主要投向卫生领域，占总援助金额的 36.4%。亚洲开发银行是为乌兹别克斯坦提供援助最多的机构。

2015 年 1 月，乌兹别克斯坦与日本签订 38 亿美元投资贷款协议，涉及电能、油气、化工、纺织、电气、电信、旅游以及交通基础设施等领域。日本向乌兹别克斯坦提供 3800 万美元援助推广日本热电联产燃气轮机技术。日本还向乌兹别克斯坦提供 1 亿美元贷款用于泵站改造项目，贷款为日元贷款，期限 30 年（含宽限期 10 年），利率 1.4%（咨询费 0.01%）。自 1995 年起，日本已在“小型社会项目无偿援助计划”项下为乌实施了 341 个项目，金额累计达 2220 万美元。此外，韩国政府将向乌政府提供 600 万美元援助，用于提高传染病患者诊断水平。

3. 投资新政策

目前，乌兹别克斯坦吸引投资的主要法律有《外国投资法》《投资活动法》等。乌兹别克斯坦没有出台禁止、限制外国投资的法律法规，外国投资者可以设立合资企业、外商独资企业、获取私有化企业部分或全部股份。乌兹别克斯坦吸引外资政策的重点是欢迎外国投资者利用当地资源和原材

① 中国驻乌兹别克斯坦共和国使馆经商参赞处.2015 年乌兹别克斯坦投资纲要将实施 446 个项目[EB/OL].商务部网站，2015-04-05.

料，建立大型生产企业和对中小企业集资，企业的法定资金、投资所占比例越大，获得的优惠政策和待遇就越多。乌吸引外资主要优惠政策包括：一是总统令进一步加强外资吸引力度。2012 年 10 月签署《关于促进外资吸引补充措施的总统令》，规定无线电子工业、轻工业、建材业、食品工业等生产领域企业免除法人利润税、财产税、社会基础设施营建税、小微企业统一税以及共和国道路基金缴费，享受优惠政策期限由直接外国投资额决定。二是工业特区为企业提供更多的优惠政策。纳沃伊自由工业经济区内企业免除土地税、财产税、利润税、社会基础设施税、小企业统一税、共和国道路基金缴费。免除以上税种期限由投资额决定。安格连特别工业区将运行 30 年，并可延期，区内实行优惠的税收和海关政策。园区内企业将免缴利润税、法人财产税、基础设施税、小企业统一税、共和国道路基金缴费。同时免缴海关税（海关手续费除外），非本地生产的用于乌内阁批准项目所需的材料和配件免缴海关税。优惠政策期限由投资额决定。

二、中亚五国投资发展环境及其演变趋势

（一）经济趋势

加入欧亚经济联盟有望助吉尔吉斯斯坦实现经济转型。吉尔吉斯斯坦的主要经济产业是商品转口贸易，而加入欧亚经济联盟将为吉经济转型提供机遇。在贸易方面，“入盟”将为吉尔吉斯斯坦打开 1.8 亿人口的市场，海关与行政壁垒的取消可以推动吉尔吉斯斯坦纺织品、鞋类、食品和农产品对联盟其他成员国的出口，有望使吉与俄、白、哈三国间贸易额在未来 3 年内翻一番。同时，“入盟”还将提高吉尔吉斯斯坦对外资的吸引力，使吉充分发挥其劳动力、电力、土地和房地产的价格优势，带动其相关出口导向型产业的发展，有望使吉尔吉斯斯坦产品在欧亚经济联盟境内拥有比中国商品更大的价格竞争优势。吉尔吉斯斯坦财政部发布了《2014 年国家财政预算和 2015—2016 年预测报告》。其中称，吉尔吉斯斯坦的中期投资政策将致力于改善投资环境，实施“国家稳定发展战略”中提出的大型投资项目，提供银行体系的可靠性，减少商业经营中的官僚主义及行政壁垒等。预计未来 3 年

内,吉尔吉斯斯坦吸引的外资总额将年均增长 6.9%。

国际金融机构普遍下调对塔吉克斯坦的经济增长预测。亚行、世行、欧行及 IMF 等国际金融机构普遍认为 2015 年塔吉克斯坦的经济面临巨大下行压力,主要受俄经济下滑和塔主要出口商品国际市场价格疲软等因素的共同影响。亚行预测塔 2015 年经济增长 4%,世行预测塔经济增长不超过 6%,欧行预测塔经济增长 4.4%,而 IMF 预测塔经济增长 3%。

土库曼斯坦根据《2011—2030 年社会经济发展纲要》,拟在未来 20 年维持较大投资力度,以保障经济快速增长和居民生活水平持续提高。土库曼斯坦将继续发展石油天然气开采及加工、纺织工业和电力工业,并将其作为国家三大支柱行业。土库曼斯坦政府制定了《2030 年前油气发展纲要》,提出要加大油气勘探开发力度,提高油气产量。据保守估计,到 2015 年,天然气年开采量将达到 900 亿立方米,到 2020 年达到 1400 亿立方米,2030 年将达到 2300 亿立方米。①

据乌兹别克斯坦政府统计,乌外资主要流向石油、天然气、石化和汽车制造业等领域。由于政府贷款力度不断加大,国家外债占 GDP 比重有所上升。在国民经济领域中,工业和服务业将继续成为促进经济增长的主要动力。工业产值的增长主要依托租赁业和国外投资,服务业增长主要依靠国内不断增长的内需。农业将保持稳定增长。政府将利用复兴改造基金发展基础设施,并对工业进行现代化改造。② 国家计划扩大银行小额贷款力度,同时调高工资、福利待遇和退休金。未来两年内,受国内基础设施建设和现代化改造影响,乌外债余额占 GDP 比重还将略有上升。

(二)政策变化

1. 哈萨克斯坦

平抑外部经济冲击保障社会经济发展是 2015 年哈萨克斯坦经济政策的主要方向;保持宏观经济环境的稳定,实施积极的财政政策,实现经济稳增

① 赵青松. 中国与土库曼斯坦经贸合作的历史、现状及前景展望[J].新疆财经,2013(12).

② 中华人民共和国驻乌兹别克斯坦经商参赞处. 2012 年乌兹别克斯坦国民经济发展现状及未来 3 年经济发展预测[EB/OL].商务部网站,2013-07-11.

长，提高哈萨克斯坦经济综合竞争力为经济政策的主要任务。2015 年哈萨克斯坦经济政策方向的主要内容有：全面实施"光明大道"的新经济政策，大力推动基础设施建设；提高哈萨克斯坦经济综合竞争力，大力扶持中小型企业；保障宏观经济环境的稳定；实施积极的财政政策，改善银行状况。①

加入世贸组织是提高国家生产竞争力的必经之路。世贸组织框架内独特的经济条件也将成为哈萨克斯坦新的投资优势。国家"入世"的条件可以在推动出口和投资的同时，不会给国内经济造成损失。目前，欧亚经济联盟中 5 个成员国中有 3 个国家已经"入世"，分别是亚美尼亚、俄罗斯和吉尔吉斯斯坦。哈萨克斯坦在起草欧亚经济联盟协议文本时，已经考虑到将所有条约法律的基础与世贸规则相协调。根据规定，世贸规则框架内的义务具有优先权。比如，现行的统一关税将根据俄罗斯所需承担的义务进行下调。欧亚经济联盟和世贸框架内都为哈萨克斯坦提供了过渡期，如 2015 年 1 月 1 日签署的"地下资源领域本地化协议"有效期持续至 2023 年。对于国内出口商而言，"入世"将会降低很多国家的贸易门槛，并且提供一套有效的机制解决贸易争端。

为了吸引本国和外国投资者，哈萨克斯坦实施《对哈萨克斯坦共和国部分与完善投资环境有关的法规进行修订和补充的法律》，该法律规定，改善加工业现有投资环境，在其范围内执行额外的国家支持措施：免除企业所得税 10 年，免除土地税 10 年，免除财产税 8 年，在投资项目投运后国家补偿投资者 30%的固定资产投资费用（投资补助）。从签署投资合同起的 10 年内保障税费（增值税和消费税除外）的稳定性。上述优惠政策仅适用于符合国家加速工业创新发展纲要中规定的优先领域中投资不少于 2000 万美元的新投资项目。将推行"投资申诉员"制度，从法律上保障投资者的权益。

哈萨克斯坦 2050 年国家发展战略，其具体任务主要包括加速推进创新工业化发展，促进传统矿产油气等资源开采领域的发展，保障城市化、交通和能源三大板块的基础设施建设等，加强与中国双西公路运输走廊和杰兹

① 中华人民共和国驻哈萨克斯坦经商参赞处．2015 年哈萨克斯坦经济政策主要方向[EB/OL]．商务部网站，2015-01-09.

卡兹甘—沙尔卡尔—别伊涅乌新铁路的建设项目合作，同时提升海关便利化水平[①]。纳扎尔巴耶夫总统将国家战略定义为哈萨克梦，这与中共十八大提出的“两个一百年”的中国梦高度契合，丝绸之路经济带是连接并推动这两个梦想实现的共同媒介和动力。[②]

哈萨克斯坦 2014 年制订“光明之路”计划，重点在于国内推进基础设施建设，基础设施项目主要涉及交通、工业、能源、社会和文化等领域，保障经济持续发展和社会稳定。哈萨克斯坦计划在 2015—2017 年投资 90 亿美元用于实施“光明之路”计划。其中包括在 2015 年完成霍尔果斯口岸经济特区基础设施第一期工程，以及阿克套等地油气设施建设。此外，哈萨克斯坦将加强运输基础设施建设，以重点口岸带动周边地区发展，加强地区间公路、铁路和航空运输能力。[③] 该政策旨在通过投资来加强物流交通口岸等领域的基础设施建设，这与丝绸之路经济带主要含义高度契合，两大构想的互补性有助于促进中哈经贸投资的深层次合作。[④]

2. 吉尔吉斯斯坦

在经济转型期间，吸引外商投资是吉尔吉斯斯坦改善国内经济运作形式的重要工作。从整体上来讲，吉引资的规模都是比较小的，并且存在外资来源地集中、投资领域分布不均衡的现象，这与吉尔吉斯斯坦的投资环境、实体经济发展方向、为外国投资者所提供的优惠政策有直接的关系。目前，吉尔吉斯斯坦的外商投资立法体系已经比较完善，并且其投资法律环境也有较大改善。吉尔吉斯斯坦所颁布的新税法中对外资企业给予了较多的优惠，新的税法中对企业的关税、增值税、所得税等都制订了一系列的优惠政策，其中企业所得税为 10%，一些小型的贸易公司的所得税税率为 4%，增值税不仅降低到了 12%，还对一些免缴增值税的商品与服务名录予以了规定。自由经济区投资优惠政策以及税收优惠政策等在吉尔吉斯斯坦引进外国先

① 哈萨克斯坦总统就 2050 年国家发展战略部署具体任务[EB/OL].中国日报网，2014-01-18.

② 孙坤杰，段秀芳.“丝绸之路经济带”背景下新疆对哈萨克斯坦外贸发展探究[J].新疆农垦经济，2015(5).

③ 哈萨克斯坦宣布“光明大道”新经济计划[EB/OL].新华网，2014-11-12.

④ 孙坤杰，段秀芳.“丝绸之路经济带”背景下新疆对哈萨克斯坦外贸发展探究[J].新疆农垦经济，2015(5).

进生产服务技术、管理经验、资本等方面发挥着互补的作用，这些优惠政策对于外资的投资具有很强的吸引力。①

2014 年 1 月 11 日，吉尔吉斯斯坦总统阿塔姆巴耶夫签署了由议会审议通过的新版《自由经济区法案》，该法案旨在促进吉尔吉斯斯坦自由经济区制度更加高效与现代化，包括为保证经济区的良好运营与发展制订相关国家政策、加强政府部门间协作，以及创造便利条件推动区域经济增长、提高吉尔吉斯斯坦公民工作积极性等。

3. 塔吉克斯坦

近 5 年内塔吉克斯坦政府在国家基础设施建设方面投入资金约 10.14 亿美元。未来 3 年，塔政府拟继续投入超过 5 亿美元用于基础设施领域，以保障塔能源独立，解决交通运输困境，保障粮食安全。塔吉克斯坦不像其他中亚国家那样拥有丰富的资源，对该国来说，中国的“丝绸之路经济带”是一条生命线。2014 年中国称将在 3 年时间内投资至少 60 亿美元，这相当于塔吉克斯坦国内生产总值的约 70%。中国在塔吉克斯坦实打实地完成了一系列项目，从战略性公路到输电线路、水泥厂与黄金采掘项目。两国的伙伴关系一年比一年好。随着中国现在持有塔吉克斯坦的外债占该国外债总值的近一半，塔吉克斯坦出现了一种担忧，那就是对俄罗斯的传统依赖变成了对中国的依赖。

塔吉克斯坦政府非常重视经济发展规划的制定和实施，2004 年塔吉克斯坦发布《2015 年前塔吉克斯坦共和国经济发展纲要》，2007 年发布《塔吉克斯坦共和国截至 2015 年的国家发展战略规划》，该战略规划了塔吉克斯坦有关优先发展领域和实现经济可持续发展的总体方向，明确了交通、能源和粮食安全三大发展战略，确定了工业、建筑、交通、通信和中小企业等领域 129 个经济发展指标的目标值，还对消费、外贸、社会、科技、环境保护和投资环境、财政金融体制等重点领域进行了规划，同时颁布了相关的配套法律。塔吉克斯坦计划至 2020 年实现依靠自己的石油加工厂满足石油产品的一半需求。目前塔吉克斯坦有两家石油加工企业，到 2018 年末还将建设两家这

---

① Muratov Bektur. 吉尔吉斯斯坦经济转型中投资环境及中国对其投资前景的分析[J].法制与社会，2015(2).

样的企业,年产石油10万吨和120万吨。塔吉克斯坦将制定纺织业发展5年新战略,瑞士政府将对此提供援助。新战略将致力于确定塔纺织业发展制约性因素,挖掘塔纺织业发展潜力,提高纺织产品竞争力等。

世行专家称塔吉克斯坦吸引外资有很大局限性。世行在其完成的《全球经济展望》报告中称,塔吉克斯坦从2008年起年平均投资总额大约占GDP的15%,这是非常低的区域和国际标准。国家投资占总额的80%或GDP的12%,私人投资占总额的20%或GDP的3%,远低于欧洲和中亚发展中国家平均水平。世行专家称塔吉克斯坦投资面临的主要障碍是:基础设施落后特别是能源供应不足,法制薄弱,尤其是涉及产权、税收政策及管理方面更制约着塔吉克斯坦经济的发展,提高私人投资水平及发展新业务是增加就业必要的先决条件。

4. 土库曼斯坦

当前,土库曼斯坦面临的最大挑战是经济发展过度依赖天然气出口,国际能源价格波动给宏观经济的稳定性带来较大风险。为此,政府提出一些经济改革方案,如增加高科技行业和制造业方面的投资,拟大力发展私营经济。2015年土库曼斯坦经济发展目标指出,要大力发展私营经济,达到GDP(不含能源领域)比重的65%。为支持私营经济发展,国家将拨付3亿马纳特或1亿美元作为专项贷款资金。

2003年政府制定了《2020年以前土库曼斯坦政治、经济和文化发展战略》国家纲要,提出要确保国家实现下列目标:把土库曼斯坦建成一个社会经济发展指标达到世界高水平、居民生活保障程度达到高水准的快速发展的强国。其中三大首要任务是:以经济高速发展、新生产工艺的应用、劳动生产率的提高为依托,保持经济的独立与安全,使土库曼斯坦达到发达国家水平;保持人均生产总值持续增长;保持高度的投资积极性,增加生产型项目建设。①

5. 乌兹别克斯坦

为应对国际金融危机影响,加强本国经济建设,解决国内资金不足问

① 中华人民共和国驻土库曼斯坦经商参赞处.2020年以前土库曼政治、经济和文化发展战略[EB/OL].商务部网站,2004-08-14.

题，乌兹别克斯坦政府制定了引进外来资金和技术的计划，采取多项措施改善投资环境。据乌兹别克斯坦官方媒体报道，近日乌兹别克斯坦政府批准了 2015 年引进外资计划。根据这一计划，2015 年乌兹别克斯坦计划引进外资总额为 35.34 亿美元，用于 156 个投资项目。在这些资金中，9.65 亿美元是由政府提供担保的外来贷款，直接外来投资为 25.69 亿美元。从投资领域来看，用于能源领域的外来资金最多，达 22.99 亿美元，其中用于乌石油天然气领域的外资为 20.71 亿美元。①

近年来，乌兹别克斯坦政府制定了经济发展规划，努力吸引外资，并加大投资力度，改善经济结构，推动工业现代化和基础设施建设。当前，乌兹别克斯坦吸引的外资主要集中在石油、天然气、石化和汽车制造业等领域。据国际货币基金组织预测，受国内基础设施建设和现代化改造影响，乌外债余额 2013 年约占 GDP 的 19.3%，今后这一趋势有可能还会随着投资增加而有所扩大。在国民经济领域中，工业和服务业成为促进经济增长的主要动力，其中工业产值的增长主要依托租赁业和国外投资。

乌兹别克斯坦政府拟通过 2015—2019 年近期及长期发展纲要，调整经济结构，引导主要工业领域向现代化和多元化方向发展。为此，政府编制了包含 870 个大型投资项目、总投资额达 380 亿美元的清单，包括新建企业 415 家，并对 455 家现有工业企业进行设备工艺的现代化改造。具体领域包括纺织成品和半成品、油气原料的深加工、电子及家用电器、日用化工、现代建筑装潢材料、皮革、食品及制药工业等。为使上述工业领域的产品具有国际竞争力，乌兹别克斯坦将引进国际战略投资者和世界领军企业。纲要的实施预期将达到如下效果：一是高附加值产品的生产超前发展，在机械制造、石化、化工、纺织、食品工业领域将开发出约 1000 个新的工业品种；二是 5 年内工业产值将增长 50%，到 2020 年工业占 GDP 的比重将从目前的 24% 提高到 27%；三是高科技产品的出口继续增加，并创造 5.2 万个新的就业岗位。

乌兹别克斯坦将在未来 5 年大力发展轻纺工业，政府计划在 2020 年前

① 李垂发．乌兹别克斯坦：加快引进外资和技术[N].经济日报，2015-01-16.

在纺织和轻工业领域落实 80 多个项目,总金额超过 10 亿美元。为此,乌兹别克斯坦政府还制定了《2015—2020 年纺织和轻工业发展纲要》。上述项目的实施将使乌兹别克斯坦国内皮棉加工比例提高至 60%。

(三)便利条件

1. 哈萨克斯坦

哈萨克斯坦将开发 1900 亿坚戈的农产品加工项目。当前,哈萨克斯坦国内优先发展方向是推动加工业中可确保高附加值生产的行业发展。因此,国内计划实施 15 个外资参与的大型农业项目,总投资额达 1900 亿坚戈。在此框架内将成立 3 个禽肉加工场,投资额达 600 亿坚戈,生产能力超过 9 万吨/年;实施一系列牛奶加工、谷物深加工和油脂品加工项目;实施 4 个肉产品加工项目。欧亚农业控股公司将成立肉产品联合生产项目,生产能力达 1.7 万吨/年,内设废料加工生产线,如角、皮、蹄和动物血再加工等,最终实现无废料生产。①

2020 年前,哈萨克斯坦将投资 200 亿美元用于发展交通基础设施,主要涉及东—西的基础设施,其中包括到里海方向,甚至是到阿塞拜疆、格鲁吉亚和土耳其方向的基础设施。还将投资建设新的别伊涅乌—热孜甘孜干铁路线和开发第二条至中国方向的铁路通道(阿尔腾格里—霍尔果斯),目的是为最大限度地吸引从中国到波斯湾和外高加索的过境运输规模,建设必要的基础设施。

国家加速发展工业规划仍然是国家生产力提升和经济多样化的关键方向。未来 5 年哈萨克斯坦必须集中力量实施具体项目,形成至少 3~4 个哈本土出口品牌。实施“民族冠军”的倡议,支持机器制造业和食品工业的中型重点企业,形成韩国三星和 LG 那样的品牌。通过名牌产品可以延伸经济发展,开发小型商业。为此需要制定一揽子金融和方法论支持措施,吸取外国投资。

哈萨克斯坦农业领域拥有巨大的尚未开发的投资潜力。哈萨克斯坦国

---

① 中华人民共和国驻哈萨克斯坦经商参赞处．哈萨克斯坦将开发 1900 亿坚戈的农产品加工项目[EB/OL].商务部网站,2015-05-13.

土面积位居世界第九，拥有独特的农业资源。从地理位置看，哈萨克斯坦靠近传统地区市场和中国、印度及中东地区等新兴市场。拥有的大规模农业资源对于吸引本国和外国投资者具有巨大的尚未开发的潜力。尽管面临外部经济环境困难和地缘政治挑战，但"哈萨克斯坦继续显示出经济增长和对投资者们的吸引力"。

2. 吉尔吉斯斯坦

吉尔吉斯斯坦地处欧亚腹地，既是上合组织成员国，又位于丝绸之路经济带上，而且即将成为欧亚经济联盟成员国。吉尔吉斯斯坦希望利用自身特点和优势，为丝绸之路经济带与欧亚经济联盟进行对接以及上合组织开展务实经贸合作发挥积极作用。吉尔吉斯斯坦具有显著的地缘优势，可以很好地连接欧亚经济联盟和上合组织各个成员国。此外，吉尔吉斯斯坦还是中亚地区最早加入世界贸易组织的国家，在运用世贸组织各项法律和技术规范方面拥有丰富经验。吉尔吉斯斯坦希望利用这些优势，通过与中国、俄罗斯、哈萨克斯坦等国相互协商和对话解决多边经济合作机制对接中产生的问题，获得各国具有共识的成果。

近年来，吉尔吉斯斯坦积极利用关税方面的优越条件，大力发展转口贸易，已经发展成为中国商品辐射中亚乃至独联体地区的集散地。吉尔吉斯斯坦加入欧亚经济联盟将给来自中国等国家的商人和投资者提供新的发展机遇和空间。吉尔吉斯斯坦积极鼓励中国投资者在本国优先发展制造业、农副产品、能源、旅游等领域进行投资或建厂，这样可以将中国活跃的资金和先进的技术经验引进吉尔吉斯斯坦，同时投资者也可享受吉政府提供的优惠政策，还能解决贸易不平衡问题，更可带动本地区多个国家不同行业的发展，可谓一举多得。

基础设施建设惠及整个地区。吉尔吉斯斯坦毗邻中国西部边陲，地处中亚五国中东部，地理位置优越。吉尔吉斯斯坦正努力利用地缘优势，依托中国互联互通项目，发展基础设施建设，连接起上合组织地区的交通物流、贸易以及电力、通信。近年来，中国路桥等中国企业在吉尔吉斯斯坦修建了北南公路一期等多条跨国公路，在吉尔吉斯斯坦境内逐渐形成交通网络，有效沟通了中国、吉尔吉斯斯坦、乌兹别克斯坦、哈萨克斯坦等周边国家。而新疆特变电工则通过修建南北输电项目打通了吉尔吉斯斯坦南北电力大动脉,获得广泛赞誉。途经吉尔吉斯斯坦的中亚天然气管道D线,带动了沿线地区经济社会的发展。吉尔吉斯斯坦同时还在与中国积极探讨建设中吉铁路的项目。

上合组织经贸合作近年来不断开拓发展,务实创新。"一带一路"构想和互联互通项目更是为上合组织国家经济发展提供了重大机遇。目前,中吉之间已修建、修复了多条国际公路,交通物流日益顺畅便捷。今后,如果中吉铁路项目成功实施,吉尔吉斯斯坦将打通与乌兹别克斯坦、土库曼斯坦、阿塞拜疆乃至通往欧洲的铁路线,届时吉尔吉斯斯坦将获得通往更广阔市场的通道,沿线各国也将从中获利。

3. 塔吉克斯坦

瑞士将资助塔吉克斯坦建设供水项目。两国政府签署了"塔吉克斯坦供水项目2期工程"协议。该项目总额为1800万美元,旨在提高塔吉克斯坦北部一些城市及霍罗格市的供水系统,其中900万美元由瑞士政府以赠款方式提供,900万美元由欧洲复兴开发银行赠予,项目实施期限到2018年。

中国企业对塔吉克斯坦直接投资踊跃,到2017年底将对塔实体经济投资约15亿美元,主要投资领域包括:采矿业、建材业、石油产品加工业等。未来几年中国计划对塔斯克斯坦投资几十亿美元,用于实施中国—中亚天然气管道(塔吉克斯坦段)项目及水泥厂、纺织厂等项目。一般中国投资不附加任何条件,主要投向塔工业领域,并能创造新的就业机会,有利于塔吉克斯坦社会经济发展。

世界银行决定2015—2020年对塔吉克斯坦提供4500万美元贷款和援助。用于实施交通领域建设项目,其中3825万美元为优惠贷款,675万美元为援助贷款。世界银行还将投资1350万美元用于改善塔吉克斯坦市政基础设施。由于塔吉克斯坦的小城市几乎80%的基础设施都需要修复,建设困难很大。新项目将向这些城市的居民提供帮助,包括改善供水服务、当地卫生及固体废物的有效利用、路灯及道路的修复,该项目将在未来4年内实施。此外,世界银行投资2200美元帮助塔吉克斯坦实施农业商业化项目。塔农业部在联合国农业组织的支持下制定了该项目的实施细则,对5种农产品

（杏、柠檬、西红柿、牛奶和肉制品）进行了价值链分析，该项目将在2015—2021年期间实施。为协助塔吉克斯坦应对危机，亚洲开发银行也进一步扩大对塔援助。双方制定2016—2020年亚行对塔援助战略，亚行表示将扩大对塔援助规模，以提高塔吉克斯坦的应对危机的能力。2015—2017年，亚行将对塔吉克斯坦提供援助贷款2.4亿美元。

4. 土库曼斯坦

根据《土库曼斯坦2011—2030年国家社会经济发展纲要目标》，土库曼斯坦的人均国内生产总值2015年达到2.17万美元，2020年达到3.2万美元。2030年石油产量达到6700万吨，天然气产量达到2300亿立方米，其中出口1800亿立方米。扩大能源出口市场，增加现有管线出口能力，推动土库曼斯坦阿巴印天然气管道和跨里海天然气管道。发电量达到255亿千瓦时，其中出口110亿千瓦时。化工、纺织、交通通信、卫生、旅游等各行业前景规划广阔，农村、农业和地方建设有条不紊，现行的社会福利政策长期持续保持。

自习近平总书记提出共建丝绸之路经济带以来，土库曼斯坦总统表示土库曼斯坦将积极参与重振丝绸之路经济带，这个倡导的提出不仅为土库曼斯坦企业的发展提供了良好的机遇，也为中土两国企业开展经济合作提供了友好的交流平台。2014年5月，土库曼斯坦参加了中国丝绸之路经济带国际博览会以及第十八届东西方投资和贸易合作论坛。其代表团中包括从事轻工业、准服装生产、地毯制作以及其他工业领域的企业家和联盟成员。中国是土库曼斯坦最大的经贸伙伴，中资企业在土库曼斯坦也享有很好的声誉。目前，在土库曼斯坦有37个中资企业参与交通、通信、纺织、建筑等行业建设，有27个企业投资总额超过50亿美元。今后，双方还将在化工、农业以及加工业等领域拓展合作。

5. 乌兹别克斯坦

2015年2月世界银行批准向乌兹别克斯坦提供1.95亿美元贷款用于修建安格连—帕普铁路。贷款由国际复兴开发银行提供，贷款期限25年，有5年优惠期。安格连—帕普铁路连接费尔干纳盆地各州与乌中部地区，进而形成全国统一铁路网。根据世界银行测算，该铁路的修建可以使760万人使用铁路，小企业家因此拓宽市场并提高利润，纺织和服务领域就业岗位也因此而增加。该项目金额为 16. 33 亿美元，其中 10. 89 亿美元来自乌铁路公司、国家预算和复兴发展基金。中国进出口银行提供 3. 5 亿美元贷款用于隧道建设，世界银行提供 1. 95 亿美元贷款。根据乌方计划，该铁路拟于 2016 年 4 月竣工，7 月投入使用。

世界银行援助乌兹别克斯坦 7000 万美元用于改善学前和中等教育。2014 年 6 月 28 日，全球教育伙伴组织董事会决议向乌兹别克斯坦提供 4990 万美元的无偿技术援助，用于落实学前和中等教育改善项目。2014 年 10 月，乌兹别克斯坦政府与世界银行签署了援助协议，约定世界银行作为全球教育伙伴组织的执行方，为该项目提供融资支持，项目执行期为 5 年（2014—2018 年）。

乌兹别克斯坦政府近日出台了关于落实咸海国际会议期间所达成协议的措施的政府令。根据咸海国际会议期间与国际金融机构、援助国达成的协议，总计签订了 30 亿美元的咸海流域国别、区域项目协议，其中长期优惠贷款 19 亿美元，技术协助资金与无偿援助 2 亿美元。乌兹别克斯坦政府批准了缓解咸海流域生态危机后果国别项目清单，总金额 29. 71 亿美元（贷款 20. 68 亿美元），以及区域项目清单，总金额 8020 万美元。亚洲开发银行、伊斯兰开发银行、世界银行、日本国际协力机构等世界金融机构与组织将参与项目实施。

（四）投资前景

哈萨克斯坦总统纳扎尔巴耶夫与中国国家主席习近平在考虑到哈新经济政策“光明大道”与中国的“一带一路”构想高度契合的情况下，就发展工业和投资领域合作达成共识。双方同意在丝绸之路经济带范围内建立丝绸之路文化带，以便促进欧亚地区和谐发展。双方在工业化与投资领域的共同举措将为双边合作带来新动力，将经贸合作提升到新高度。中方将提供全面协助以创造最好条件为哈工业化和投资领域项目提供融资，其中包括提供贷款和成立专门基金。哈萨克斯坦拟对相关项目提供各类国家支持措施。双方将继续在能源、金融投资、运输物流、农林业等领域开展合作。双方拟就生产具有竞争力的产品积极合作，这些产品将供应至包括中国在内的国际、国内市场。双方拟发展固体矿产勘探开采项目的合作，并对产品进行深加工；生产铜、铝等金属及其制成品；生产化学产品，将其出口至中国。

近年来，中哈全面战略伙伴关系顺利发展，经济合作不断深入。数据显示，中国已成为哈萨克斯坦最大贸易伙伴，是哈萨克斯坦第二大投资国，对哈萨克斯坦累计投资额超过 200 亿美元。不久前，中哈签署 240 多亿美元的产能合作协议。中哈在基础设施建设、能源、工业、农业、金融领域有非常广阔的合作前景。此外，旅游、科技、文化、教育等领域的合作也需要大力拓展。"一带一路"建设将为哈萨克斯坦参与地区劳动分工和合作，拓展商业和吸引投资，创造工作岗位，提升商品和服务附加值等方面带来全新机遇。专家认为，应抓住当前两国战略对接的历史机遇，促进包括基础设施建设在内的各领域务实合作和加深利益融合，实现两国共同发展。

丝绸之路经济带构想与哈萨克斯坦发起的新丝绸之路项目不谋而合，该项目力求把哈萨克斯坦打造为中亚的贸易、物流及商业枢纽，力求增强阿斯塔纳亚洲国际合作的风向标功能，力求为其过境关税吸引新技术与投资促进非开采型经济转变带来益处。中哈双方将努力加强政治协作，建设统一路网，巩固贸易往来，加强货币流通，扩大民间交流，进而达到双边政治经贸文化的进一步合作与发展①。

乌兹别克斯坦国内生产能力有限，而满足国内对消费品和其他商品需求的条件不足，更多依靠进口国外产品。但是，国外产品的大量进口对乌兹别克斯坦带来国内资金大量外流而产生财政赤字和通货膨胀等风险。在这种情况下，乌兹别克斯坦需要提高国内的生产能力，加大引进外资力度的同时注重改善投资环境。为大量引进外资，乌兹别克斯坦不断改善投资环境，包括制定并实施一系列激励政策，完善相关法律法规和政策，提高国内资金和外国投资利用率。此外，还注重改善经济和社会环境、深化改革、发挥政府在市场经济中的作用等。由于各种历史原因，在乌兹别克斯坦市场经济机制的自由化可能会受到一定的限制。作为乌兹别克斯坦的主要投资合作

① 贾瑞卿，郭曼曼．经济温和增长　产业失衡调整初见端倪　2013 年哈萨克斯坦经济发展成就与存在问题[J].中亚信息，2014(3).

伙伴，中国对其投资也必然受到一定的消极影响。

乌兹别克斯坦外资环境和经济政策的日益改善，逐渐适应市场需求，给国外投资者提供了必要的投资环境和投资条件。但是，法律法规和政策上存在的不足导致外资的利用不理想，其在出口能力的提高、国内市场的多样化、正确选择投资对象等方面仍存在问题。为了快速发展经济，需要在有效利用国内资金的同时，也要充分利用外国投资，通过这些投资来提高国内生产力。鼓励外国投资者在原料深加工领域、高新技术、节能、通信、交通、能源、公共基础设施等领域的投资。

丝绸之路经济带的建设符合沿线国家发展经济、改善民生的根本利益，受到中亚国家的普遍欢迎，与中国合作积极性较高。丝绸之路经济带不是机制化的国际组织，不谋求建立超国家机构，其合作方式灵活多样。丝绸之路经济带高举“合作、共赢”的大旗，在国际舞台上提出以“平等合作、互利共赢、开放包容、和谐和睦”为主要原则的新型合作观、发展观。在具体落实层面，按习近平总书记所讲，丝绸之路经济带“以点带面、从线到片”，以“五通”为主要合作领域，逐步推进。①

① 丁晓星．丝绸之路经济带的战略性与可行性分析——兼谈推动中国与中亚国家的全面合作[J].人民论坛·学术前沿，2014(2).

第十三章
深化新疆与中亚五国贸易合作与投资发展的政策建议

在持续跟踪、综合分析新疆丝绸之路经济带核心区建设的进展、成效、发展困境与发展建议的基础上，认真梳理新疆与中亚五国贸易与投资发展概况，同时，对中亚五国贸易便利化水平和投资便利化水平做出综合评价，给出具体的便利化改善措施。进而对中亚五国贸易与投资发展概况作出详尽梳理，对各国经济社会发展环境、发展成效及改革措施、重点发展领域及发展趋势做出分析与总结。

总体而言，新疆与中亚五国的传统贸易发展面临着多方面的压力与冲击，新疆外向开放的传统优势已被边缘化，在经济全球化和信息技术日新月异的发展环境中，在中国“一带一路”建设的强力向西发展的指向中，在电子商务及“一带一路”建设“五通”的大力推进中，新疆面临着巨大的外在发展压力、激烈竞争和严峻挑战。新疆的地缘优势弱化明显，发展步伐滞缓于全国打开国门、对外开放的节奏。新疆必须紧紧抓住丝绸之路经济带建设机遇，以核心区建设为目标，以改革促经济发展动力提升，致力于改善经营环境，加大企业发展力度，加快企业“走出去”的步伐，推进与深化新疆与中亚五国的贸易合作和投资发展。

一、国家层面的对策建议

新疆在全国的战略地位逐年提升，对丝绸之路经济带建设的重大意义毋庸置疑，因此，国家对新疆的发展定位至关重要，对新疆经济的大力支持首先表现在政策支持上。

（一）政策理念应以“政策创新优先于政策优惠”

大力促进新疆发展，是国家不遗余力的方向和持续推进的目标。但是，日积月累的发展思维对新疆经济发展产生的不利影响，在对创新型、技术型等方面的政策支持，在全国通盘考虑中往往忽略新疆。例如，西安的重要地位往往替代了乌鲁木齐，自贸区至今没有落户新疆，这急需国家层面的大力支持，特别是要大力支持新疆的政策创新，而不是引导新疆要“优惠政策”。因此，要在国家层面定位新疆发展地位，并给予其名副其实的发展创新政策，至少要引导新疆各个层面关注政策创新的重要性和学会如何进行政策创新。

（二）提升更加有效的中亚国家合作意愿与合作行动

国家大环境的有效改善，首先在于国家层面的有力助推。中国经济社会发展理念日益影响周边国家发展态度，纷纷效仿和主动融入中国发展蓝图是一种趋势，但是，良好发展趋势中的不和谐因素尤在，特别是中亚地区的国际环境复杂化影响下的国家行动和国家作用更加突出。建议国家更加注重中亚五国的交流交往与合作，在国家良好助推下，进一步加强各个部委和具体实施单位与周边国家交流合作机制的建设。继续加大谈判与磋商力度，创建灵活有效的协调机制，加大双方的理解和互信程度，增强合作的紧密程度，加强有关制度、规则以及各种法律的对接工作，并予以具体的落实。

（三）促进中国企业特别是新疆本地企业进入中亚市场

采取有效的政府行动，便捷国外企业进入中国市场。特别是在新疆，更要加大市场培育力度，在管理体制、金融服务、法律保障、政府行政等众多领域去除繁杂的、不符合国际惯例的行为和做法，做好行政简化。特别是在诸如投资者资产保护、行政过程透明、保持各项政策和规则的持续性等问题上，加大建设力度，努力建设一个具有高度吸引力的市场环境。加大服务型政府的建设力度，增强为进入市场的企业后续经营运作中提供服务的便捷性和高效性。

采取有效的政府行动，便捷中国企业进入中亚市场。①建立风险防范机制，对于中亚国家存在的稳定风险、法律风险、政治风险、企业的商业风险等各种风险，首先要有深入的研究，其次要有风险防范机制，最后要有预警机制，要切实能帮助中国企业最大化地避免各类风险，以及在遇到风险时有制度化、标准化、规范化的解决路径。②必须加强对中亚国家的了解，提高认知程度，加强相关领域的专业性研究，增强对中国企业在中亚国家进行投资的科学性和专业性指导，为企业发展及获利提供坚实的支撑。③加大对企业的引导力度。中国企业在生产经营中，人情与感情因素较重，易靠关系网开拓企业市场，易攀附政府相关部门，而易忽视规则、忽视法制因素。必须引导企业特别是涉外企业加强对法律、规则的重视程度，引导企业更加注重企业内在发展动力因素的提升，增强企业对相关投资国度的法律、规则及习俗的重视及熟悉程度，并能够在相关问题发生后找出最佳的解决路径。④加强政府宣传平台的建设，运用多种语言，加大中国及中亚国家相关法律法规、制度要求、各种政策、各类信息的宣传和传播力度，提高对企业的指导，增强各类政策的透明度，规范各类办事程序，对中亚国家相关国情、经济社会发展趋势、政策趋势、投资趋势等提供及时、准确的信息，增强对企业的切实助力作用。⑤加大对中国民营企业走出国门、走入中亚市场的支持力度，为民营企业在国际化运营中出现的融资困难、法律保障不足等方面提供切实的帮助，例如，提供国际融资信贷、专业法律指导、市场准入简化、税收政策优惠、保险制度支持等。⑥针对中亚国家日益增强的贸易保护主义和行为展开研究，提高风险预警能力；加大协商谈判力度，力促中亚国家在市场准入、缺乏标准化信息化等众多问题上达成共识、及早解决，降低企业运营风险。⑦充分发挥上海合作组织在中国及中国新疆与中亚国家贸易投资过程中的作用，特别是要发挥投资促进工作组的作用，更加积极、更加有效地开展工作，力促在区域经济合作交流中发挥更大的作用。⑧进行机构创新及机制创新，设立专门的促进投资便利化领导小组，力促在立法政策透明、机构协调等软环境建设上有新突破。特别是在促进中亚国家投资环境中，力促当前重点难点问题的现实解决能力的提升，诸如切实减少中国投资人在中亚国家普遍遭遇的贪污腐败、行政效率低下、劳务人员签证限制等困扰多年的问题，增强国际间协调能力，助推投资环境的改善。

(四)丰富“丝绸之路”合作内涵,大力提升新疆国际影响力

丰富丝绸之路经济带建设内涵,不再仅仅以经济合作为重点,而是实质性地扩大教科文、旅游等领域的协同发展。

新疆周边国家对发展与中国的旅游合作,期望甚高。俄罗斯、哈萨克斯坦和吉尔吉斯斯坦等国迫切希望中国旅游企业组织中国游客去旅游,新疆应借此进一步扩大与周边国家旅游产业间的合作,同时应借助国内组织前往新疆周边国家的旅游优势,进一步扩大新疆旅游的内地游客客源,而且开拓新疆周边国家的国际旅游产品。

“人文交流、教育先行。”教育交流与合作,既是丝绸之路经济带建设具体成效,也是深入推进核心区建设的重要方面。当前,新疆应紧紧抓住新疆周边国家对中国、对中国文化的学习热情,建立中亚国际学院,建设“一带一路”国际性大学,加大国际留学生培养力度;新疆应充分利用陕西西安显著的教育资源,加大与高校密集、教育资源优势明显的西安的交流与合作,博采教育资源为我所用,建立国内中亚教育和研究高地,丰富国际化人才培养计划,推进“一带一路”建设人才培养。新疆周边国家均还没有中国大学的建立,适时考虑中国大学走出国门,推广自己的教育理念。新疆应加快与周边国家相关的诸如语言、文化、出版、新闻、法律等多学科多领域的人才培养工作,将新疆建设成为中亚教育培养高地。这些发展理念急需国家层面的有力支持与推动。

二、自治区层面的对策建议

(一)切实转变政府行政理念,重点突出体制机制创新

必须树立重点突出体制机制创新的行政理念,切实走出单纯依靠政策洼地的形式进行经济社会发展的简单模式,走出“不断要优惠政策、要税收减免”,政策出台后又出现“享受范围有限”、政策落地艰难的怪圈。要切实改变依靠政府要项目、要资金的投资拉动经济增长的主要方式,要着重考虑推进体制机制创新、形成改革高地。要在现有基础上,切实落实和发挥当前各种优惠政策的实效性和推动作用。要形成注重创新的行政风气,鼓励先

行先试,大胆创新。

要充分尊重市场,转变行政方式,减少干预市场的政府行为。特别是在当前去产能去库存的经济工作中,减少政府替企业做决策,减少政府让企业或生或灭的行政行为。创造一个公开公正的环境,让无法生存的企业退出市场,让过大过快发展的企业不再盲目追求上规模全面化发展,而不是以行政命令的方式进行去产能去库存的任务分解。同样,在招商引资过程中,要切实提高服务型政府的决策能力和服务能力,减少行政干预,提高服务效率,特别是提高后期为企业发展服务的能力。

针对全国范围内同样存在的各地发展注重各类规划、忽视管理体制机制的问题,特别是要抓住全国第三批自由贸易试验区的机遇,新疆首要必须解决好一个问题:重点突出体制机制创新。

第一,要切实改变体制机制不顺畅的现实问题。喀什、霍尔果斯经济开发区发展仍然存在的属地行政干预、难以释放发展活力的问题要有彻底的解决方式,在这一问题上,博州"跨区域整合资源、打破县市行政区域界线,创新园区体制机制"的做法值得借鉴和学习。

第二,要营造一个自上而下地注重体制机制创新的行政环境,改变各级政府官员向上"要优惠政策、要资金支持"的行政思路,鼓励先行先试,大胆创新。至少应该掀起创新行政思路的讨论高潮,从下至上听想法听思路,从上至下大讨论大学习。

第三,要不断总结、扩大交流"体制机制创新"的经验和做法,形成注重创新、解决关键问题(特别是遗留问题)的行政风气。

第四,转变政府管理经济的方式,减少政府干预市场行为。例如,我们进行的去产能去库存的工作重点,不是让政府出面决定要压哪里的产能、去哪里的库存,而是要创造一个环境,让没有能力在市场竞争中生存的企业退出市场,让市场中生存的企业不再是在政府的干预下才能生存的僵尸企业。目前推行的一些去产能去库存的任务分解的做法,如果执行得不当,就是另外一种产生"僵尸企业、保大去小、保上级单位的企业去地方单位的企业"等干预市场行为的做法。

第五,政府要切实注重经济发展制度、经济发展政策和政策绩效评价的重要性,要加强政策制度制定的科学性研究以及政策制度落实的评价工作。例如,应在"投资准入政策、货物贸易便利化措施、扩大服务业开放等方面先行先试",行什么试什么都应该有比较、有研究。

(二)立足政策创新,奠定自贸区基础

加快复制推广自贸区经验,构建多点支撑的开放体系。中国已经进入自贸区时代,自由贸易试验区的内涵、经验以及成效有目共睹。新疆没有抓住中国开放型经济发展的又一次升级,应更加深刻思考其中的原因。但是,新疆建设自由贸易试验区探索的步伐不应该停滞,新疆应充分利用空间地域上的核心地位以及拥有的发展优势,科学谋划新疆自由贸易试验区建设。

顶层设计,科学谋划。首先要充分认识"制度创新、改革开放"这一自由贸易试验区建设的核心,加快复制推广上海等自贸区的成功经验。《关于推广中国(上海)自由贸易试验区可复制改革试点经验的通知》中提及的改革事项要加紧落到实处,特别是涉及体制机制创新部分,要充分学习、研究并加以落实、推广。

构建以乌鲁木齐、喀什、霍尔果斯以及阿拉山口四地为代表的目标明确、功能各异、特点鲜明的对外开放体系。加快乌鲁木齐综合保税区建设;大力引进内陆出口加工企业落户阿拉山口、喀什综合保税区,培育形成出口加工产业集群;加快中哈霍尔果斯边境合作中心中方配套区建设;积极推进伊宁、伊尔克什坦、塔克什肯、吉木乃、巴克图等综合保税区前期工作,构建多点呼应、互为支撑的全方位开放新格局。

对喀什、霍尔果斯、阿拉山口、乌鲁木齐等新疆具有对外开放标志性的四地进行"先行先试"体制机制创新研究和实践,为新疆自贸区的设立和发展奠定坚实基础。目前,在以投资拉动经济为主、国有资本背景投资独大、贸易规模和质量下滑、生产开工不足、物流运营成本较大、金融创新基本没有落实的现实局面下,学习借鉴现有国内自贸区颁布的标志性改革措施,能加以利用的要加以利用,有更好做法的要大胆提出,加快推进体制机制创新进程。例如,福州对整车进口口岸非中规车业务,实行的"匪类管理、验证改装、事后监管"检验检疫监管模式,新疆霍尔果斯和阿拉山口整车进口口岸应予以研究、学习和借鉴。再如,“先进区后报关”模式是上海自由贸易试验区海关监管创新之一,现已被复制推广至江苏、长沙等国内其他保税区,那么阿拉山口、喀什、乌鲁木齐这三个综合保税区可否借鉴?总之,应认真梳理总结全国已有的经验,落实、夯实我们自己的经验。

(三)建立中国—新疆—中亚大数据平台

以大数据建设为支撑,建立“中国—新疆—中亚”大数据平台,并使其成为国家权威性中亚数据库。第一,作为政府宣传平台,运用多种语言,加大中国及中亚国家相关法律法规、制度要求、各种政策、各类信息的宣传和传播力度,提高对企业的指导,增强各种政策透明度,规范各类办事程序,对中亚国家相关国情、经济社会发展趋势、政策趋势、投资趋势等提供及时、准确的信息,增强对企业的切实助力作用。第二,作为数据平台,为中国与中亚交流提供各类数据与信息需求,特别是诸如中欧班列货运等重要信息,提供数据信息平台。第三,定期发布各类风险评估,对于中亚国家存在的稳定风险、法律风险、政治风险、企业的商业风险等各种风险提供信息,为建立风险防范机制提供数据支撑和预警机制,要切实能帮助中国企业最大化地避免各类风险,以及在遇到风险时有制度化、标准化、规范化的解决路径。第四,提供企业服务。引导企业更加注重企业内在发展动力的提升,增强企业对相关投资国度的法律、规则及习俗的重视及熟悉程度,并能够在相关问题发生后找到最佳的解决路径。为民营企业在国际化运营中出现的融资难题、法律保障等提供切实的帮助,例如,提供国际融资信贷、专业法律指导、市场准入简化、税收政策优惠、保险制度支持等。

(四)切实改善企业营商环境

中国的企业营商环境仍过多地受制于行政力量。建设服务型、高效型、法治型的政府,减少行政力量对市场、对企业的过多管制及干预行为,是营造便捷的企业营商环境的根本。在管理体制、金融服务、法律保障、政府行政等众多领域去除繁杂的、不符合国际惯例的行为和做法,做好行政简化。在诸如投资者资产保护、行政过程透明、保持各项政策规则的持续性等问题上,需加大建设力度,努力营造一个具有高度吸引力的市场环境。新疆亟须增强的是服务型政府的建设，提高为进入市场的企业在后续经营运作中提供服务的便捷性和高效性。新疆“重招商，轻服务；招得来，留不住”现象依然明显，为企业经营运转提供诸如金融、法律、政策咨询等服务尚未形成一体化模式，企业与政府信息不对等现象突出，好的政策与服务企业难以知晓，企业发展困境政府难以掌握。当前，应更加注重新疆企业的生存发展问题，出台专项措施和细则，促进企业扎根发展，如针对在当地经营运作满5年、年缴税达到一定额度的企业，在用工培训、企业用电、税收、贷款、法律服务、政策咨询等方面提供优惠措施与免费服务。

参考文献

[1]中国对外直接投资统计报告(2011,2012,2014)[R].

[2]白远. 中国企业对外直接投资风险论[M].北京:中国金融出版社,2012.

[3]曾菊新. 空间经济:系统与结构[M].武汉:武汉出版社,1996.

[4]陈伟光,王燕. 共建"一带一路":基于关系治理与规则治理的分析框架[J]. 世界经济与政治,2016(6).

[5]陈晓君,张云云. "一带一路"倡议下我国加工贸易供给侧改革的契机及对策[J]. 经济纵横,2016(4).

[6]程中海,孙培蕾. 中国与中亚周边国家贸易便利化影响因素研究[J]. 商业研究,2014(11).

[7]丁晓星. 丝绸之路经济带的战略性与可行性分析——兼谈推动中国与中亚国家的全面合作[J].人民论坛·学术前沿,2014(2).

[8]段秀芳. 中国对上海合作组织成员国直接投资研究[M].北京:社会科学文献出版社,2013.

[9]冯德连,葛文静. 国际金融中心成长的理论分析[J].中国软科学,2004(6).

[10]高新才,王一婕. 丝绸之路经济带背景下中国与中亚国家贸易互补性研究[J]. 兰州大学学报(社会科学版),2016,44(2).

[11]高志刚,韩延玲. 基于层次分析的中国新疆与中亚区域竞争力比较研究——以哈萨克斯坦为例[J]. 新疆师范大学学报(哲学社会科学版),2012,33(1).

[12]高志刚,江丽. "丝绸之路经济带"背景下中哈油气资源合作深化研究[J]. 经济问题,2015(4).

[13]高志刚,刘伟. "一带"背景下中国与中亚五国贸易潜力测算及前景展

望[J]. 山东大学学报(哲学社会科学版),2015(5).

[14]高志刚,刘伟. 俄白哈关税同盟对中国与哈萨克斯坦经贸合作的影响——以“丝绸之路经济带”战略为背景[J]. 新疆大学学报(哲学·人文社会科学版),2016,44(3).

[15]高志刚,王彦芳,刘伟. 丝绸之路经济带背景下中国—欧亚经济联盟自贸区建设研究[J]. 国际贸易问题,2017(5).

[16]高志刚,张燕. 中巴经济走廊建设中双边贸易潜力及效率研究——基于随机前沿引力模型分析[J]. 财经科学,2015,(11)5.

[17]高志刚.“丝绸之路经济带”框架下中国(新疆)与周边国家能源与贸易互联互通研究构想[J]. 开发研究,2014(1).

[18]古广东. 对外直接投资与母国经济利益:理论分析与实证研究[M].北京:社会科学文献出版社,2013.

[19]郭宏宇,竺彩华. 口岸发展与“一带一路”建设:形势、问题及对策[J]. 国际经济合作,2016(1).

[20]何敏,张宁宁,黄泽群. 中国与“一带一路”国家农产品贸易竞争性和互补性分析[J]. 农业经济问题,2016,37(11).

[21]洪俊杰,刘辉. 丝绸之路经济带视野下与中亚地区贸易往来的中国策[J]. 改革,2015(11).

[22]胡鞍钢,马伟,鄢一龙. “丝绸之路经济带”:战略内涵、定位和实现路径[J].新疆师范大学学报(哲学社会科学版),2014(2).

[23]胡颖. 新疆与中亚国家贸易便利化发展的探讨[J].对外经贸实务,2011(9).

[24]黄涛,孙慧,马德. “丝绸之路经济带”背景下新疆与中亚贸易潜力的实证分析——基于面板数据的引力模型[J]. 新疆社会科学,2015(1).

[25]贾瑞卿,郭曼曼. 经济温和增长　产业失衡调整初见端倪　2013 年哈萨克斯坦经济发展成就与存在问题[J].中亚信息,2014(3).

[26]金融中心信息网. 第七期“中国金融中心指数”(CDI·CFCI7)发布.

[27]孔庆峰,董虹蔚. “一带一路”国家的贸易便利化水平测算与贸易潜力研究[J]. 国际贸易问题,2015(12).

[28]李东阳,杨殿中. 中国对中亚五国直接投资与双边贸易关系研究[J].财经问题研究,2012(12).

[29]李茜. 贸易便利化对中国—中亚各国贸易影响的实证分析[J].中国市场,2015(51).

[30]李艳宁. 中亚自由贸易区国际经贸法律问题初探——以哈萨克斯坦为例[J].法制与社会,2011(12).

[31]李豫新,郭颖慧. 中国新疆与周边国家边境贸易便利化水平研究[J].国际商务研究,2014(1).

[32]李悦. 中国对中亚五国直接投资的现状、存在的问题及对策建议[J].经济研究参考,2014(21).

[33]林毅夫,苏剑,译. 新结构经济学:反思经济发展与政策的理论框架[M].北京:北京大学出版社,2014.

[34]刘红忠. 中国对外直接投资的实证研究及国际比较[M].上海:复旦大学出版社,2001.

[35]刘卫东."一带一路"倡议的科学内涵与科学问题[J]. 地理科学进展,2015,34(5).

[36]刘小军,张滨. 我国与"一带一路"沿线国家跨境电商物流的协作发展[J]. 中国流通经济,2016,30(5).

[37]刘宇,吕郢康,全水萍."一带一路"倡议下贸易便利化的经济影响——以中哈贸易为例的 GTAP 模型研究[J]. 经济评论,2016(6).

[38]刘志中."新丝绸之路"背景下中国中亚自由贸易区建设研究[J].东北亚论坛,2014,23(1).

[39]柳建文. 机遇、挑战和对策:民族地区如何推进一带一路[J]. 贵州社会科学,2016(10).

[40]马骥,王志远. 中亚五国对外贸易与新疆经济增长的相关性[J].南通大学学报(社会科学版),2015,31(1).

[41]马丽. 西北地区与中亚五国贸易影响因素及潜力研究[J]. 甘肃社会科学,2014(6).

[42]欧葵. CAREC 成员国贸易便利化水平测算及思考[J].经济论坛,2014

(6).

[43]张建平,樊子嫣."一带一路"国家贸易投资便利化状况及相关措施需求[J].国家行政学院学报,2016(1).

[44]齐晓辉,刘亿.中国与中亚五国农产品产业内贸易及影响因素——基于2004~2013年面板数据分析[J].国际商务(对外经济贸易大学学报),2016(1).

[45]全球环境研究所.走出去:中国对外投资、贸易和援助现状及环境治理挑战[M].北京:中国环境出版社,2013.

[46]申恩威,王婉如.对外直接投资理论综述[A]//冯雷,夏先良.中国国际商务理论前沿(7)[M].北京:社会科学文献出版社,2014:155-164.

[47]世界投资报告2015:国际投资治理的改革[R].联合国贸易和发展会议.

[48]丝绸之路投资指南[Z].联合国贸易和发展会议,2009.

[49]孙瑾,杨英俊.中国与"一带一路"主要国家贸易成本的测度与影响因素研究[J].国际贸易问题,2016(5).

[50]谭晶荣,王丝丝,陈生杰."一带一路"背景下中国与中亚五国主要农产品贸易潜力研究[J].商业经济与管理,2016(1).

[51]王广宇,张倩肖,董瀛飞.中国与中亚五国贸易的竞争性和互补性研究——以"丝绸之路经济带"为背景[J].经济问题探索,2016(3).

[52]王宏丽.2015年新疆建设丝绸之路经济带核心区发展报告[R].丝绸之路经济带发展报告.2015—2016[M].北京:社会科学文献出版社,2015.

[53]王宏丽.2016年新疆建设丝绸之路经济带核心区发展报告[R]//丝绸之路经济带发展报告.2017[M].北京:社会科学文献出版社,2017.

[54]王宏丽.扎实开展"访惠聚"活动 有效推动政府治理能力现代化[J].新疆社科论坛,2015(3).

[55]王嘉良,张继定.新编文史地辞典[M].杭州:浙江人民出版社,2001.

[56]王明昊,吴丹."一带一路"背景下中俄蒙自由贸易区建设构想研究[J].经济纵横,2016(8).

[57]王彦芳．“一带一路”背景下贸易便利化水平及影响因素——以中国与19个主要贸易伙伴国为例[J].新疆农垦经济,2015(8).

[58]王月,李新英．中日对中亚五国出口的贸易影响分析[J]．亚太经济,2017(1).

[59]向洁,何伦志,胡青江．关于构建中国—中亚自由贸易区的若干思考——基于“丝绸之路经济带”战略框架[J]．改革与战略,2015,31(6).

[60]新疆维吾尔自治区2015年国民经济和社会发展统计公报[Z].

[61]邢广程．理解中国现代丝绸之路战略——中国与世界深度互动的新型链接范式[J]．世界经济与政治,2014(12).

[62]杨立卓,刘雪娇,余稳策．“一带一路”背景下我国与中亚国家贸易互补性研究[J]．上海经济研究,2015(11).

[63]依马木阿吉·艾比布拉,哈尔泥沙·热合姑曼．乌兹别克斯坦引进外资及其政策[J].欧亚经济,2014(12).

[64]袁胜育,汪伟民．丝绸之路经济带与中国的中亚政策[J]．世界经济与政治,2015(5).

[65]袁新涛．“一带一路”建设的国家战略分析[J]．理论月刊,2014(11):5-9.

[66]翟崑．“一带一路”建设的战略思考[J]．国际观察,2015(4).

[67]张建平,樊子嫣．“一带一路”国家贸易投资便利化状况及相关措施需求[J]．国家行政学院学报,2016(1).

[68]张静中,王文君．“一带一路”背景下中国—西亚自贸区经济效应前瞻性研究——基于动态GTAP的实证分析[J]．世界经济研究,2016(8).

[69]张理娟,张晓青,姜涵,刘畅．中国与“一带一路”沿线国家的产业转移研究[J]．世界经济研究,2016(6).

[70]张文中．中亚五国的贸易分布、对外投资与贸易政策[J].新疆财经,2014(6).

[71]张中元,赵江林．中国周边投资环境监测评估研究[M].北京:社会科学文献出版社,2014.

[72]赵明昭,张春敏．中国与中亚地区农产品贸易的深化——以“一带一

路”战略为背景[J]. 人民论坛,2015(36).

[73]赵青松. 中国与土库曼斯坦经贸合作的历史、现状及前景展望[J].新疆财经,2013(12).

[74]郑敏娜. 中国海关促进贸易便利化策略研究[D].中国人民大学,2012.

[75]国研网数据库.中国(大陆)区域社会经济发展特征分析.

[76]周茜,邢志敏,李峰. 基于层次分析法的贸易便利化测评指标体系构建及实证研究[J].财经界,2007(9).

[77]朱华.投资发展周期理论与中国 FDI 发展阶段定位研究[J].经济学动态,2012(5).

[78]朱华,投资发展周期理论与中国 FDI 发展阶段定位研究[J].经济学动态,2012(5):41-42.

[79]朱华. 中国对外直接投资的发展路径及其决定因素研究[M].北京:中国社会科学出版社,2012.

[80]朱金鹤,崔登峰. 促进新疆与中亚五国扩大边境贸易之浅见[J].现代财经(天津财经大学学报),2011,31(5).

[81]邹长胜.“后金融危机”背景下哈萨克斯坦国家经济安全评析[J].特区经济,2015(6).

[82]2014 World Economic Forum The Global Competitiveness Report 2015—2016.

[83]APEC Investment Facilitation Action Plan (IFAP)[EB/OL]. http://www. apec. org/Home/Groups/Committee-on-Trade-and-Investment/Investment-Experts-Group.

[84]Doing Business 2015 Going Beyond Efficiency[R].

[85]Doing Business 2016: Measuring Regulatory Quality and Efficiency[Z]. World Bank Group.

[86]IFAP Implementation in Facilitating Investment for the Asia Pacific Region 2013[R].

[87]International Trade Statistics2015[EB/OL]. WTO 官方网站, https://www. wto. org/english/res_e/statis_e/its_e. htm.

[88]The Global Competitiveness Report 2015—2016[R].

[89]The Global Enabling Trade Report 2014[R]. 2014 World Economic Forum.

[90]The Global Gender Gap Report 2015. 10th Anniversary Edition[R]. World Economic Forum.

[91]The E15 Initiative: Strengthening the Global Trade and Investment System in the 21st Century[Z]. World Economic Forum.

后　记

自2013年11月新疆提出建设丝绸之路经济带核心区并于2014年5月获得国家明确肯定以来,新疆一直致力于核心区建设。笃行务实、适度超前的顶层设计,基础重大、关键前沿的项目引领,上至政府、下到民间的交流交往,躬行实践、强力有效的行动落实,推动着新疆丝绸之路经济带核心区建设稳步向前。新疆,亦在核心区建设的巨大发展契机中、在清晰准确的目标建设中取得了经济社会发展的全面进步。

同时,必须应该注意到的是:新疆是中国西部边疆民族地区,与其他欠发达的西部省区一样,由于社会历史等诸多因素影响,经济社会发展滞后于东中部省区、特别是东部沿海地区。因此,新疆希望借助西部大开发、全国对口援疆、"一带一路"愿景等重大发展机遇,实现经济社会的快速发展、跨越发展。特别是日益得到世界各国广泛认同和积极参与的中国"一带一路"愿景;新疆希望借助在国家坚定、务实、持续的行动引领和世界推广,打造丝绸之路经济带核心区。但是,核心区,是要有坚实的经济发展基础的,是要能承担中枢功能、发挥引领作用的。新疆,要在这创新变革的新时代,既要实现自我发展的历史跨越,又要完成缩小差距的横向弥补,更要实现核心区建设的伟大目标,任务仍是艰巨的,困难仍是巨大的,新疆的丝绸之路经济带核心区建设还要走较长的发展之路。

中国的"一带一路"建设,凝聚了国内各个省区的积极参与。在2015年国家发布的标志性文件《推动共建丝绸之路经济带和21世纪海上丝绸之路的愿景与行动》中,仅有五个省(全国共34个行政区划)没有被明确提及,可见在顶层设计之初,国家动员就非常广泛。经过六年的发展,更是达到全国每个省区从积极参与向深度融入共建"一带一路"的发展趋势演变。全国各个省、区、市各尽其能、各展所长、各创新意、各施新政,力图在"一带一路"建设中谋求发展新动能、站稳发展新高地。新疆,这个最早被国家明确为丝绸之路经济带"核心区"发展定位的省区,全国一东南一西北仅有的两个"核心区"之一,在新时代、新机遇、新竞争的发展进程中,还没有形成与"核心区"定位相匹配的发展实力、政策高地、关注度、知名度和影响力。丝绸之路经济带核心区,不仅仅是新疆谋求发展的"核心区",更是中国丝绸之路经济带谋求成功的"核心区",这需要新疆众志成城、凝心聚力的长期建设发展,更需要国家给予高度关注、政策推动、全面助力的一个过程。

正是基于上述"建设的长期性和国家支持与助力"两大因素,新疆丝绸之路经济带核心区建设任重道远。这也是本研究撰写的初衷及成稿后最大的感触。《丝绸之路经济带建设中的新疆发展与开放》一书,动笔于 2015 年,成稿于 2017 年,其间经数次修改。暨南大学 2017 年 6 月匿名评审专家和新疆社会科学院 2017 年 11 月、2018 年 12 月两度院内外匿名评审的六位评审专家,均对书稿提出了非常有见地、建设性的修改意见,作者认真思考领悟并进行了修改。在此向上述匿名专家表示衷心的感谢!

《丝绸之路经济带建设中的新疆发展与开放》即将付梓,特别感谢暨南大学全额的出版资助,使这部中国"一带一路"建设中展现省区层面作为、阐释核心区建设的书稿得以面世。如果没有资助,以作者之力,书稿仅仅是研究报告束之高阁,难以将其出版发行,难以将当前新疆的核心区建设、新疆的经济社会发展、新疆的向西开放进程介绍给国内外各界学者、友人。新疆的建设、新疆的发展,需要全国的关注,需要全国的力量。因此,非常感谢"暨南大学高水平大学学科建设项目、'华侨华人与国际问题'学科建设经费"的大力资助。

中国经济出版社对书稿的编辑出版给予了热忱帮助和大力支持,责任编辑姜静、徐党维、赵立颖等老师对书稿的完善付出了艰辛的工作,在此向中国经济出版社及各位编辑表示衷心的感谢!

本书共计十三章,第九章"新疆与中亚五国贸易便利化水平测度"由李欣凭撰写,第十一章"中亚五国贸易合作概况"由赵珍、王宏丽撰写,第十二章"中亚五国投资发展概况"由赵珍撰写。在此,十分感谢李欣凭和赵珍对本书稿的大力支持和撰写工作。

在本书稿的撰写过程中，作者借鉴、引用了学界前辈的研究成果，并尽可能地进行了标注，若有遗漏及引述不当之处，深表歉意并由作者负责。

由于作者的水平有限，本书的体系、结构、论述、观点等方面还存在不足之处，还有待进一步完善和提高，期望得到广大专家、学者和读者的批评指正。

2019 年 9 月